馆窥
我的图书馆之旅

肇始编

韦力 ◎ 著

国家图书馆出版社

自序

按照业界看法，中国图书馆的发展可以分为三个阶段：第一代图书馆指的是古代藏书楼，其特点是重藏轻用；第二代图书馆指的是受西方观念影响而形成的近代图书馆，其特点是藏以致用；第三代图书馆被称为现代图书馆，其特点是资源共享。

文字的出现是人类进入文明时代的重要标志，而文字需要载体，广义的载体就是各种材质的书，随着图书数量的增多，就需要有专门储藏书的房屋或殿堂，这些建筑物就是广义的图书馆。1900 年，美国考古学家约翰·彼得斯等人在伊拉克尼普尔的一个寺庙废墟中发现了一批泥版文书，其年代距今大约 4000 多年，这些泥版文书被视为流传至今最早的书之一。但寺庙藏书不能等同于后世所说的图书馆，如今考证出最早的图书馆是公元前 7 世纪亚述帝国在尼尼微开办的亚述巴尼拔图书馆，这座皇宫图书馆大致收藏了 25000 块泥版文书，包括宗教铭文、文学作品、天文记录以及数学、化学等科学方面的著作。

古埃及用莎草纸书写的《死者书》大约在 3000 年前，古印度的《贝叶经》流传至今者，有的也超过了 2500 年，古希腊、古罗马也都建有一定规模的图书馆，但这些主要都是服务于皇室。古罗马的恺撒想要建造一座规模宏大的图书馆，这个愿望在他去世后由其部下波利奥实现了，公元前 30 年代，罗马城内有了第一个公共图书馆。

中国最古老的文献被称为"三坟五典"。殷墟出土的商周甲骨文已然是成熟文字，故殷墟也被视为留存至今中国最古老的图书馆。秦始皇在都城咸阳的阿房宫设有专门的藏书机构，还专门安排"柱下史"负责管理藏书。汉高祖刘邦命萧何接管秦朝遗留的图书，为此专门修建了宫廷藏书楼，《汉宫殿疏》中称："天禄、麒麟阁，萧何造，以藏秘书，处贤才也。"自此之后，中国历代几乎都有官、私所办的藏书楼，同时还出现了一些具有集体性质的藏书机构，比如书院藏书，其介于公藏与私藏之间。

很多人认为现代图书馆是西方舶来品，无论办馆理念还是管理方法，均与中国古代藏书楼有着本质区别。这种说法有其道理在，但若仔细予以鉴别，也有不符事实之处。

中国很早就有与人分享的理念。春秋末年，孔子的弟子子路明确地说"愿车马，衣轻裘，与朋友共"，惜其所分享之物中，没有提及藏书。魏晋时期，将私家藏书与人分享的观念已然产生，《晋书·儒林传》载："（范平）家世好学，有书七千余卷，远近来读者恒有百余人。"《南齐书·文学传》称："（崔慰祖）聚书至万卷，邻里年少好事者来从假借，日数十帙。慰祖亲自取与，未尝为辞。"北宋时期，苏轼的朋友李公择曾在庐山五老峰下建藏书室，藏书量近万卷，离开时把这些藏书留在了原处，与人分享，为此苏轼在《李氏山房藏书记》中夸赞这种行为："而书固自如也，未尝少损。将以遗来者，供其无穷之求，而各足其才分之所当得。是以不藏于家，而藏于其故所居之僧舍。此仁者之心也！"

到了明末，多位藏书家都谈到愿意将自己的藏书与天下人分享。钱谦益在《跋〈草莽私乘〉》中谈到李如一的藏书观："天下好书，当与天下读书人共之！古人以匹夫怀璧为有罪，况书之为宝，尤重于尺璧，敢怀之以贾罪乎？"明末清初的曹溶更是反对把藏书封闭起来，为此特意撰写《流通古书约》，提出了一整套互通有无、流通古书、为古书续命的具体方法。

清代中期，山东藏书家周永年提出了"儒藏说"。虽然这种说法早在明末时藏书家曹学佺就已经提出，但曹学佺当时的观念是指整理历代儒家经典及相应解说并汇为一处，与佛藏、道藏相媲美，曹学佺的"儒藏说"中并没有提到书籍的流通问题。周永年的观念则是倡导藏书公开，他认为只有公开才能更好地保存和流传书籍，同时提出"惟藏之有法，故历久不替"，他所说的保存之法，则是"天下万世共读之"。周永年还建起了藉书园，以实现他的共读理念，而"藉"者，借也。

虽然藉书园的藏书最终也失散了，但是周永年的"儒藏说"理念却通过《四库全书》得以实施。周永年不仅参加过《四库全书》的纂修和《四库全书总目》的编写,还从《永乐大典》中辑出不少失传的文献。当年的四库七阁,其中有三阁处在南方,乾隆皇帝规定南三阁可以对学人开放,免费入内读书和抄录,等等,已然具备了公共图书馆的功能,因此司马朝军先生主编的《〈四库全书〉与中国文化》中称:"一部《四库全书》实即一部《儒藏》。"

晚清民国时期的不少藏书家都有将藏书公开的意识,比如玉海楼主人孙衣言称:"乡里后生,有读书之才、读书之志,而能无谬我约,皆可以就我庐,读我书。天下之宝,我固不欲为一家之储也。"清光绪二年(1876),国英所建共读楼被称为北京最早的私人图书馆,当时他特意在宗祠旁边建楼五楹,认为自己的藏书"子孙未必能读,即便能读,亦何妨与人共读",故而把自己的藏书楼命名为"共读楼"。

尽管有些传统藏书家不吝于将所藏与人分享,但多数藏书还是秘不示人,这既与藏书家本人的性格相关,同时也是因为缺乏完善的社会制度,借出之书往往难以索回,所以他们宁愿深锁琅嬛饱蠹鱼。在封建社会,个人藏书属于私有财产,而儒家文化使得许多藏书家都希望子孙能世代守护自己辛苦积攒的文化成果,以便培养出更多的读书人。比如明代范钦所创的天一阁,严格规定不能将书携带出阁,违者不许参加祭祖大典。明代藏书家叶盛在《书橱铭》中写道:"读必谨,锁必牢,收必审,阁必高。子孙子,惟学斅,借非其人亦不孝。"清代藏书家万言的一方藏书章印文为:"吾存宁可食吾肉,吾亡宁可发吾椁,子子孙孙永勿鬻,熟此直可供馆粥。"清代藏书家王昶在藏书印中告诫子孙:"如不材,敢卖弃。是非人,犬豕类。屏出族,加鞭棰。"这类藏书印还有许多,他们通过藏书印发出如此严厉的警示,一是说明古代藏书搜集十分艰难,能够收集到这么多的善本确非易事,二是侧面说明了在那样的时代积难散易。

图书的失散不仅仅是因为子孙不能守祖业,还有很多外在原因,尤其是社会动荡,对公私藏书都会构成巨大威胁。比如近代的太平天国运动,他们用拜上帝教来否定封建传统、儒家思想,在《诏书盖玺颁行论》中称:"凡一切孔孟诸子百家妖书邪说者尽行焚除,皆不准买卖藏读也,否则问罪也。"太平天国运动使得南三阁《四库全书》仅余半套,晚清四大藏书楼之一的海源阁损失过半。而那时的战争中心与藏书中心都在江南,致使很多藏书楼被毁。

战争结束后，一些有识之士看到了私家藏书的力量薄弱，再加上那段时间西方公共图书馆的理念渐渐为更多人所接受，有些人意识到，藏之于私不如藏之于公，密藏于家不如与人分享。随着社会的开放和观念的改变，越来越多的藏书家愿意与人分享自己的所藏，仅从藏书分享角度来说，这已经与现代图书馆的理念基本相同，只是在藏书楼的管理方式及分享方式上，尚未形成完善而持久的制度体系，致使很多与人分享的藏书楼一世而斩。然而，正是因为这些带有分享性质的藏书楼存在过，就不能说公共图书馆观念全部来自西方。

私人开放的藏书楼因为各种原因难以长久，于是有些人开始思考外国的一些图书馆为什么能够长久保存，并且有着更高的开放度。

就物权而言，中国古代藏书楼大部分属于私人所有，并没有在国家政府层面对外开放的藏书楼。有些学者把传统藏书之处称为藏书楼，把新式观念的开放式书楼称为图书馆。对于中国近代图书馆的起源，吴晞在《从藏书楼到图书馆》一书中认为："第一批超越了旧式藏书楼窠臼的新型图书馆，却是西方传教士们所创办的基督教图书馆。"该书中提到明代中晚期耶稣会传教士利玛窦以及后来的继承者汤若望、南怀仁等，他们带来了西方的书籍，同时也带来了公共图书馆理念，比如1623年艾儒略在《职方外纪》中介绍了欧洲的图书馆状况。西方人在中国建的最早的西式图书馆应该是17世纪金尼阁所建的教廷图书馆，他在《利玛窦中国札记》中写道"在中国成立了名副其实的教廷图书馆"。此后北京又陆续建成了南堂、东堂、北堂、西堂"四堂"图书馆。

之后又有了徐家汇藏书楼、文华公书林等，这些教会藏书楼的所藏，后来大多汇入了当今的公共图书馆，如果溯源各地公共图书馆的藏书，有不少都能找到教会藏书的身影。因此可以说，西方人在中国所建的教会图书馆，可以视为中国公共图书馆的前身之一。

总体来说，那时创建的一些西式图书馆在中国并没有产生重大影响，此后因为禁教之故，这些图书馆处于封闭状态。直到1840年后外国侵略者用坚船利炮打破了中国与世隔绝的状态，西方传教士再次来到中国，又建起了一些图书馆，比如1847年耶稣会传教士在上海创办的徐家汇天主堂藏书楼，以及1871年伟烈亚力创办的亚洲文会北中国支会图书馆。胡道静在1935年出版的《上海图书馆史》中转引了他人对亚洲文会北中国支会图书馆的评价之语:"在中国境内最好的东方学图书馆。"

这个时期,中国早期维新派开始痛定思痛地思索为什么貌似强大的帝国却败给了西方,想要了解西方强势的原因。林则徐主持翻译了英国慕瑞在 1836 年出版的《世界地理大全》,其中文译名为《四洲志》,书中谈到了西方近代图书馆状况。魏源在《海国图志》的序言中谈到了编纂此书的动机和目的:"是书何以作?曰:为以夷攻夷而作,……为师夷长技以制夷而作。"洋人除了枪炮还有哪些长技呢?魏源在书中谈到了西方的学校、报馆以及图书馆等,后者与前者有着必然的关联。此后徐继畬在《瀛环志略》中也谈到了西方图书馆。

1867 年,王韬在朋友资助下前往欧洲游历,他参观了英法图书馆,在《漫游随录》中写道:"法国最重读书,收藏之富殆所未有。计凡藏书大库三十五所,名帙奇编不可胜数,皆泰西文字也。"谈到大英博物馆时,王韬说:"其地袤广数百亩。构屋千楹,高敞巩固,铁作间架,铅代陶瓦,砖石为壁,皆以防火患也。院中藏书最富,所有五大洲舆图、古今历代书籍,不下五十二万部。"

王韬注意到,这些图书馆除了藏书数量巨大,还可以任人翻阅:"其前为广堂,排列几椅,可坐数百人。几上笔墨俱备,四面环以铁阑。男女观书者,日有百数十人,晨入暮归,书任检读,惟不令携去。"因此,王韬可谓是近代人物中第一次系统考察西方图书馆并撰写介绍文章的人。

接受一种新事物,首先要接受其观念,图书馆也是如此。以开放观念论,如前所说,中国古已有之,比如阮元所建的书藏,这种开放观念在社会上造成广泛影响,后来多地都出现了仿阮元而建的各种书藏。但是能读到藏书的人毕竟是少数,因此一些有识之士在接受了西方理念后,呼吁创建开放式图书馆。比如郑观应在《盛世危言》中,先介绍了清代官私藏书之盛:"我朝稽古右文,尊贤礼士,车书一统,文轨大同,海内藏书之家,指不胜屈。"接着谈到了私藏的弊端:"然子孙未必能读,戚友无由借观,或鼠啮蠹蚀,厄于水火,则私而不公也。"即使官藏也非一般人能任意翻阅:"乾隆时特开四库,建文宗、文汇、文澜三阁,准海内稽古之士就近观览,淹通博洽,蔚为有用之才,作人养士之心,至为优厚。而所在官吏奉行不善,宫墙美富,深秘藏庋,寒士末由窥见。"最终这些费了很大气力抄写而成之书,被战火所毁,"及寇乱浡经,付之一炬"。

对于西方图书馆的优点及状况，郑观应写道："泰西各国均有藏书院、博物院，而英国之书籍尤多，自汉、唐以来，无书不备，凡本国有新刊之书，例以二分送院收贮。如有益于国计民生者，必膺朝廷重赏，并给予独刊之权若干年。咸丰四年间，于院中筑一大厦，名曰读书堂，可容三百人，中设几案笔墨。有志读者，先向本地绅士领有凭单，开列姓名住址，持送院中，董事换给执照，准其入院观书，限六阅月更换一次。如欲看某书、某册，则以片纸注明书目，交值堂者检出付阅。阅毕缴还，不许携带出门，及损坏涂抹，倘有损失，责令赔偿。"

在郑观应看来，如果中国也建这样的图书馆，就能使国家迅速强盛起来："若合天下之才智聪明，以穷中外古今之变故，标新领异，日就月将，我中国四万万之华民，必有复出于九州万国之上者。"可见那时的有识之士介绍西方图书馆，目的仍然是"师夷长技以制夷"，但客观上，他们让更多世人了解到西方强盛与图书馆之间的必然联系，这为中国建造近代新式图书馆起到了理论铺垫作用。

1894 年爆发了中日甲午战争，转年清政府签订了丧权辱国的《马关条约》，更加激起了一些有识之士救亡图存的斗志。1895 年康有为等人在北京、上海等地创办了强学会，章程中写明强学会要做四件事：翻译西方典籍、发行报纸、开大书藏、建博物馆，其中"大书藏"指的就是图书馆。1898 年"戊戌政变"使得一些开办的图书馆被查封。1901 年清政府决定实行新政，新政之一就是要开办近代新式图书馆。1903 年，清政府颁布的《奏定大学堂章程》中提到"大学堂当附属图书馆一所，广罗中外古今各种图书，以资考证"，于是各地新建起的大学堂纷纷开设了图书馆。

1904 年 3 月，梁焕奎、龙绂瑞等在《湖南官报》上发表募捐启，倡议创设湖南图书馆兼教育博物馆，后经湖南巡抚批准将长沙定王台改作图书馆。有些学者认为，湖南图书馆是中国第一所省立公共图书馆。此后，全国各省纷纷成立省立图书馆，一些市县也成立了公共图书馆，与此同时，还有一些私人及团体也开办了开放式的图书馆，由此使得公共图书馆在中国得以迅速普及，同时呈现出属性的多样化。

然而那时中国还没有与西式图书馆恰当对译的名词，例如 1807 年英国传教士马礼逊父子合著的《外国史略》中介绍到荷兰图书馆时，将其翻译为"书院"，王韬则称之为"藏书大库"，郑观应称之为"藏书院"，等等。对于这个新生事物,那时还没有统一的定名,一些呼吁者把图书馆也称为藏书楼,例如刘师培写过《论中国宜建藏书楼》一文,文中感慨封建社会不以学术为公器:"嗟乎! 三代以降,苛政日增,不知以学术导其民,并不以学术公之于世。"为此他提出:"今宜参用其法,于名都大邑设藏书楼一区,以藏古今之异籍。"刘师培所说的"藏书楼"其实就是现代公共图书馆。清光绪二十二年(1896)孙家鼐谈到西方教育时称"泰西教育人材之道,计有三事:曰学校,曰新闻馆,曰书籍馆",其所说的新闻馆乃是指报社,书籍馆实指公共图书馆。

对于"图书馆"一词的使用,吴晞在其专著《从藏书楼到图书馆》中说:"中国'图书馆'一词的直接来源出自日文'図書館',最初是由梁启超引进到中国来的。1896 年 9 月在梁启超主编的《时务报》上,首次出现了图书馆一词。"可见"图书馆"一词确实是舶来品。中国早期人文启蒙者大多是从日本间接地接受西方观念。程焕文在其专著《晚清图书馆学术思想史》中提及,日本古代和中世纪所建的藏书处称为文库,明治五年(1872),在维新派的推动下,日本政府创办了东京书籍馆,明治十三年(1880),该馆改名为"东京図書館",程焕文说:"是为日本使用'図書館'一词的开始。"

可见,日本的公共图书馆概念来源于西方,他们最初使用的是"书籍馆",后来有了"图书馆"一词。中国借鉴此词,在初期乃是将藏书楼与书籍馆、图书馆等词并行,后来才定于一尊,公共藏书处一律称为"图书馆",这种用法沿用至今。只是有一度将"图书馆"三个字合为一个字——圕,这是一个新造的象形字:将书放在一个大房子内。"圕"字是民国十五年(1926)由著名图书馆学家杜定友发明的,因为他在撰写图书馆学著述时,感觉文中不断地重复出现"图书馆"三个字太过麻烦,所以他发明了"圕"字来代替。1929 年后,杜定友在中华图书馆协会第一次年会上提出《采用"圕"新字案》,获得通过,于是有些书上就出现了这个新字。

总体来说,现代图书馆概念来自西方和日本,因此吴晞认为:"中国的图书馆是西方思想文化传入中国的产物,中国图书馆的历史是从接受西方的图书馆思想及管理方法之后才开始的。"

随着图书馆的增多,相关的协会也随之诞生,中国最早的地方性图书馆协会是 1918 年成立的北京图书馆协会,自此之后,各地图书馆协会纷纷成立,1925 年又成立了全国性的图书馆团体——中华图书馆协会。该会的成立促进了中国图书馆事业的发展,他们制定章程,培养人员,联络国际图书馆,等等,在许多方面都有开创性的贡献。1920 年,经韦棣华女士的努力,她与沈祖荣等人在武昌文华大学开设了文华图书科,后独立为文华图书馆学专科学校,这是我国第一所独立的图书馆学校,该校培养出来的图书馆学人才在日后成为中国第一代图书馆学专家,他们为此的付出必将为历史所铭记。

但是,天下大多事物都具有萌芽期、成长期和衰败期,如果说公共图书馆的核心观念乃是"共享"二字,那么传统的藏书家早已具有这种观念,只是其管理制度与开放理念不如西式图书馆健全。故而我认为,西方图书馆的传入,丰富和完善了图书分享理念,出于这种认识,我认为讲述中国图书馆的故事,就要从中国古代藏书楼中找出具有开放理念者,予以论述。

如果以具体藏书论,现代中国的公共图书馆均很重视古籍善本的收藏,很多馆都将收藏善本量的多少,作为该馆收藏水准的衡量标准之一,而这些善本原本大多来自古代的私家藏书楼。这也侧面说明了传统藏书楼与现代图书馆的递承关系。

因为我喜欢藏书之故,这些年来为了核对善本去过一些国内公共图书馆的善本书库,为此陆续写了一些图书馆参观记。在新冠疫情期间,出门受到限制,故而坐在书桌边将这些走访图书馆之文分类梳理。在梳理书稿之时,我还是觉得讲述中国公共图书馆要从传统的、具有开放意识的藏书楼说起,比如阮元的灵隐书藏等,于是我将这部分内容补入文稿中,视之为中国公共图书馆的肇始,或者称之为萌芽期。走访各家省、市、县级图书馆及学校图书馆是本书的正章,我将相关之文分类汇为公共编与学校编。也有一些其他性质的图书馆,比如家族性质的关族图书馆和司徒氏通俗图书馆,这些馆不能称之为公共图书馆的前身,但它们的开放理念也属本书收录的范围,故而我将其放在辅翼编,我觉得它们恰好能够表现中国开放式图书馆的多样性。这种分法虽然不能涵盖中国图书馆类型的全部,但大致可以看出开放式图书馆的延续和脉络。

按照原计划,还有一些历史悠久的公共图书馆应该前去探访,但因疫情之故,这个想法难以实施。疫情的间隙我在北京市内寻访一些老图书馆,然外地的一些老馆却没有办法前往补充。事实上，藏有古籍的中国公共图书馆数量远比我想象的要多，这本小书不可能有这么大的涵盖面，因此未访到的图书馆只能期待将来出续集，以便更完整、更全面地展示中国公共图书馆的方方面面。

需要说明的是，由于我的视角主要在古籍方面，因此没有全面地讲述各家图书馆的丰富馆藏，比如平装书、洋装书、外文书及报纸杂志等，文中记述的主要是参观善本库和观赏善本时的感受，但是我的狭隘和偏见并不能掩盖各家图书馆馆藏的丰富，读者可以走访各家图书馆，亲自去领略一番。

于我而言，参观现代化的图书馆，却专门去看其中的古籍，这有如流行歌曲中的"洋装虽然穿在身，我心依然是中国心"，似乎用这句歌词来形容中国公共图书馆也很贴切。虽然我所谈的仅是一私之偏，却也是爱书人大多感兴趣的角落，对于公共图书馆的全面论述，则只能留待方家了。

这些年来的图书馆寻访，我得到了很多师友的帮助，得以进入一些重要图书馆的书库，目睹那些如雷贯耳般名典的真容，在此我向那些为我提供过帮助的师友表示郑重谢意。在图书馆之旅中，我既看到了老的馆舍，也看到了新的设施，惊叹于图书馆的壮美。天堂是不是图书馆的模样，我没去过天堂，不敢下断语，但我可以确定地说，图书馆一定是知识的天堂，也是爱书人心中的天堂。

时至今日，社会在巨变中，网络数字化越发普及，数字图书馆也不断涌现，今后纸本书是否真会成为陈列用的古董，我于此不敢断言，但我觉得书籍是人类社会共同的文化遗产，无论图书变成什么形式，曾经的历史都不能忘却，我以自己的眼界所及，记录下所看所想，这就是我写本书的初衷。

韦力

2022 年 5 月 28 日

目录

灵隐书藏

名山名刹，名儒名藏

大概在八年前，张国富先生的萧山古籍印刷厂乔迁新址，面积比以前扩大了十倍，这当然不只是张先生的喜事，对于喜爱古籍的人来说，也同样是个好消息。当然最兴奋的人还是张总，于是他请了上千人来参加新厂开张仪式。北京请了多少人，我不知道，但与我相熟的至少有 30 位，其中又有七八位因为总混在一起，自然就一同结伴来到了萧山。那个时候，领导的关怀对企业最为重要，而张总社交又广，前来参加开张仪式的领导就有一大堆，我感觉他难以张罗得过来，就跟几位朋友说咱们还是先在杭州玩儿一天，等张总忙过之后，我们再坐下来说话。

在杭州这个著名的旅游城市，我们这七八个人想要同时拦下两辆空驶的出租，当然是小概率事件，于是在西湖边包下了一辆面包车，这让大家舒服了很多。可是这辆面包车上的两位司机并不按照我们所说的路线行驶，他们不断坚持着要把我们拉到自己认为的旅游景点去，大家至此才明白是上了一辆黑车，对方想要把我们拉到所谓的旅游商城去买假玉和丝绸，我们这些人哪里吃这一套，几句话不对付就吵了起来。两位司机开始耍横，做出黑道人物的模样，但很快发觉用这套把戏对付我们好像没什么效果，索性就把我们扔在路边，扬长而去。

即使这样，也没有影响我们的好心情，大伙儿开始步行游览。我记得先到了孤山，因为之前我了解到西泠印社出了特制的纪念墨，这种墨每块儿有一公斤重，听说仅出了一百块，我当然也想分得一勺羹，于是告诉众人这个消息，并且放出豪言，到那里如果能买到，我送每人一块儿。到了西泠印社的商店里，果真看到有此墨，但是仅余了两块儿，我将它买了下来，真不知道送给谁，再一次体验到了狼多肉少的难受劲儿。好在那位售货员善解人意，告诉我们在杭州专卖墨的商店里可能还有几块儿。闻听此讯，众人大感高兴，于是撒开腿奔那个商店而去。走出了数公里之后，众人的腿里像灌了铅，开始抱怨路途太远。我也不确定那个商店还要走多远，于是站在路边拦车。一番折腾后，终于乘上了两辆出租车。为了凑齐这两辆出租车，大伙儿至少等了 20 分钟，而车却开出了不到 3 分钟，我觉得最多有一公里的路，就到了站。下车之后，众人大笑，不知道哪位仁兄说出了句"远走路，近打车"，这是我们那天的主旋律。

如此折腾，跑了这么远，那个商店却仅剩一块纪念墨，这让众人多少有点儿沮丧。众兄弟中有李阳泉和宋连旺两位，我记得好像是李兄提议请众人到灵隐寺去玩一圈,他说与灵隐寺的方丈和监院是很熟的朋友。我明白他的好意,是想以此来冲淡没有得到墨的遗憾,于是大家重新拦下两辆出租车,呼啸而去。

这是第几次来灵隐寺,我已经回忆不起来了,但这次来有这么多兄弟的陪伴,自然心情异于往常。我们这一群人已然忘记自己不再是少年,竟然比赛起爬山来,一口气登上了飞来峰,这可是真正的"老夫聊发少年狂"。尽兴之后,又跟着李阳泉和宋连旺进寺内去拜见方丈,正巧赶上方丈不在,于是到图书馆去见监院。

那是我第一次来到寺庙内的图书馆。以往去过的寺庙,所见都为藏经楼,而灵隐寺中的却叫云林图书馆。寺里的监院衍空法师同时兼任着云林图书馆馆长,法师很年轻,聊起天来很博学,他带我等在图书馆内参观一番。连旺兄还告诉我,这里哪些书是他所印的。这里一排排的书架全部为金属材质,没有柜门,架上的书大部分是影印的精装本,有一些新印线装书则放在带门的橱柜内。图书馆的正中位置平放着几个展柜,里面摆放着一些少见的线装书。看完书后,衍空带我等到图书室去喝茶,他介绍说,藏经阁还在恢复建设之中,建好之后再把这些书搬过去。我想起了当年阮元所建的灵隐书藏,向法师请教那个书藏是否还有痕迹。法师告诉我,遗址尚在,方丈也对这件事很重视,已经定下计划,等到恢复之后请我等再来参观。

2012年12月26日,我再次来到了杭州寻访。在这几天的寻访过程中,某天下起了连绵不断的雨,这种雨阻碍了我的行程,让人感到很是烦躁。无意间,我又想起了灵隐书藏,突然想去看看那个书藏是否建好,于是打上一辆出租车再次来到了灵隐寺。雨天没能挡住各地的游客,灵隐寺被称为江南第一名刹,来此参观者在售票处排着长长的队伍。进入灵隐寺后,我望了一眼上次飞奔而上的飞来峰,山上的石刻造像已经被蒙了起来,上面写着"维修中"。买票后进入寺庙,在寺里游览一圈,我看到后面已经建造起来的藏经阁,却没能找到灵隐书藏的位置。

前一段偶然看到报道,说灵隐书藏已经开张,并且对外开放。看到这个消息时,很让我兴奋,但也让我想起了曾经的隐痛。因为八年前的那趟游览很是过瘾,结果应验了老子的那句话"福兮祸之所伏"。回到北京后,我就乐极生悲地把包弄丢了。几经周折,包虽然找了回来,可是相机里的照片却不知哪里去了。想到这一层，我马上打电话给李阳泉先生，问他八年前所拍的照片是否还有留存。他说，当然，然后很快给我发了过来。我看到那些照片，也看到了自己八年前的朝气，这让我有着廉颇老矣的感慨，而更为感慨的是阳泉兄那超强的档案管理能力。

灵隐寺是名气很大的佛寺，它的藏经历史很是悠久，因为名气大，清代的皇帝曾多次来此巡幸。尤其在清康熙五年（1666），康熙皇帝在此写下了"云林寺"的匾额。这个故事我打小就知道，是说康熙皇帝来到灵隐寺，酒足饭饱之后接受了方丈的请求，给此寺题匾额，灵隐寺"灵"字的繁体应该写成"靈"，可是皇帝因为喝了酒，下笔没准儿，才写了"靈"字上半部分的"雨"就占了纸幅的一半位置，下面的那三个"口"和"巫"字显然不够位置。但皇帝是不可能出错的，换一张纸重写又好像有失尊严，据说当时有个官员反应很机敏，马上在手心写了个繁体的"雲"字偷偷展示给皇帝看，因为底下的纸幅再写个"云"字还是够位置的，于是灵隐寺就变成了云林寺。这个故事的真实性不值得探讨，但我却佩服编故事者的想象力。事实上，康熙皇帝写的云林寺匾额今天依然挂在灵隐寺的大殿之上，但三百年过去了，还是没人买账，这里依然叫灵隐寺，其中的缘由，确实也耐人寻味。

康熙皇帝不但给灵隐寺赐写了匾额，此后他又来过灵隐寺三次，每次都给这里赏赐一些书籍和碑帖。后来的乾隆皇帝也多次巡幸灵隐寺，每次也赏赐书籍与碑帖，比如《三希堂法帖》《淳化阁帖》等。在清代，灵隐寺得到过大批赠书，其中就有嘉庆年间状元石韫玉所赠的一整套《径山藏》，这部大藏经近2000册，是石韫玉筹得捐款白银340多两购买而来的。

石韫玉曾与灵隐寺的住持共同整理寺内所藏的经书，还给寺里写了一篇《灵隐经藏碑》。这篇碑文很长，开头的部分很有意思："将执文字以求佛，可乎? 曰：'文殊问维摩之疾，会意而忘言；达磨安神光之心，迎机而县解，学佛不可执文字也。'将离文字以求佛，可乎? 曰：'佉卢造字，释迦亦传习；多师博达，多闻庆喜，为总持第一，学佛又不可离文字也。'"石韫玉在这里探讨了佛教应不应该把文字流传下来的问题，还在后面说到灵隐寺藏书被火焚的历史："惟是旧藏经文，不戒于火，珠林秘笈，遽化秦灰；石室昙章无存，鲁壁九译莫详。"正因为如此，他才捐了一大批书给灵隐寺。可令他没想到的是，他所捐的这批书过了数十年，也就是到了清咸丰十一

灵隐寺第二进院落

（1861）年，太平军攻下杭州，灵隐寺所藏的佛经又再一次变为了灰烬。丁丙在《焦山藏书记》中写道："辛酉，杭州再陷，文澜阁书摧毁六七，而灵隐书藏亦随龙象俱灰。"谭宗浚在《菊坡精舍书藏铭》中亦称："焦山、灵隐两书藏皆始于阮文达公，其时嘉庆中叶耳。不三十年，而寇陷镇江，又不四十年而贼陷浙江，寸楮零缣荡为灰烬。"

灵隐寺在藏书界的名气比一般寺庙都要大，主要原因不是它所藏的佛经，而是这里的另外一份收藏——灵隐书藏。从严格意义上讲，书藏跟寺庙关系不大，因为所藏的这些书都不是佛经，而是传统的四部书。为什么把社会用书藏入寺庙，这其中也有历史渊源。早在唐代的时候，白居易就把自己的藏书放在东林寺里，唐会昌五年（845），白居易在《白氏集后记》中称：

> 白氏前著《长庆集》五十卷，元微之为序；后集二十卷，自为序；今又续后集五卷，自为记。前后七十五卷，诗笔大小凡三千八百四十首。
> 集有五本：一本在庐山东林寺经藏院，一本在苏州禅林寺经藏内，一本在东都胜善寺钵塔院律库楼，一本付侄龟郎，一本付外孙谈阁童。

北宋时，还有一位叫李公择的人，也把自己的藏书藏在庐山五老峰下的白石庵，还请苏轼写了篇《李氏山房藏书记》。然而这种做法仅是某人把自己的书藏入庙中，这与以后的书藏概念有着本质的区别。

清梁诗正《西湖志纂》卷八载："钱氏书藏。《武林纪事》，钱龢宅，龢孝义知名，居九里松之间。尝建杰阁，藏书甚富。东坡榜之曰'钱氏书藏'。"东坡在此用了"书藏"二字，但就其藏书性质而言，仍然是钱龢个人的私藏。

叶宪允在《清代"灵隐书藏"及其影响》一文中转引了清罗榘在《甘泉书藏记》中所云："丁竹舟、松生二先生筑精舍于甘泉之北，粹四部书之为宋元旧刻者宝藏其中，乃袭用宋时君家朝佐藏书室之旧名'甘泉书藏'以颜其室，盖屋以传先德，书以启后人也。"此记称杭州八千卷楼主人丁申、丁丙兄弟的祖上在宋代时已经建有甘泉书藏，可见"书藏"二字似乎诞生于杭州。可能因为这个缘故，使得阮元提议在杭州灵隐寺内建起一座对外开放的书楼时，也将其命名为书藏。书藏建成后，阮元写了篇《杭

州灵隐书藏记》,该记解释了书藏之概念:

> 《周礼》:宰夫掌官契以治藏。《史记》:老子为周守藏室之史。藏
> 书曰"藏",古矣。古人韵缓,不烦改字,收藏之与藏室,无二音也。汉
> 以后曰"观"、曰"阁"、曰"库",而不名"藏"。隋唐释典大备,乃有《开
> 元释藏》之目。释道之名"藏",盖亦摭儒家之古名也。明侯官曹学
> 佺谓:释、道有藏,儒何独无? 欲聚书鼎立,其意甚善,而数典未详。

在阮元看来,"藏"字既可作动词也可作名词用,作动词时叫"藏书",
作名词时叫"书藏",他甚至拿来跟佛藏和道藏相比。对于灵隐书藏之来
由,阮元在此记中写道:

> 嘉庆十四年,杭州刻朱文正公、翁覃溪先生诸集将成。覃溪先生
> 寓书于紫阳院长石琢堂状元曰:"《复初斋集》刻成,为我置一部于灵
> 隐。"仲春十九日,元与顾星桥、陈桂堂两院长,暨琢堂状元郭频伽、何
> 梦华、上舍刘春桥、顾简塘、赵晋斋文学同过灵隐,食蔬笋,语及藏《复
> 初斋集》事。诸君子复申其议曰:"史迁之书,藏之名山,副在京师。白
> 少傅分藏其集于东林诸寺。孙洙得《古文苑》于佛龛,皆因宽闲远僻
> 之地,可传久也。今《复初斋》一集,尚未成箧笥,盍使凡愿以其所著、
> 所刊、所写、所藏之书藏灵隐者皆裹之,其为藏也大矣。"元曰:"诺。"
> 乃于大悲佛阁后造木厨,以唐人"鹫岭郁岧峣"诗字编为号,选云林寺
> 玉峰、偶然二僧簿录管钥之,别订条例,使可永守。复刻一铜章,遍印其
> 书,而大书其阁扁曰"灵隐书藏"。盖缘始于《复初》诸集,而成诸君子
> 立藏之议也。遂记之。嘉庆十四年夏五月庚申朔。

清嘉庆十四年(1809),翁方纲写信给石韫玉,他说自己的诗集《复初斋集》
刻成之后,要送一部给灵隐寺收藏。翁方纲的这个举措让阮元等人来了
灵感,于是阮元就跟十几位朋友商量,不如在灵隐寺建一个收藏馆,大家
共同来此捐书,以便所捐书籍在这里永远保留下去。阮元的提议受到了
大家的赞同,马上开始筹办此事,并委托阮元写一条例。这份条例全文如
下:

■ 云林图书馆内景

一、送书入藏者,寺僧转给一收到字票。

一、书不分部,惟以次第分号。收满"鹫"字号厨,再收"岭"字号厨。

一、印钤书面暨书首叶,每本皆然。

一、每书或写书脑,或挂绵纸签,以便查捡。

一、守藏僧二人,由盐运司月给香灯银六两。其送书来者,或给以钱,则积之以为修书增厨之用,不给勿索。

一、书既入藏,不许复出。纵有翻阅之人,但在阁中,毋出阁门。寺僧有鬻借、霉乱者,外人有携窃、涂损者,皆究之。

一、印内及簿内,"部"字之上分经、史、子、集,填注之,疑者阙之。

一、唐人诗内复"对"、"天"二字,将来编为"后对"、"后天"二字。

一、守藏僧如出缺,由方丈秉公举明静谨细、知文字之僧充补之。

此条例的第一条规定,不论什么人送书来,都要给对方一个收据;第二条乃是书不分部,也就是不按经、史、子、集排列,来一部放一部,放满一橱,再放下一橱。而每一橱也不用编号,编排方式是用唐代诗人宋之问所写的《灵隐寺》一诗,这首诗的前几句是:"鹫岭郁岧峣,龙宫锁寂寥。楼观沧海日,门对浙江潮。"阮元说,此诗中的每一个字,就是一橱。他为什么不进行四部分类,而是用一首诗来排列?我未找到具体的解释。以下的几条规定,则是给每本书都要钤章,同时要安排两位僧人专职管理,并且规定所藏之书可以在阁内阅读,而不可借出。

《条例》的第八条其实是对第二条的进一步解释。因为宋之问的这首《灵隐寺》诗总计70个字,其中的"对"和"天"两个字有重复,阮元担心编排到这两橱时跟前面的难以区分,于是把后面的这两个字分别加个"后"字,以示区别。可见阮元想得很长远,他认为灵隐书藏能够装满70橱。遗憾的是,当年阮元制作的书橱已经被太平军焚毁,所以现在不知道每个橱的尺寸有多大。

由此可知,灵隐书藏乃是由众人集书而成,并且可以供他人阅读,已经有了公共图书馆意识。陈东辉在《清代杭州灵隐书藏及经藏考略》一文中称:"灵隐书藏虽仍偏重于保存,但已略具近代图书馆的性质,为学人阅读提供了方便,对于推动当时文化的传播和学术的发展,是起了积极作用的。"

阮元写出《条例》后大为高兴，还专门写了一首长诗，名称是《诸君子集灵隐置书藏纪事》。他在此诗中感叹："近代多书楼，难聚易分散。或者古名山，与俗隔崖岸。"他认为把古书藏在名山名寺里，跟世俗社会相分隔，就能够长久地保留下去。为此，翁方纲也写了一首七言长诗《灵隐书藏歌》，这首诗讲述了灵隐书藏的来由，他也认为："名山名刹更增重，岂比家刻传其私。"翁方纲说把自己的书藏在这名山名寺之中，可以提高自己作品的价值。除这两人之外，还有很多文人写过相关的诗作，例如杨凤苞《灵隐书藏纪事》、李富孙《杭州灵隐书藏纪事》、陈文述《灵隐藏书题壁》等等。经过这么多人的唱和，使得灵隐书藏在那个时代成了一场风雅盛事，他们认为把自己的作品藏在寺内，就能够"欲使山灵守，永保著述科。"

《杭州灵隐书藏记》中有一句"复刻一铜章，遍印其书"，阮元说他找人刻了一方铜质的藏书章，用这方章钤盖于灵隐书藏中的每一本书中。然而盖了灵隐书藏藏书印的书，这么多年来，我却一本也没有见过，也没有查到哪个公共图书馆藏有钤盖着这方章的旧藏。可是，阮元所说的那方灵隐书藏印，却流传了下来。这真是一件神奇的事。

我在顾志兴先生所著的《浙江藏书史》中读到了如下一段故事：民国十八年（1929），邵章在北京见到了灵隐书藏印，同时看到了当年阮元所撰、翁方纲所书的《杭州灵隐书藏记》原件。邵章本身就是藏书家，又是杭州人，他当然对这些东西大感兴趣，于是出资把这两件买了下来，后来带回杭州赠送给了西湖博物馆，而西湖博物馆就是今天浙江省图书馆的前身。民国二十五年（1936），杭州曾举办首届浙江文献展博会，会上展出了这两件原物。让人疑惑的是，灵隐书藏章实际上是木头刻制的，而非阮元所说的铜章，这是怎么回事呢？我没能查找到答案。顾志兴先生推测，有可能是当年阮元笔误，把木章写成了铜章。但也有另一种可能，当时刻制了铜章和木章各一方，而今铜章不见踪影，仅有木章留下来。是不是如顾先生所猜，只能等未来的实物发现来做解答了。

灵隐书藏在咸丰年间被毁，到光绪年间又得以重建，潘衍桐于《灵隐书藏后记》中写道："光绪己丑、庚寅之际，吾视学两浙，兴废举败，务以述文达旧业为事。既合浙之人士，搜录其诗，以续文达《輶轩录》之作，凡得诗若干首，节广编修翩然来游，赞吾修复灵隐之藏。丁君松生，娴雅好事，能成吾议,积书于故藏若干卷,以辎轩缉诗之余稿,郡人未领归者,咸附藏焉。"

清光绪十五至十六年（1889—1890）,潘衍桐督学两浙,很想恢复阮元当年创造的文治,他率领一些人编纂诗集,提出要恢复灵隐书藏,丁丙大力支持潘的提议,还拿出一些书藏在了灵隐寺,同时将所编诗稿也放入此寺中。

此外,有不少人效仿灵隐书藏,创建了其他的书藏,比如清道光七年（1827）张鉴设立安亭书藏,陈文述在《安亭书藏记》中称:

> 书藏始自北宋钱龢,在西湖九里松,东坡守杭所题也。阮云台师抚浙,于灵隐置之,及家居又于焦山置之。两书藏与海内七阁并峙,儒林、文苑仰若日星。余久居吴门,欲集同志营书藏于灵岩,而力未及。今张君吟楼营震川书院于安亭江上,并营藏书之阁,拟以"藏经楼"题之。余谓士子应读之书,非止经也,亦有列代之史、诸子之书、百家之集焉,且颜以藏经,恐近于佛家之说,不若以"书藏"名之,则与灵隐、焦山辉映东南矣。

陈文述讲述了自钱龢以来的书藏沿革史,重点夸赞阮元所建灵隐书藏影响巨大,自己原本也想效仿之,然力所不逮,正赶上张鉴创办震川书院,同时要在书院内建造藏书阁,并且拟名为"藏经楼",陈认为此名起得不好,因为来书院读书的学子不仅仅是读六经,也需要读史、子、集各部,如果仅名"藏经",会让人误以为这是佛家的藏经楼,所以他建议用"书藏"来命名,还可以与阮元所建的灵隐、焦山两书藏交相辉映。

陈文述在参考阮元所建书藏的同时,也有所创新:"惟灵隐、焦山两书藏专藏近代人著录,书院则以经史子集为重,宜分庋两楹,左陈古编,右弆今籍,俾过斯地者,一登楼而如入琅环、谟觞之福地,非文字中一大因缘乎! 因检家藏旧籍之重者贻吟楼,充楼中之藏,并以家刻十三种附焉,且为记。道光丁亥冬。"

陈文述认为阮元所建的两个书藏专藏当世人的著作,而震川书院应当以古人著述为主,所以他建议把安亭书藏分为两间藏书室,左室藏古人著述,右室藏今人著作。

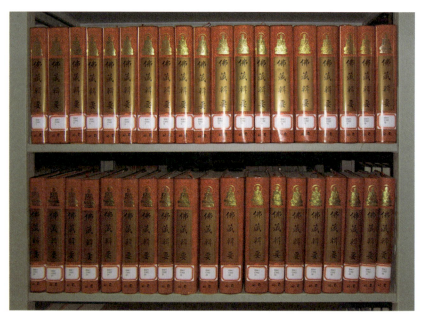

≡ 珍贵书这样摆放　　≡ 精装书上架

除了安亭书藏,地处广东的菊坡精舍书藏和丰湖书藏都是明显受到灵隐书藏的影响,这一点正如陈文述所言,阮元所建的两个书藏完全可以与四库七阁相并提。

到了近代公共图书馆的萌芽阶段,灵隐书藏也给了当时人以启发。光绪二十二年(1896),李端棻在所上《请推广学校疏》中称:"厥有与学校之益,相须而成者盖数端焉。一曰设藏书楼,好学之士,半属寒畯,购书既苦无力,借书又难其人,坐此固陋寡闻无所成就者不知凡几。高宗纯皇帝知其然也,特于江南设文宗、文汇、文澜三阁,备庋秘籍,恣人借观。嘉庆间,大学士阮元推广此意,在焦山、灵隐起立书藏,津逮后学。自此以往,江浙文风甲于天下,作人之盛成效可睹也。泰西诸国,颇得此道,都会之地,皆有藏书,其尤富者至千万卷,许人入观,成学之众亦由于此。今请依乾隆故事,更加增广,自京师及十八行省省会,咸设大书楼。"

李端棻提到了乾隆皇帝在江南设《四库全书》三阁,可任由当地学子前来阅读和抄录,这对文化普及极其重要。他还提到了阮元所建的焦山书藏和灵隐书藏,也可以任人阅览,他认为此两书藏与南三阁共同促进了江南文化的繁荣。

李端棻的所言说明灵隐书藏在社会上已经有了广泛的影响力,其以此来说明全国各省会城市设立图书馆的益处,只是那时的李端棻在奏折中把图书馆说成"大书楼"。

焦山书藏

江心岛上的藏书之所

结束了扬州的行程，当地的朋友提议用车把我送到镇江，想着已经给朋友添了太多麻烦，还是决定独自前往。从宾馆出来，我站在路边打车，跟一位司机谈妥 180 元的车资。一路上司机跟我聊着当地跟文化有关的话题，我觉得他是个有眼力的人，我还没有张口，他就知道我喜欢听这类的事情。他告诉我，2015 年是扬州建城 2500 周年，当地会有一系列重大的活动，那时来扬州肯定会很热闹。聊天间我感觉到车没有走高速路，他说确实如此，因为走高速要绕远，当地人不爱走，并且那个跨江大桥最初的名字叫镇扬大桥，他们觉得镇住了扬州，这让人听来不爽，所以他坚决不上那个桥，把我拉到了轮渡。

开车过长江，我还是第一次。这种滚装船一次可以开上去二三十辆车，其中还包括一些重载的大卡车，为了便于汽车的上下，这种船的船舷离江面极低。车停到了船上，车里的人纷纷下车站在船舷边吹吹风，坐这种船舷较低的船，果真跟坐大船感觉完全不同。前些年，我多次从重庆前往武汉，沿着长江一路坐下来，有时三天两夜，有时还要长，但那种感觉特别不好，就像坐在囚笼里。这次的渡江使我对坐船的坏印象有了改观，古人说"危楼高百尺，手可摘星辰"，我觉得摘星那是夸张，但手可摘浪花倒是真真切切。坐这种低舷船也让我重新审视古人的一些诗句，比如"澄江静如练""长江悲已滞"等，我认为诗人的感觉应该是在从高空往下望，才能觉得一条江水平坦如砥。但我今天的感觉，如果用浊浪排空来形容似乎有些夸张，但江水的湍急和激起的浪花确实比想象的大许多。在船头的位置，有一对男女正模拟着泰坦尼克主角的经典姿势，他们没有注意到船头的舷板接缝处会突然涌进巨浪，水声与尖叫声引起了满船的关注。

到了宾馆放下行李，我直奔焦山而去。虽然所住的宾馆跟焦山岛一样都在江边，但两者的距离确实不近。打车来到焦山公园的入口处，看到附近没有出租车，我跟司机商量能否加点钱请他在此等候，他说登岛往返再加游览恐怕三四个小时都不止，他等不起。我想想也是，只好打消这念头，回城时再想办法碰运气吧。

买了 50 元门票进入候船区，原来登上焦山岛要坐船，因为之间没有大桥连接，而我赶到登船处时，刚好一批游客坐满了渡船，轮到我时拉起了护栏，只好坐在长凳上等待下一班船。一个小时前我刚渡过了长江，现在又回到了岸边，准备再入江中，一日两渡江的经历以前还未体验过。今日的天气还算晴朗，基本上能够看清处在江中的焦山岛，但天上还是有淡淡的薄雾，按照朱自清的说法是"天上却有一层淡淡的云，所以不能朗照；但我以为这恰是到了好处"。我觉得也是这样，薄雾下的江山有着若隐若现的梦幻之感，也许这就是"云霞明灭或可睹"的感觉。正当我陷入诗兴大发的冥思状态时，下一班渡船来了，众游客一瞬间就挤到了我的前面，我从排第一变成了倒数第一，好在最终还是上了船，让我登上了焦山。

此趟焦山之行目的只有一个，那就是寻找"焦山书藏"书楼。在我以前所做的功课中，知道焦山书藏就是现在的焦山华严阁。在登岸处，我首先找到了焦山岛的游览示意图，华严阁的位置很近，就在左手边不远处，按照标识的路线，很快来到了这里。然而，眼前看到的却是一片施工工地，我向施工者打听华严阁，众人皆称不知。于是，我又退回到登舟处，再把示意图细看一遍，我一向对自己的方位感和看地图的能力颇为自负，细看一番，觉得自己所走路径没错，故而重新来到这片工地。我在一个小门洞中遇到一位老居士，向他请教华严阁的位置，他转身指着这片未完工的建筑说："这里就是。"这个结果让我有些诧异，因为在此之前我查过的各种资料都说华严阁完整地保留在这里，刚才在示意图上也看到了华严阁的图标，而今为什么变成了工地呢？这位老居士说："你来晚了，去年刚拆掉。"我问他为什么，他看了我一眼说："方丈说拆就拆呗，我怎么知道为什么。"说完之后，他转身离去。

我的寻访之旅最不愿遇到的就是这种情况——在我来到之前的不久，这里变得了无痕迹。如果一个古代遗迹在很多年前就被毁掉了，那么我的心中只有痛心和恨。但如果是刚刚不久才被拆掉，而这个"刚刚不久"恰恰是因为自己的拖延而晚来了一段时间，那么这种情况，心理上就会产生——悔，而我感觉悔要比恨还难受，因为恨是无奈和无力，悔则是自己能够改变的情况而没有做，如此想来，最痛恨的还是自己。

我不死心，既然千辛万苦来到了这里，总要找点痕迹在。顺着老居士的背影追了过去，请他告诉我华严阁的故物还有哪些。老人指着工地旁的一棵大树说，这棵树一直陪伴在华严阁身旁。他的这"陪伴"二字让我心中一动，我坚信自己今天遇到了智者。于是，进一步请教还有什么遗物在，他又告诉我，树旁的那个须弥座的石台也是华严阁里的旧物。他又指着工地后面山体上的一个石洞说，这个洞也同样是原物。我弯着腰小心地穿过工地来到洞前，看到洞口上方刻着"罗汉洞"三个字，我不知这有什么出典，只能小心地向里张望，可惜没有带着手电筒。突然间，我想起了闪光灯，于是试着向洞内闪了几闪，因为瞬间的明灭，反而让我看不清洞内的具体情形，似乎有一尊很小的佛像端坐在洞中。线装书肯定是没有，但至少我可以想象灵隐书藏的古书也有可能在这里储藏过。老居士看我认真地探究，也多少明白了我的失落，他善意地安慰我说："你明年再来看吧，华严阁就修好了。虽然是新的，但总比没有强，对不对呀？"这平实的几句话，我倒从中品出了禅意。

在新建的华严阁旁边的一组建筑中，我注意到侧墙上嵌着一块介绍板，走近细看，里面的介绍文字是"华严经神庭道场的由来"。看到这个告示牌，终于让我有了喜色，毕竟让我找到了间接相关的证据。介绍牌里用几千字介绍着《华严经》跟焦山定慧寺的关系，可惜的是细细看过一遍，里面没有提到"焦山书藏"的事情。

清嘉庆初年，阮元登临焦山，他在此观看了焦山刻石，又在松寥阁内看到这里藏了一些周宣王时的古鼎。鼎内有铭文，这令阮元很感兴趣，但他觉得阁内仅藏有一尊古鼎似乎不够完美，这让他产生了好事成双的念头。嘉庆七年（1802），阮元任浙江巡抚，在杭州时，他找到了一尊西汉定陶鼎，认为"焦山仅有周鼎，若以汉鼎配之，经史可徵，可增诗事"，于是将该鼎赠送给焦山。

嘉庆十二年（1807），阮元再次登临焦山，看到天启年间修建的仰止轩已经荒圮，于是跟寺僧巨超等人商议，捐资重修此轩，同时将自己珍藏的杨忠愍公墨迹赠给焦山。两年后，阮元在杭州灵隐寺建立灵隐书藏，当时他准备在焦山也建立书藏，但因故未果。

嘉庆十八年（1813），阮元被转授扬子江漕运总督，某天跟焦山的僧人借庵以及诗人王柳村聊天时，想起在焦山上建立藏书楼的事。借庵虽然是僧人，但也喜欢吟诗作赋，因此对藏书之事很是热心。我私下揣度，既然喜欢吟诗作赋，必然就会喜欢看书，很有可能是借庵在岛上能够看到的书太少，于是就撺掇阮元建立这个藏书楼，而阮元此前已经在杭州的灵隐寺建过藏书楼，名称叫"灵隐书藏"，在焦山再建一个，他当然也很乐意。阮元是个有文化热情的大官吏，他说干就干，次年就在焦山海西庵建起了书楼，名称就依照"灵隐书藏"旧例，称之为"焦山书藏"。而这个海西庵

就在华严阁的旁边。

对于此事，清恒在《杨忠愍公仰止轩暨焦山书藏落成》的诗序中写道："扬州阮云台漕督同翠屏洲诗人王柳村过山中，议移仰止轩于汉隐庵，丁砚山观察建楼五楹，中奉忠愍木主，置石刻于壁上，为书藏。即贮忠愍墨迹卷子并海内送藏古今书籍，复刻书藏缘起以记。始于嘉庆十八年八月初十日，落成于十一月二十日，并立春秋祭祀。"清恒即僧人借庵，他是此事的亲历者，所记自然属实。

焦山书藏建成后，阮元很高兴，为此写了《与王柳村处士丁百川观察方静也茂才焦山僧借庵同立书藏诗以纪事》：

> 书赖名山藏，山因古书靓。
>
> 禹贡逮尔雅，桑钦亦传授。
>
> 岳镇若非书，其名久舛谬。
>
> 我昔立书藏，钱塘置灵鹫。
>
> 兹复来江南，焦山藏新构。
>
> 焦山本谯山，人罕识其旧。
>
> 于诗题江淹，于典稽杜佑。
>
> 楼倚椒山祠，正气充宇宙。
>
> 周汉二鼎间，常有海云复。
>
> 鹤铭残字多，编列签橱富。
>
> 万卷压江涛，千函寄烟岫。
>
> 付与诗僧收，何异长恩守。
>
> 况是仁者静，山寿书亦寿。
>
> 千载传其人，更有史迁副。

此诗起首一句就讲出了阮元的心态，他希望焦山书藏能够长期地流传下去，这是他创建焦山书藏的主要心态。为什么要把书藏在山寺中呢? 想来阮元多少受到了顾炎武的影响，《民国笔记小说大观》中引用了旧椠《音学五书》书前徐健庵兄弟三人所撰启中的一段：

> 亭林先生年逾六十，笃志五经，欲作书藏于西河之介山，聚天下古

今书籍藏其中,以诏后之学者。先达明公,好事君子,如有前代刻板善本及抄本经史有用之书,或送堂中,或借录副,庶传习有资,坟典不坠。

在引用这段话之后,《民国笔记小说大观》评价说:"其后此举竟不果成。朱竹君学士尝议建书藏于曲阜孔氏,广庋古今坟籍,亦仅有此语。阮文达尝举所藏书分储于浙之灵隐、润之焦山。乱后灵隐毁于兵火,焦山书亦多散佚。"

书楼建成后,最重要的是要有书籍储藏其中,阮元再起带头作用,从自己的藏书中选出 206 种,总计 1400 多册,率先捐给了焦山书藏。此后他人纷纷捐书,藏书量迅速增加,据李楠、李杰编著的《中国古代藏书》统计,最多时达到 3570 种,4002 部,59747 卷,21470 册。

当年汪喜孙建议王念孙、王引之父子将所刻《经义述闻》分藏各地,其中就点到了焦山书藏:"若刷印廿本,一付陈石甫交吴门书市,与日本书舫易《群经治要》诸书;一付琉璃厂书坊,听其易高丽书史;一上之阮督部,藏之匡庐、西湖、焦山三书藏,督部所置也;一贻衍圣公府;一藏徽州(托胡竹邨)、苏州紫阳书院(托陈石甫)、江宁钟山书院(托温太史葆淳);一藏天一阁;一藏家庙。仿《欧阳文忠集》之例,板留数百年。其余寄广东洋舶、江浙书肆,定以善价,易书数十百种,此千万世之长策也。"(罗振玉辑印《昭代经师手简二编·汪喜孙至王引之书》)

在阮元的影响下,此后多年一直有藏书家给焦山书藏捐书,比如八千卷楼主人丁丙也曾捐过一批,他是在梁鼎芬的劝说下开始给焦山捐书。光绪十七年(1891),梁鼎芬到杭州拜访了丁丙,他跟丁丙说,在此之前自己去了焦山书藏,看到那里的藏书情况很好,决定捐出一批书,希望丁丙也能够捐书。梁鼎芬是这样说的:"岁游焦山,见书藏未毁,瑶函秘籍,如在桃花源不遭秦火。山僧尚守成规,簿录管钥,虽历七八十年,流传弗替,可谓难矣。"丁丙在梁鼎芬的劝说下,从自己的藏书中拿出一部分,又劝说自己的朋友也拿出来一部分,总计 451 部,1000 余册,一同捐给了焦山书藏。

焦山书藏创立后,阮元命海西庵山僧编成《焦山书藏目录》十二卷,此目是按捐赠书的先后顺序来做著录。1929 年,柳诒徵、陈去病、庄蕴宽等二十人在焦山设焦山书藏委员会,该会聘请张东山重新编目,张去世后,又请其子张祖言继续编目,之后又请项燕北协助,终于在 1934 年秋完成了六卷本的《焦山书藏书目》。

我从焦山书藏的捐赠名单中看到了很多大藏书家的名字，比如有方功惠、莫绳孙、汪喜孙、吴大澂、陈庆年等，另外还有冯辨斋。这位冯先生有枚藏书印为"慈溪耕余楼藏"，近些年在一些拍卖会上时常看到钤有这方藏章的藏书，以前对他不了解，因为散佚出来的书没有太好的版本，我把他视之为小藏家，而今知道他还给焦山书藏捐过书，顿时对他的好感增加了几分。

阮元希望焦山书藏能够长期地保留下去，因此制度管理很重要，于是制定了一部《焦山书藏条例》。这个条例总计分为九个部分，规定了由什么人管理，管理者每年给多少费用，这个费用从哪里支出以及书橱的排列方法等。这里面有两条我印象最深，其中一条为"书即入藏，不许复出。纵有翻阅之人，照天一阁之例，但在楼中，毋出楼门。烟灯毋许近楼。寺僧有鬻借、霉乱者，外人有携窃、涂损者，皆究之"。我对这条感兴趣的原因是"照天一阁之例"这句话。我在寻访过程中看过太多的藏书楼，中国人什么都喜欢"第一"，比如喝口水也要讲究"天下第一泉"，我觉得自己也要勇争第一，细想之下，我应该能称得上是中国见到藏书楼最多的人。在我寻访藏书楼的过程中，看到听到或者查到最多的一句话就是"楼仿天一阁"，如今看到连管理制度也要仿天一阁，看来中国藏书楼史是无论如何也绕不开天一阁。

阮元制定的藏书条例中规定了独特的编号方式。他说，征集来的书不用按照四库分类法进行分橱，而是来一部放一部，放满一橱，再放下一橱，每一橱用一个字来编号，他先列出了 35 个字：相此胎禽华表留唯仿佛事亦微厥士惟宁后荡洪流前固重爽垲势挣亭爱集真侣作铭。

这 35 个字来自焦山上的著名碑刻——《瘗鹤铭》。《瘗鹤铭》本身就是一个传奇色彩极浓的碑刻，这个碑刻的内容倒没有什么重要之处，是碑的主人给自己死去的仙鹤写的一篇墓志铭。这块碑的署款是"华阳真逸撰，上皇山樵正书"。因为撰者和书者都是署的字号而非真姓名，于是引发后世诸多猜测，比如黄庭坚、苏舜钦等人认为这块碑是王羲之所书，也有人认为是陶弘景所书，而欧阳修则认为是顾况所书，还有人认为《瘗鹤铭》的字体接近于颜真卿的《宋广平碑》，所以这个碑可能是颜真卿所书。总之，这个争论一直到今天也没有平息，而唯一一致的看法就是这块碑的艺术价值——它被公认为大字之祖。黄庭坚的书法主要就是从《瘞鹤铭》脱胎而来,所以他称赞《瘞鹤铭》说"大字无过《瘞鹤铭》"。

《瘞鹤铭》在碑帖界有着如此响亮之名,跟它那传奇的身世也有关系。这块摩崖石刻本在焦山西麓的断崖之上,大概在唐代时,这块刻石遭雷劈而崩落没入长江之中。北宋熙宁年间疏浚河道时,从江中捞出一块断石,正是《瘞鹤铭》中的一块。到了南宋淳熙年间,又从江里捞出四块,有人将捞出的这五块拼在一起,重新立在了江边。然而到了明洪武年间,这五块石头又掉入了江中。清康熙五十二年(1713),镇江知府陈鹏年雇工将这些残石从江中捞出,安置在了焦山观音庵内,但160多字的原文至此仅剩下93字。

阮元所列的书橱号就源自《瘞鹤铭》文,但他是如何摘选的,我却没能找到规律。《瘞鹤铭》并不长,全文为:"鹤寿不知其纪也,壬辰岁得于华亭,甲午岁化于朱方。天其未遂,吾翔寥廓耶?奚夺余仙鹤之遽也。乃裹以玄黄之巾,藏乎兹山之下,仙家无隐晦之志,我等故立石旌事篆铭不朽。词曰:相此胎禽,浮丘之真,山阴降迹,华表留声。西竹法理,幸丹岁辰。真唯仿佛,事亦微冥。鸣语化解,仙鹤去莘,左取曹国,右割荆门,后荡洪流,前固重扃,余欲无言,尔也何明?宜直示之,惟将进宁,爰集真侣,瘞尔作铭。"

阮元所列的橱号就是从《瘞鹤铭》中节选出来的字句,他可能觉得《瘞鹤铭》在此,书藏在这里也应当按此来编号,但从字句上来看,阮元所取的一些字没有出现在今日得见的《瘞鹤铭》文中,而阮元在条例中还加了一句,称如果前35橱都装满了,之后的橱号继续按此排列,他还把之后的42个字也列了出来,而这些字也是从《瘞鹤铭》中选出来的。由此推论,在阮元那个时代,《瘞鹤铭》残石上的文字要比今天得知的文字多出许多。

在此拍照完毕后,我又回到了渡口,可能是运气的原因,我回到渡口时,刚好上一班船开走了,我只能接着坐在旁边等候下一班。无聊之际,只能胡思乱想。我来此寻找焦山书藏,却没能看到它的藏书之所,这跟我的辛苦有点不相符,我觉得应该再去找一些跟此相关的物证,这时我又想到了《瘞鹤铭》,于是掉头重新向内走去,在寺的右侧找到焦山碑林。

碑林是一个独立的院落,里面正厅四围的白墙上嵌着许多石碑和墓志铭,屋中也陈列着一些墓志铭原石,看了一圈没有我要寻找的《瘞鹤

■ 碑林展厅内景　　■ 另一个展厅内的残碑

铭》，于是穿过厅堂进入后院。后院中有一个较大的碑亭，里面立着的碑是乾隆御笔，在另一个展厅里也看到了些碑刻，却完全找不到《瘗鹤铭》的身影。转了一圈找不到痕迹，让我有些泄气。于是，拍了些照片又重新回到了渡口。我不知道应当说是正巧还是不巧，眼看着一班船又开走了。这让我很无奈，在心里诅咒着万恶的运气。转而细想，这又可能是阮元觉得我没能看到《瘗鹤铭》，所以阻拦我不让我轻易离去。既然《瘗鹤铭》只在此山中，又不可能在云深不知处，我决定找不到《瘗鹤铭》决不登船。于是，我重新进入了碑林之中。

再入碑林，我把刚才看过的地方再次浏览一遍，仍然没有，于是进入后院，穿过御碑亭，看到了一片竹园。靠近路边的青青绿竹身上刻满了"到此一游"的尊姓大名，不用看，上面肯定没有"瘗鹤铭"三个字。穿过这片竹林，又进入了另外一个院落。在这个院落的最后方，有一个小庙状的建筑，门楣上的匾额终于让我看到了"瘗鹤铭"三个字，我差点喊出来：你这个俏冤家，竟然死到了这里！

进入小庙，里面的建筑别有洞天：现代化的棚顶之下有一片断崖，我不知道这个断崖是仿制的，还是在原有的断崖之处加盖了小庙状的房屋，但无论怎样，我终于看到了《瘗鹤铭》的那五块残石。这五块残石镶嵌在一面还算平整的崖壁上，从镶嵌手法上来看，我隐隐地觉得这块断崖是人工凿出来的。断崖两侧还挂着一些塑料制的藤蔓，可惜里面用了几盏投影灯照射着崖壁，正是因为这样，反而很难拍得清楚。这里面没有游客，也没有看见管理人员，这让我胆子大了起来，四周寻找着开关，想把灯光关掉，希望能够拍清楚上面的字迹。可惜找了一圈，没能让我如愿。但无论怎样，我总算见到了原石，也了却了我一桩心愿。

《瘗鹤铭》的拓本我藏有两册裱本，一本是水前本，这较为难得。因为《瘗鹤铭》曾经被雷劈跌入江中，故跌入江水之前的拓本被称为"水前本"，这种拓本留下来很少，并且大多是翻刻本，而我藏的一本请苏州的杨先生看过，他大为赞赏。虽然称不上宋拓，但明初的拓本总能够得上。后来从江中捞出的五块石头，也有很多人去捶拓，这种拓本被称为"五石本"，五石本我也藏有一册，这也算是我跟焦山的一点关系吧。

近些年，对于《瘗鹤铭》的残石还在进行打捞，我听说又捞上四个字。镇江市的很多部门组成了联合考古队，租用了打捞船、挖泥船、工作艇,还有很多现代化的设施,比如 GPS 定位系统、超声波等,都希望能够尽量多地发现《瘞鹤铭》的残石。据说已经捞上来了 1000 多块石头,并且给每块石头编了号,可惜带字的很少,我真期盼着他们能够早日将《瘞鹤铭》全部文字补齐。

太平天国时期,江南贮藏《四库全书》的三阁毁于战火,焦山书藏却因为月辉和尚的努力,得以保存。清雷以诚在《咸丰甲寅余曾督舟师泊焦山下晤月辉和尚得知山寺独较完善之故旋以杨文襄公玉带还山图手卷出观感为长古一首》中歌颂月辉和尚保护典籍之功,该诗的结尾部分为:"所赖说法僧智慧,绕指百炼柔制刚。诸相舍身救大劫,彝鼎图书休罹殃。宝带亦同赵璧完,千秋瑾瑜发奇光。吁嗟乎,和尚斯真出世雄,始信良贾能深藏。若得更出奇计殄,兹丑我将,青鞋布袜,相与参翱翔。"

可恨的是,抗战期间,日寇认为焦山乃江防要塞,故开炮轰炸此山,当时焦山上驻扎有中国军队,他们奉命死守此山,而日军军队除炮轰外,又派飞机轰炸,使得焦山书藏彻底焚毁。1946 年,中华图书馆协会所编《中华图书馆协会会报》中载有《镇江焦山书藏全部被焚》的报道:

> 江苏镇江焦山海西庵有书藏一所,创自前清嘉庆十八年。仪征阮文达公元,时为总督,举其家藏之书,置之寺中,嘉惠学者。经太平军之战事,未遭兵燹,海内名流如丁丙、梁鼎芬等续有征集捐赠之书,地方人士亦时举藏书或稿本度之是中。民国十八年,苏省修志时,官绅集议,组织委员会,经理焦山书藏,清查存书。至二十三年,印成书目四册,方拟加以扩充,继阮文达之志业而大之。讵二十六年冬,日寇陷镇江时,占领象山,以焦山为江防要塞,对岸施炮,猛烈轰击,将海西庵房屋焚毁,焦山书藏之存书,悉成煨烬,名蓝胜迹,不可复睹。兹悉该书藏委员会委员柳翼谋已具文请求教育部清理战时文物损失委员会汇案通告日本,责索赔偿。

对于焦山书藏被毁的具体情况,《柳诒徵文集》中载有"吾教育部清理战时文物损失委员会"之文,该文称:"江苏镇江县焦山书藏,毁于敌军,诒徵以书藏委员会委员关系,前已备文,连同目录四本,呈送在案。兹据焦山定慧寺僧智光,开具该寺房屋、文物各种损失清单,属诒徵代为报告,请

予汇案，列入要求敌人赔偿。谨将该寺僧所开清单，备函申送，伏希存查汇报是幸。"

焦山寺的房屋大部分被炮击毁，但也有一些是被放火所烧，说明日寇炮轰之后还不死心，登上焦山后继续放火焚烧未坍塌之房。此次损失的古物中，列明有周鼎一只、陶鼎一只、玉带一根，看来当年阮元所看重的两鼎已毁，雷以诚歌咏的玉带也不知所终。

对于焦山所毁书籍，损失清单中列明：《华严》梵本三十部，方本二十部，《法华》正文注解各二百部，《楞严》正文注解各二百部，各宗经书二千五百册，各种杂集二千五百册，《弥陀》疏钞二百部。"

另外还损失了流通经书三千册、碑帖上百种，数量如此巨大的书籍毁于一旦，令人叹息。但是阮元所建书藏却在社会上有着重大影响，比如1895 年中国与日本签订了丧权辱国的《马关条约》后，康有为联合各省举子联名上书要求变法，他在《上清帝第二书》中谈到了西方"其各国读书识字者，百人中率有七十人"。为什么有这么大比例的读书人口，康有为认为这是"其属郡县，各有书藏"。那时还没有引进公共图书馆名称，但已经有了相关意识，在康有为看来，私人藏书的地方谓之藏书楼，而公共图书馆就是书藏。

因此说，焦山书藏乃是中国公共图书馆的先声，清末所建公共图书馆正是仿造阮元所建两个书藏（灵隐书藏、焦山书藏）而扩充之，同时又参考了西方图书馆，经过多年的演变，渐渐形成了后来完善的图书馆储藏、编目、展示、借阅制度。

丰湖书藏

人文古邹鲁，山水小蓬瀛

丰湖书藏乃是惠州丰湖书院的藏书处。宋淳祐四年（1244），惠州知府赵汝驭在惠州银冈岭创建聚贤堂，宋宝祐二年（1254），惠州知府刘克刚将聚贤堂改为丰湖书院。明洪武初，书院改为县学，洪武十七年（1384）另立县学，废丰湖书院。清康熙三十三年（1694），王煐将书院迁至西湖黄塘，清雍正年间废。清嘉庆七年（1802），知府伊秉绶重建了丰湖书院，此次重建规模宏大，奠定了该书院后来的格局。对于当时的书院规模，邑人陈鸿猷在《迁建丰湖书院碑记》中称："自黄塘东折，蟠蹯一山，修广可百亩。中为讲堂，宽四寻有奇，深视宽过半。堂前为大庭，左右前列皆为学舍。"

按照清代书院的一般规制，县级书院招生名额通常是数十人，然而丰湖书院自伊秉绶重建后，生员名额多达130人，其中正课生监40人，附课生监20人，正课童生40人，附课童生30人，已经达到了省级书院的规模。如此大的办学规模，需要有相应的资金保障。清嘉庆二十四年（1819），惠州知府罗含章认为书院资金困难，带头捐银400两，此举得到各方响应，纷纷捐款达14500两之多，这些钱发给商铺生息，所得作为书院费用，这种运作使得丰湖书院渐渐成了广东四大书院之一。

清光绪二十九年（1903），丰湖书院改为惠州府中学堂，辛亥革命后，先后改为惠州中学、广东省立第三中学，1946年改为广东省立惠州师范学校，1949年10月改为广东惠州师范学校，1993年后，先后改为惠州大学、惠州学院，并迁至金山湖。2011年，惠州市政府在原址重建丰湖书院。

丰湖书藏创建于光绪十二年（1886），由当时的山长梁鼎芬创建。梁鼎芬是光绪六年（1880）进士，后授翰林院编修。光绪十年（1884），因痛恨李鸿章在中法战争中的主和态度，梁鼎芬上书光绪皇帝参劾李鸿章，指斥李有六可杀之罪："奏为疆臣骄横奸恣，罪恶昭彰，吁恳特旨明正典刑，以伸国法而纾众愤，恭折仰祈圣鉴事，窃自法越构兵以来，朝廷轸念藩服，命将出师，海疆大臣应如何竭力筹防，有备无患，迩来外间喧传，法舰甫到烟台，李鸿章遂有飞章乞和之事，凡有血气，莫不闻声唾骂，指为奸邪……"

那时的李鸿章为直隶总督兼北洋大臣，是慈禧太后倚重的重要人物，梁鼎芬为什么要弹劾他呢？世人有着诸多猜测，叫好者有之，讽刺者亦有之，还有人认为他是沽名钓誉，博取时誉。当时梁鼎芬弹劾的朝中重臣不止李鸿章一位，他还弹劾过奕劻、袁世凯、周馥等，对于他的动机，就有了如下传说："节庵何以劾合肥？相传顺德李若农侍郎（文田）精子平风鉴，有奇验,且谓节庵寿只二十有七。节庵大怖,问禳之之术,曰:'必有非常之厄乃可。'节庵归,闭门草疏,劾李鸿章十可杀。"(黄濬《花随人圣庵摭忆》)

李文田算出梁鼎芬只有27岁的寿命,梁大为惊恐,问怎样才能避免,李文田说必须另有一大灾方能避此难,于是梁鼎芬就选择弹劾李鸿章。如果此说为真,梁鼎芬可算求仁得仁,为此他被连降五级,时年正好是27岁。

当时张之洞由山西巡抚升为两广总督,听闻梁鼎芬被降后,立即邀请他回到广东,聘其为丰湖书院山长。梁鼎芬到任后仍然傲骨未消,按照规定,他到达惠州后应当先去拜见知府,梁鼎芬却仅派一差役前去知会,但惠州知府夏献铭不以为忤,转天前往丰湖书院去见梁鼎芬,尽管有人认为夏此举是看在张之洞的面子上,但也体现了夏知府对文人的敬重。

此时的丰湖书院已经没有了嘉庆时的鼎盛之状,房屋破败,仅有十几名学生。面对此况,梁鼎芬首先跟夏献铭商议,要想办法为生员增加膏火钱,同时要重视书院的藏书建设,为此他依照阮元创建焦山书藏的举措,在丰湖书院的西侧建起了书楼。

这座书楼只盖了一年就竣工,之所以能在短时间内建造起如此规模的开放式书楼,这与梁鼎芬的经历以及他的藏书观有着直接关系。梁鼎芬是广东番禺人,原本就有藏书之好,他在家乡建有藏书楼葵霜阁,在北京工作期间,他的书楼名为栖凤楼,在武昌时称为食鱼斋,入民国后改堂号为寒松馆,可见他几乎每到一地都会有藏书建设。

光绪八年(1882),梁鼎芬曾前往镇江焦山,看到了阮元在嘉庆年间创建的焦山书藏,这种化私为公的藏书方式给梁鼎芬以很大影响,这正是他把丰湖书院的藏书楼命名为"书藏"的原因所在。高伯雨在《听雨楼随笔》中就曾写道:"梁鼎芬先前曾在镇江的焦山闲居,焦山有个藏书楼是嘉庆年间阮元创建的,名叫'焦山书藏',鼎芬常在其中读书,到他任丰湖书院院长时,就立心要创建一个丰湖书藏,仿照焦山的规模,供生徒阅读。"光绪十六年(1890)四月,梁鼎芬再次前往焦山,将自己藏书的一部分捐入焦山书藏,同时劝说杭州八千卷楼主人丁丙等人给焦山书藏捐书。

梁鼎芬的藏书观念除了受到阮元影响,还源自他年轻时家境贫寒无力购书,只得到处找朋友借书,这些经历让他深深体会到寒士读书之难。

二 俯瞰丰湖书藏

到了宣统三年（1911），梁鼎芬以家藏典籍创建了梁祠图书馆，此时的他已经直接将书楼命名为"图书馆"。他在为梁祠图书馆制定的章程中专门设有《借书约》，其中讲到了曾有众多藏书家给他借书之事："鼎芬昔年在京，借书四家：谭叔裕丈（宗浚）、缪小山前辈（荃孙）、盛伯希祭酒（昱）、王荇卿同年（颂蔚）。大约旧钞、精本求之缪、盛，坊书局刻假之谭、王（原注：伯希精本最多，不轻借人，于鼎芬最厚，函去书来）。"梁鼎芬亲身受到过这些大藏书家开放思想的恩惠，因此有意将这种开放观念传播开去：

> 乙未主讲钟山书院，刘葱石（世珩）、徐随庵（乃昌）两家时时借书，所刻丛书皆精本，都以为赠。客鄂最久，杨惺吾先生（守敬）借书，十数年不厌，有所撰述，刻成貤我。在里借书六家：陈孝直十三丈（宗侃）、孝坚十七丈（宗颖）、陶春海师（藏书精富），及其见心世兄（敦复）、廖泽群前辈（廷相）及其伯鲁世兄（景会）、华阳王息存兵备（秉恩）、汪莘伯弟（兆铨）、龙伯鸾表弟（凤镳）。胜师良友，为益不浅，静念生平稍知文学，皆得借书之力。今以知好相待之雅，转赠学生而已。

客观地来讲，梁鼎芬自己也藏书，他能够了解藏书的不易，明白藏书家不愿意借书给别人，不仅仅是因为吝啬，他在梁祠图书馆的章程中专门谈到了藏书家不愿借出的六个原因："藏书家每不肯借书，其故有六：一、污损；二、失落；三、据为己有；四、日久忘记；五、人有副钞，不能专美；六、昨借今还，疲于书札。"但是即便如此，梁鼎芬还是认为，与其让藏书不失不损，不如在尽量少的损失下，让更多的人读到书。然而，读书不像看艺术作品那样可以一览无余，尤其是大部头的书，只能是借回家慢慢读，让别人把大部头的书借回家虽然有着书籍损失的风险，但梁鼎芬觉得这么做是值得的，为此他在《借书约》的第三条中写道："图书馆章程不借书出门。本馆私家之事，可创为之。"

此处所说的"图书馆章程"，应当是指京师图书馆等其他一些公共馆的通行章程，这些公共馆在初创时期担心书籍损失，只允许读者在馆中读书，不允许借出馆外。梁鼎芬说，他所创办的梁祠图书馆乃是私家性质，其言外之意，即便有书籍损失，也是他个人的损失，不用向谁交代，故他要首

■ 丰湖书院牌坊　■ 书斋名称源自王阳明

创藏书外借的先例。这正如他在《捐书约》第三条中所称："本馆自今年四月朔日以后，此书为吾粤各堂学生所同读，即为吾粤各堂学生所公有，鼎芬不视为己物矣，愿人人共保守之。"

梁鼎芬的这种开放观念，与他之前为丰湖书藏定下的制度一脉相承。在丰湖书院时，梁鼎芬在弟弟梁仲强的协助下编纂了书目八卷，同时制定了《丰湖书藏四约》，分别是借书约、守书约、藏书约和捐书约。他在借书约中说：

> 有书而不借谓之鄙悭，借书而不还谓之无耻。今之书藏乃一府之公物，非一人之私有（与藏书家不同），不借不如不藏，不读不如不借，务使人人保护，人人发愤，历时既久，沾溉斯多，若许慈、胡潜莫相通借，是何人与？

梁鼎芬认为，有藏书而不让他人看，是一种吝啬，但借书不还更为无耻，丰湖书藏乃是整个惠州府的公物，而不是某一位藏书家的私有物品，这样的藏书如果不借给他人阅读，还不如不藏，但是借书之人也要好好保护书籍，让书藏能够长期流转下去，以便让更多学子受益。梁鼎芬在此约中举出了三国时期学者许慈和胡潜的故事，此二人并为学士，在朝中一起典掌旧文，但两人却相互贬低，书籍不相通借，甚至从学术辩论发展到刀杖相向。在梁鼎芬看来，这简直是成何体统，由此也说明，他有着很强的书籍互通观念。

能够将传统典籍长期留传下去并非易事，水、火、兵、虫都能使书籍受到损坏，这是他制定守书约的原因。而捐书约则是希望更多的人能够有公心，把自己的书捐赠出来，让书藏始终有活水来。

创建书藏首先是要建起楼宇，当时张之洞捐银 1000 两用于书楼建设，书楼建成后需要书籍予以填充，张之洞又捐书 261 种，可见张之洞将梁鼎芬聘到丰湖书院之后，继续给他鼎力支持。在张之洞的带领下，很多人纷纷给丰湖书藏捐书。梁鼎芬还写信给一些相识的藏书家，希望他们能够共襄盛举。比如他给藏书家缪荃孙的信中写道："弟随延舅北行，至沪分手，见已返里。即回惠州书院，创建书藏，（此举望广为传播，以冀□有济君之力也。）凡同志故交，量力之大小，家藏之多少，随意捐出，上写明某某名字。君刻各书,能慨捐数部否? 此亦雅事也。"

缪荃孙有着"图书馆之父"的美誉,当然知道将藏书公之于众的重要性,他在那时的藏书圈内有着广泛的人脉和影响力,梁鼎芬希望借助缪的人脉,让更多的人了解到他创办了丰湖书藏,同时希望藏书家们广泛为此书藏捐书,为了表彰众藏书家的义举,他提出在每本书上写明是何人所捐,何人所刻。

对于这个想法,梁鼎芬在给缪荃孙的另一封信中有着进一步说明:

> 见在书院创建书藏,(此事望告诸同人,有好事者,书集于尊处代寄。)凡海内贤士大夫,无论家刻本、家集及手写本,均可捐置。甫经创议,已有数百种矣,来者不绝。吾兄所刻书,望捐寄一分,如何? 其体例章程,尚未刻竣,竣再寄上。每书如系某人捐本,书面上盖一木印,以示不朽。焦山书藏,此其嗣音。数百年后,征求文献,必有到我丰湖者也,好事也。学规规条二纸,寄呈清诲。

梁鼎芬甚至把缪荃孙那里视为捐书代办处,为了让捐书人省事,他提出就近将书放在缪荃孙那里,而后由缪统一寄到丰湖书藏。梁鼎芬对于书籍的版本颇为开放,无论古书今刻,兼收并蓄,刻本、抄本均无妨,他甚至向缪荃孙提出,将缪所刻之书,每种捐出一套给丰湖书藏。为了以示郑重,梁鼎芬还专门刻治了一方捐书印,遗憾的是这方印我没有见过,想来此印的布局应该会参考乾隆年间修《四库全书》时,翰林院制作的征书木记,那方木记是钤盖在每本书的封面正中,上面会有墨笔填写送书人姓名、该套书的本数等信息,原意是等《四库全书》修纂完毕后作为退还依据。

显然,梁鼎芬对丰湖书藏的未来影响力很有信心,他认定几百年后人们还会念及此事,这正是他下大气力建造书楼、收集藏书的原因所在。对于当时的庋藏情况,他在《丰湖书藏四约》中的藏书约中写道:

> 南方卑湿,藏书宜楼,新建苏祠,祠上筑楼,分二层六间。初意欲一层供钦定诸书,以尊朝廷,左经右史;一层庋丛书子集,分布两间,学子借阅,易于查验。乃地势未合,因改为前一层中列史部,左列经部,右列经史部(中左两间安放未尽者);后一层中供钦定诸书,两旁丛书,

■ 格物斋   ■ 丰湖书院一隅

左房集部，右房子部（集部亦附列焉）。得地既难，藏书尤不易。为之搜采往说，博征谚词，法不厌详，事必求实。

从藏书的种类来看，丰湖书藏四部均有，相对而言，以集部书体量最大。梁鼎芬对于集部书的收藏尤其审慎，凡是他认为不合儒家之道的书，一律不准进入书藏。他在《丰湖书藏书目》序中说过一段话，广泛被人引用：

> 书藏意在搜罗往籍，于国朝人文集尤所加意。然如袁枚之素行无耻，得罪名教，淫书谰语，流毒海内，三五成群，衣冠盗贼，成为风气，不可救药（原注：惠州书坊甚少，有之亦甚粗陋，生徒得书较难。然竟有《随园诗话》者，可见袁枚文字入人至易，误人至深，有志之士必能屏弃）；龚自珍心术至坏，生有逆子，败乱大事，文字虽佳，不与同中国。凡此二人著述，永远不能收藏，以示嫉恶屏邪之意。诸生其懔守之，如有违背，非吾徒也。

梁鼎芬说，他很重视清代文人别集的收藏，但是有些人的书坚决不要，比如袁枚和龚自珍。从其斥责之语看，他反感袁枚的原因，乃是袁枚的开放观念，比如收女弟子等。但是梁也知道袁枚的著作流传甚广，他在小注中提到惠州虽然书坊很少，刻书不多，但其中也有《随园诗话》，他觉得越是如此，越应当禁止袁枚的书进入书藏内。

梁鼎芬拒绝龚自珍的理由颇为奇特，他指斥龚自珍生有逆子，所以不能让他的书进入书藏。儿子有问题，就要禁老子的书，这似乎在逻辑上难以成立。梁鼎芬也承认龚自珍的诗文很漂亮，但其子龚橙大节有亏，所以他的书永远不能收藏。梁鼎芬甚至说，不仅自己不藏，弟子们也不能收藏此二人的书，否则就踢出师门。

梁鼎芬的这种奇怪观念确实令人不解。《听雨楼随笔》中有《梁鼎芬创建藏书楼》一文，其中写道："龚定庵即使心术至坏而生下'逆子'龚橙，龚橙和英国人有勾结，带英兵抢掠圆明园，'逆子'所作所为，与龚定庵何涉，定庵又怎能在制造他时要他好或坏呢？把这些话来诫诲生徒，甚可笑。幸而丰湖书藏已消亡，如果五四时代一直保存到今日，其中收藏马恩

= 丰湖书院里的碑廊　　= 尚志轩

列斯的书,又有金瓶梅等海淫之作,梁老师不知要讲几多次'该偎'了。"但是丰湖书藏是梁鼎芬创建的,他完全可以按照自己的喜好来决定收藏哪些书,包括后来的梁祠图书馆也是他私人创办,故收藏哪些书,也是由他来定夺。其实细想历代的禁书,梁鼎芬也不过是在他的一亩三分地内规定了他的禁书制度而已。

对于丰湖书藏的藏书特色,徐信符在《广东藏书记略》中说:"梁节庵鼎芬为惠州丰湖书院院长,提倡捐书,创设丰湖书藏。其捐书启事,谓宋元明刻手钞家刻坊刻局刻各种均可捐入,复注意搜罗历朝及现代人文集。故观丰湖书藏书目,虽无宋元旧椠,然名人集部,孤本不少,各省府县志搜集尤多,此非各书院藏书所可及矣。"

对于丰湖书藏和梁祠图书馆在近代图书馆史上的重要意义,冀满红、吕霞在《传统与经世:梁鼎芬与丰湖书院》一文中认为:"梁鼎芬藏书为公,藏书为用的理念造就了丰湖书藏开放式借阅和公众管理的模式,这是近代藏书史上少有的创举。"刘驰在《中国藏书史近代转向的内在理路》中则称:"丰湖书藏是传统藏书楼,梁祠图书馆是广东第一座以'图书馆'命名的近代化新式图书馆,二者看似一旧一新,却均为梁鼎芬所设,在制度层面也颇有渊源关系。从丰湖书藏到梁氏图书馆的制度演变历程中,就可以窥见中国藏书史的近代转向绝非一蹴而就,也绝非完全是受西方文化影响的产物,而是具备着深刻的内在演变逻辑。"

可惜,梁鼎芬在丰湖书院任职两年后就调往他处,不然这座书藏还能够充实进更多的典籍。关于该书藏后来的境遇,廖辅叔在《梁鼎芬与惠州》一文中写道:"可惜的是这座对惠州的文化发展做出过相当贡献的丰湖书藏,在1923年却遭到惨重的破坏。那是在陈炯明的部队据守惠州,对孙中山的讨伐负隅顽抗的时候。孙中山的军队逼近惠州,进驻丰湖书藏,书藏的书来不及搬运。当时孙中山的军队基本上是滇桂军阀组成的,他们只是利用孙中山的威望,进入广东,借拥护孙中山之名,行搜刮广东财富之实。他们打仗是不卖力的,古应芬那份《东征日记》就有他们不听调遣的记载。他们拿丰湖书藏的藏书当柴草烧,在湿水的地方拿它垫脚,甚至拿来当'草纸',真是惨不可言。"

不过,丰湖书藏的旧藏还是有一部分留传了下来,《惠州学院校史》中称:"丰湖书藏的图书因战乱影响,于1921年大部迁移城内,后另行建立丰湖图书馆，为今惠州图书馆前身。"为此，该校史认为"丰湖书藏是我国举办最早的学校图书馆"。

故而，蓝天沛在《惠州图书馆简介》中首先称："惠州市图书馆前身叫'丰湖书藏'，是清代著名的丰湖书院的图书馆。"关于该馆后来的情形，此文中简述："1921 年，有关人士为保护藏书，将书藏剩书移至惠州城内小西门二仓（今惠州市第九小学附近），并妥善保管。十年后，社会较为安定，地方名士李岱青、黄树棠、张友仁着力倡议，于 1931 年春在中山公园筹建成 800 平方米二层钢筋混凝土结构楼房，将小西门二仓的藏书迁入，以'惠州私立丰湖图书馆'命名，开始了惠州图书馆历史上一个新的旅程。"

1950 年 6 月，丰湖图书馆更名为东江丰湖图书馆，转年改名为东江人民图书馆，此后又改称惠阳县图书馆，1957 年惠州设市，名称改为惠州市图书馆，此名沿用至今。

可见，梁鼎芬创造的丰湖书藏不仅具有公共图书馆性质，同时也成为了公共馆的前身。追本溯源，他的观念与阮元创建的焦山书藏一脉相承，对此徐信符在《广东藏书纪事诗》中写了两首关于丰湖书藏的诗，这两首诗都谈到了丰湖书藏与焦山书藏的递承关系：

自别循州越卅年，园亭过眼等云烟。
丰湖书藏焦山似，昔日梁公教泽存。

湖水湖山荡漾间，丰湖书藏似焦山。
袁龚著作防流毒，训诫严明立峻闲。

2012 年底，我第一次前往惠州探寻丰湖书藏，当时正赶上惠州市政府顺应民意，要在丰湖书院原址上予以重建，这当然令闻者欣喜。然而我来到时，恢复工程正在进行中，但我还是透过建设中的围挡，看到了里面正在修建的仿古建筑。

那次的寻访未能惬意，故在 2020 年底，我第二次来到惠州，此行的第一个寻访点就是去探看丰湖书院。此时的书院早已建造完毕，已然成为惠州西湖景区的组成部分。我将车停在一个小岛上，这里距书院不足百米，站在停车处就能看到书院门前广场两侧的牌坊，一侧牌坊上刻着"博

= 伊秉绶题字　　= 展厅内的丰湖书院

≡ 乐群堂内模拟了当年的课堂

学笃志"，落款竟然是苏轼，可见惠州人以贬在这里的东坡为傲。另一侧牌坊上的题字则是"格物明德"，落款也是苏轼，但两者字体差异较大，无"石压蛤蟆"感。此时是疫情的间歇期，当地防控仍然较为严格，然广场上锻炼身体的人群已不戴口罩，我也效仿众人，偷偷摘下口罩，不过在进入大门时还是被要求戴上口罩。

从修复的格局看，丰湖书院有类文庙：门前有泮池和状元桥，桥后有牌坊，牌坊上虽然没有写"棂星门"，但却是文庙棂星门惯常所处的位置，上面刻着"丰湖书院"。走进大门，正前方有一块影壁刻石，上面写着伊秉绶所书"敦重"二字，左右两侧各有一块古碑，因罩有玻璃，看不清里面字迹。

我沿着右路碑廊一路向内走，边走边浏览碑廊内的作品，所见大多是现当代名人为丰湖书院所题之字，有鲁迅、冰心等人，每个题字下有一名片大小的简介。

穿过碑廊进入第二进院落，侧方展厅名为"阆苑储英"，此展室颇为详尽地介绍着丰湖书院的历史，其中有一块展板列出清嘉庆到光绪年间部分山长的名字，其中就有梁鼎芬的大名。另一块展板则列出了丰湖书院与惠州中学堂的著名学子，有这么多名人出自该校，想来他们都受过丰湖书藏的恩泽。

第二进院落的主厅名乐群堂，里面布置成了课堂的格局。我想象着当年伊秉绶、梁鼎芬等大佬讲课时的英姿，不知道他们会不会讲述藏书与修身之间的必然联系。我感觉，这个位置原本应当是澄观楼，澄观楼乃伊秉绶所建，楼上墙壁上原有伊秉绶聘来的山长宋湘所书《五别诗》，晚清民国诗人黄佐在参观澄观楼后曾经赋诗一首："万间广厦庇来新，五别留题却涴尘。此日澄观楼上去，不胜惆怅旧诗人。"

黄佐何以惆怅，其在自注中有说明："宋湘题壁的五别诗，我寓居湖上期间仍见有碧纱笼的。1936年，我第三次游湖的时候，不独碧纱笼已脱落，连五别诗的墨迹也被水渍所污漫而不可卒读了。"将名人字迹用纱笼保护起来，这是古人的文物意识，虽然宋湘题字早已没了痕迹，但当地完全可以复制出此景，让游客体会到先贤是如何敬重先贤的。

丰湖书院最后一进院落正中的仿古建筑就是藏书楼，楼上的彩绘颇为精美，一楼正门上挂着"书藏"匾额，落款是赵朴初。书楼的台阶下立着文保牌,文保内容却是"丰湖书院匾联石刻",可能是藏书楼复建得太晚,无法列入文保范围。

步入书楼中,这里右侧布置成了文化体验区,桌上摆放着一些仿刻的石碑,可教人在此制作拓片,旁边立有拓片体验价目表,根据尺幅的大小分为 20 元、50 元、100 元三个档次。平心而论,这个价格很便宜,因为我在二十多年前参加过拓制北魏墓志,一天下来也拓不了几张,当然只学皮毛的话,另当别论。此刻无人来体验,不知道这里的师傅会教游客到何种程度。

在藏书楼的另一侧,我看到了墙上有展板介绍《丰湖书藏四约》,上面称此约有五十六条之多,是清代藏书规章中条目最多、内容也最详备者,因此该约"很多已具备了近现代图书馆管理制度之雏形",所以该介绍牌给梁鼎芬的评语是:"梁鼎芬对中国的藏书事业和图书管理贡献之大和影响之深,无可争议。"

遗憾的是,因为疫情影响,楼上不开放,我只能沿着书院的左路边参观边往回走,于是在侧院中见到了"诚意""修身"等匾额,想来这里是受到了阳明思想的影响。有一个院落的门匾挂着"修行读书",推门入内,里面竟是新办的阅览室,一位工作人员坐在角落读书,我的拍照声没有打扰到他的专注。从墙上所挂的管理制度来看,这里对游客免费开放,但又写明:"本室图书不外借,仅供在本室阅读,如若发现私自带走,则以偷窃论处。"如此严格的规定,似乎有违梁鼎芬的开放思想,但任何事情都分两面:如果任由他人携出,恐怕这里的书没多久就烟消云散了。

保护与利用的矛盾,千百年来都没有好的解决办法,而今有了网络,似乎也有了解决方式。但很多事情还是需要亲力亲为,毕竟网上得来终觉浅,觉知此事要躬行。

养新书藏

存古开新，递延至今

养新书藏是清光绪二十四年（1898）绍兴府学堂所设具有公共图书馆性质的藏书楼，创建人是蔡元培先生。绍兴府学堂后来变为绍兴市第一中学（以下简称"绍兴一中"），学校几经沿革一直递延了下来，而养新书藏一直存留在其原址，即现在绍兴市第一初级中学所在地。

关于养新书藏的建造情况，马学强、朱雯主编的《存古开新——从绍郡中西学堂到绍兴市第一中学（1897-2017）》（以下简称《存古开新》）一书的"大事记"中写道：

> 1898 年（清光绪二十四年）冬，戊戌变法失败后，在京城任翰林院编修的蔡元培（孑民）弃官返乡，接办绍郡中西学堂，改称监董为总理（校长）。据《蔡元培日记》记载，十月二十九日，"得熊太守照会，属办中西学堂事"。十一月庚戌，"到学堂，晤孝天、翰伯，假得《法文初范》一册。到墨润堂，买叶氏天文、地理、植物三歌略，西学启蒙十六种，体操书一种"。蔡氏视事之初，即规划创立"养新书藏"图书室。在尚无学制可循的情况下，因材施教，按学生年龄及国学程度分级授课。

这段记载说蔡元培在 1898 年前往该校任总理，也就是现在所说的校长。他在入校的当年，就到书店买了一些参考书，可能是这个缘由，他准备给该校建造一所藏书室。而一个月后，也就是转年的正月，他已写出了养新书室的借书条例。"大事记"又载："1899 年（清光绪二十五年）正月，蔡元培撰《中西学堂借书略例》。是年，学堂更名为绍兴府学堂。十月，蔡元培'爰仿外国学堂评议员之例，广援同志，联为学友。先缮规约'，遂有《绍兴府学堂学友约》。招揽教员'极一时之选'，积极推进新式教育，购置科学仪器，改革课程设置，自编教材课本，设英文、法文、日文、体操、测绘、物理、化学等课，并率先引进外籍教员。在蔡元培的主持下，绍兴府学堂经革新成为国内著名的新式学堂。十一月，蔡元培撰《绍兴推广学堂议》，倡议以府属公款办府学。"

即使按照 1899 年来计算，到如今这所学校的藏书室已经有了 120 多年的历史。如此悠久的中学书楼，我不知道还有哪个学校能够超过这个纪录。故而，这里也就成了我的寻踪目标。

本次的绍兴之行，承蒙方俞明先生大力协助，而本程的寻访，养新书藏为第一站。和我们一同前去探看的还有余姚朱炯先生，以及绍兴图书馆的唐微老师。唐老师说，养新书藏所在地是绍兴一中的原址，20世纪80年代她在这边读书时，这里还不分高中部与初中部，后来高中部迁走，原址上组建了新的绍兴市第一初级中学。

绍兴市第一初级中学处在老城区内，门牌号为绍兴市越城区胜利西路213号。这条路是本市的主干道之一，学校处在一个丁字路口上，正对面是一条历史街区仓桥直街。从牌匾上看，学校也可以称为集团，不知道这是不是也是一种时代标志。我们刚走到门口，就已经感觉到了学校的威严。虽然方俞明已经找好了朋友，但收发室的几位工作人员仍然严肃地告诉我们，必须让那位老师出来亲自迎接，我们才可以入校。

几分钟后，方兄所找的熟人来到校门口，方俞明介绍说，这是学校教务主任刘建灿先生。刘主任客气两句后，就带着我们向校园内走去。他边走边介绍说，学校曾经一度被政府部门占用，前些年才有了部分腾退，所以正门前的高大教学楼乃是重新建造而成。而今的楼前有一片花园式的广场，在老城区内能有这么大的广场，也属难得。

穿过新建的教学楼来到了后院，远远望去，后院的中心位置是一个花园。在花园正中后方的位置，有一座二层仿古小楼。刘主任说，这就是鲁迅的教务室。这个教务室前也有几棵老树，并且这个区域被围了起来。《鲁迅自传》中写道："(1909年) 我一回国，就在浙江杭州的两级师范学堂做化学和生理学教员，第二年就走出，到绍兴中学堂去做教务长，第三年又走出。"看来，鲁迅是1910年来此做教务长，虽然他不是校长，但因为名气太大了，所以该校将此楼做了仔细地维修与保护。而我在该校内并未看到作为校长的蔡元培的办公室。

而今的这座小楼被称为"鲁迅纪念室"，题匾者是他的三弟周建人。在门口的绿地上，我看到了绍兴市政府颁发的文保单位铭牌。在这小院之内也种着两棵枣树。唐微说自己在此上学时，这里是一大片民国建筑群，学校医务室也在其中，一次上体育课时，有位女学生晕倒在地，她们将她搀扶到这里，故而对该楼印象深刻。

走入小楼之内，一层分为左右两个部分，正中的过道上有一尊鲁迅胸像。右侧的房间布置成了鲁迅的起居室，左侧的大房间则以展板的形式介绍着鲁迅生平。那时的鲁迅是什么模样的呢? 该校1913年的毕业生吴耕

民在《回忆七十年前的母校——绍兴府中学堂》中写道："鲁迅先生原名周豫才，同学在背后叫'豫才先生'，当面叫周先生，来校时仅29岁，身体甚康健，面白发黑，留有小胡子，无辫子；西装革履，头戴礼帽，手执洋杖，走路得得有声，目光炯炯，识人隐微。但对学生说话幽默，和蔼可亲，不若其他秀才、举人道貌岸然，动辄训斥，望之生畏。"通过这段描写，可以看出年轻时的鲁迅很洋派。

据说那时的鲁迅对学生们要求很严格。比如胡愈之先生在1931年6月的《中学生》上发表了《我的中学生时代》，该文中有一段话谈到了鲁迅："那年绍兴府中学堂的学监是周豫才先生，就是后来用鲁迅的笔名写文的那位著名作家。他在我们这一级，每周只授生理卫生一小时，但在学校里以严厉出名，学生没有一个不怕他。他每晚到自修室巡查。有两次我被他查到了在写着骂同学的游戏文章，他看了不作一声。后来学期快完了的时候，一天晚上我和几个同学趁学监不在，从学监室的窗外爬进屋子里，偷看已经写定的学生操行评语，鲁迅先生给我的评语是'不好学'三个字。"

鲁迅绝不让学生们偷懒，他虽然没有当面批评胡愈之，却给他写下了不妙的评语。鲁迅同时尽量地让学生们开阔视野，吴耕民在文中回忆道："1910年初冬，（鲁迅先生）率领全校学生至南京参观'南洋劝业会'，乘轮船，坐火车，看到了马路、铁路，电灯、电话，并在展览会看到各地名产和玻璃用具等，琳琅满目，无奇不有。短短十几天，使学生眼界大开……即此一举，对学生受益极大。"

鲁迅竟然能够带着全校师生，跑到那么远的南京去参观各种新生事物，可见他认为学生要有宽阔的视野是何等重要的一件事。

其实鲁迅的弟弟周作人也曾在该校任教。1911年夏，周作人从日本留学归来，回到了绍兴，转年他到杭州工作，任浙江省教育司视学员。1913年4月，浙江省立第五中学教员蒋庸生来见周作人，邀请周到该校担任英文教员，而此校实际就是由绍兴府学改称而来。周作人在这里执教四年后，于1917年3月应蔡元培之聘前往北京大学国史编纂处任编纂，由此而离开了本校。

对于这段经历，周作人在《知堂回想录》中写道："教育会选举我做会长，劝我就职的是四月廿一日，即是我听到宋遁初被刺消息的那一天。

蒋庸生来邀我到第五中学担任英文，乃是四月廿九日，仿佛我是这时决心到那里去'躲雨'似的。古人句云，山雨欲来风满楼，不过老实说，我们其时还没有这样的敏感，预料到一两年后的事情，也只是偶尔的遭逢，有了这样的两个机会，就抓住了就是了。"

原来这个时段，周作人刚刚被选举为绍兴县教育会长，而此时正赶上宋教仁被刺案。在这人心惶惶之时，周作人离开杭州到绍兴的中学内去任职，故而有人认为，这是他在躲事。而周却认为这是别人过度地浮想联翩了，因为他并无此意。

周作人是在 1913 年 4 月到任的，那时学校的校长是钱遹鹏。校长给他发的聘任状中也列明了待遇和工作要求："教授时间每周 14 小时，月俸墨银 50 元，按月于 20 日致送，但教授至 14 小时以外，按时加俸。除灯油茶水外，均由本人自备。"（《知堂回想录》）可见当年中学教师的待遇真是不低，而周作人在该校负责二年级和三年级学生的英文。周氏二兄弟竟然同在该校内做过教职，难怪该校有这么大的名气。

与鲁迅纪念室同处一个区域内的侧楼就是养新书藏，两者之间相距不足二十米。从外观看上去，养新书藏乃是两层建筑，上下各有 8 个房间，楼的侧旁立着一块不规则观赏石，正面刻着"养新书藏"，背面的介绍文字则为："蔡元培先生任本校校长时，规划创立'养新书藏'图书楼，并撰联'吾越多才由实学，斯楼不朽在藏书'，以此激励师生汲取新知。"奇怪的是我在这一带没有找到文保牌。然而在该楼的侧墙上，却看到了养新书藏之楼重建时的铭牌，由此而得知，这座书楼是在 2006 年 6 月到 12 月移建于此。刘主任介绍说，书楼原本不在这个位置，20 世纪 80 年代末，校园隔墙外建造市政府综合楼，为了腾出地方，故将这座藏书楼向西南方向移了三十米，如今该楼的建筑材料都是用的原楼物料。

我不清楚当年此楼距鲁迅工作室有多远。但那个时段，鲁迅常翻阅一些古籍。1910 年 11 月 5 日，鲁迅在给许寿裳的信中写道："仆自子英任校长后，暂为监学，少所建树，而学生亦尚相安。五六日前，乃复因考大哄：盖学生咸谓此次试验，虽有学宪之命，实乃出于杜海生之运动……仆荒落殆尽，手不触书，惟搜采植物，不殊曩日，又翻类书，荟集古逸书数种……"

那个时段鲁迅常翻看一些类书，只是他未曾说明自己翻阅之书是个人带来的还是学校的藏书。一般说来，类书的部头都不小，他翻阅的很有可能就是学校的藏书,而这些书也应当就是藏在这养新书藏楼内。

如今的养新书藏仍然作为学校的图书馆在使用,刘主任带我们走进馆内,一位女教师热情地接待了我们。从结构看,如今的养新书藏一楼乃是大通间,里面摆着一排排的现代书架。然而摆在最外面的却是"国防教育"专柜,这与他馆的"政治第一"有着较大区别。我问这位老师为什么会把这类书摆在最显眼的位置?她笑称学生们对此最有兴趣,借阅量也最高,所以她采取了这样的布置。

这位老师的办公桌上摆放着一大摞新进之书,书名均为《和日记私奔》。初中生也用到"私奔"二字,看来社会真的是越变越宽容。刘主任拿起一本翻阅,他笑着跟大家说,自己的女儿与本书作者是同学,当年女儿是班长,而该书的作者已经成了化学博士。一个人究竟是什么原因使其走上了某一条道路,真是难以说清楚的一件事。

参观完图书室,我还有些感慨,毕竟一所中学能有这么悠久的藏书楼确实太难得了。而刘主任告诉我,如今书楼的二层已经改成了音乐教室。想一想,美育也是一种教育方式,说不定,某一天一位著名的音乐家就是从这座书楼走出来的。

如前所言,建设养新书藏乃是蔡元培提出的主张,他对图书馆建设的重视与其经历有重要关联。甲午战争以北洋水师全军覆没而结束,有识之士深切关心国家危亡,何以会有百日维新之败呢?蔡元培痛定思痛,在《自述》中提及:"孑民是时持论,谓康党所以失败,由于不先培养革新之人才,而欲以少数人攫取政权,排斥顽旧,不能不情见势绌。此后北京政府,无可希望。故抛弃京职,而愿委身于教育云。"

在蔡元培看来,戊戌变法的失败乃是没有培养人才、启迪民智之故,于是他毅然返回家乡绍兴,投身于教育事业。对于绍兴中西学堂,蔡元培在《自述》中讲道:"那时候,绍兴已经有一所中西学堂,是徐君以愻的伯父仲凡先生所主持的。徐先生向知府筹得公款,办此学堂。自任督办(即今所谓校董),而别聘一人任总理(即今所谓校长),我回里后,被聘为该学堂总理。"

清光绪二十五年(1899),蔡元培兼任嵊县剡山书院院长,他在《〈绍郡中西学堂借书略例〉序》中说,书院藏书对于学生有着何等的重要性:"吾乡士流,咸兴于有用之学,然而其途至赜,其书至繁,非寒士所能具也……今年承乏学堂,悯藏书之寡,购之则绌于费,欲伙助于有力者,又念藏既多,当广之。"

在蔡元培看来,启迪学智一是靠学校,二是靠图书馆。后来他在一场演说中再次表达了这种思想:"况图书馆之用,不仅限于一隅。譬如北京大学图书馆,不惟北大学生可用,北京人及各省人亦可用……且图书馆之书籍,永远存在,万古不磨。若有图书馆,则北京大学虽不能留多生,莘莘学子尽可自己研究。似此,则无机会进大学者,亦可养成大学之才,其利益之大,罕有其匹。"(蔡元培《在旧金山华侨欢迎会上的演说》)

蔡元培在绍兴中西学堂时期建造开放式的藏书楼,这在当时当地而言,可谓开风气之先。建造书楼以及买书都需要一笔费用,对于相关出资人,《存古开新》一书中称:"光绪二十三年(1897),浙江山阴乡绅、维新人士徐树兰慨然捐银一千两,又利用其他筹款四千余元,仿盛宣怀所创天津中西学堂,创办绍郡中西学堂,并经浙江巡抚廖寿丰奏明清廷备案。绍郡中西学堂于公元1897年3月3日正式开学。此近代绍兴乃至浙江新式教育之先河。"

徐树兰乃是绍兴最著名藏书楼——古越藏书楼的创始人。对于这件事,清光绪二十八年(1902)十二月十九日的《申报》上载有任道镕给皇帝所上奏折中的附片:

再据绍兴绅士翰林院编修马传煦、詹事府右春坊右赞善鲍临、江苏候补道阮祖棠等联名呈称:已故郡绅士、一品封典盐运使衔补用道候选知府徐树兰,前于二十一年捐款倡设绍郡中西学堂。至上年遵旨改设中学堂,因即归并办理,事半功倍,士论翕然。复以寒畯无力购书,于府城西偏建立藏书楼,捐置经籍史部及近日译本新书、中外图书报章,凡七万数千卷,以备士子观览。并拟置产取息,以为常年经费。会事未成而殁,其子直隶试用道徐尔毂踵继前规,竭力经理。计建屋、购书、置器共用银三万三千余两,又每年认捐洋一千元以资应用。兹将章程、书目呈请奏咨立案前来。臣维讲求实学,必当博览群书。近日东西各邦每于都会遍立藏书之府,资人观览,与学堂相辅而行。徐尔毂仰承元志,购藏书籍至七万余卷之多,实足津逮艺林,裨补教化。查各省士民捐办善举,有益地方,均准奏请旌表。直隶试用道徐尔毂不惜巨资成就后学，尤与寻常善举不同，应如何量予奖叙之处，出自圣裁，除咨部查照外，谨附片具陈状，乞圣鉴训示。谨奏。

由此可知，该校最早的名称乃是绍郡中西学堂。而后改名为绍兴府学堂。之后又根据朝廷的指令，改名为绍兴府中学堂。而该校的创建人就是徐树兰。任道镕在附片中详细讲述了徐树兰创建古越藏书楼的过程，如此推论起来，绍兴府中学堂内的养新书藏恐怕也是由他出资创建。

养新书藏的买书之人倒不一定是徐树兰，按照光绪二十八年（1902）四月二十七日《申报》刊出的信息："绍郡中西学堂创设有年，颇著成效。今春改为官办，增加学额，添聘教习。其各县小学堂亦已次第开设，惟需华洋书籍，郡城无从购买。刻已由府尊熊再青太守筹集款项派员赴沪采购矣。"可见从那时起，该校就派专人从上海采购书籍。而根据《存古开新》的记载，该校购买的最大一批书籍是在光绪三十三年（1907）春，该校监督袁涤庵派人前往上海购买图书，花了 2500 元，这在当时是一笔不小的数目。

当时买到了哪些书，可惜我未曾查到相应的书目。但既然建造了这样一座规模不小的书藏，应当有着不小的藏书量。对于该校藏书及用书的条例，《光绪二十五年、二十六年绍兴府学堂徵信录》中载有蔡元培所撰《养新书藏略例》（以下简称《略例》），蔡元培首先写明了制定本略例的原因：

> 甲午以来，屡奉明诏，广厉学官。吾乡士流，咸兴于有用之学，然而其途至赜，其书至繁，非寒士所能具也。爰有巨子创为借书之约，和咻杂出，事遂中辍。元培闻而甚惜之。今年承乏学堂，闵藏书之寡，购之则绌于费，欲怵助于有力者；又念藏书既多，当广之，使不恒学堂者，亦得就而借焉。为学堂立法，而即寓借书约之美意于其中，当亦诸君子所许也，遂缮略例，遄企欢成。

而后他列出了十五条条例，其第一条为："藏书之室，名曰'养新书藏'（书藏之义，本阮文达《杭州灵隐书藏记》；曰养新者，以学堂之名之也）。"

■ 图书馆在正前方

由此可知，"养新"乃是该学堂最早的名称，"书藏"则是源于阮元给灵隐寺所写的《杭州灵隐书藏记》。蔡元培给书楼起这样一个名称，正是借鉴了当年影响很大的这篇《记》。

关于什么人能够进入养新书藏读书和借阅，蔡元培做了解释：

> 第三条，凡学堂教习及肄业生，不论助银与否，皆得借书。
>
> 凡不佢学堂者，助银十圆以上，皆得借书。
>
> 凡助银五十圆以上者，得援引同学二人，百圆以上者四人，其余以是为差，皆不必助银可以借书。
>
> 凡助书者，以其直为援引多寡之差；如其书非要，或与已藏之书复重者，当卖之，而以其直购有用之书。先事声明，庶无骇怪。
>
> 凡助银助书者，自书姓名、字号、职衔、出身，及书银之数，投于学堂，由学堂检校，出收单一纸，以资综核。
>
> 群书略具，则刻书目一册，皆著其直，其助银助书之数及卖书之直，皆详著之。

看来，养新书藏主要是供本校的老师和学生来使用。如果校外人士想要借阅，则需要提供一定数额的赞助。赞助越多，可借阅人数就可增加。但蔡元培也称：如果不赞助现金，赞助书也可以。但他同时声明：如果所赞助之书，在内容上并不重要，或者与已藏之书重复，则本校有权处理这些书。

《略例》的第九条专写"暴书"，因为南方潮湿，每到一定的时节，都需要把这些书拿出来曝晒。由这点可知，养新书藏所藏之本，基本是线装书，因为洋装书少有拿出曝晒的。该《略例》的第十二条也说明了这一点："凡借书，以一函为限。书在二函以上者，于还第一函始得借第二函。"这些都说明当时所藏，以线装书为主。

藏书以"函"为单位来借阅，而只有中国古书才以函来分装。蔡元培不允许读者一次把整套书借走，只能一函一函地借阅，这显然是读书人的借阅方式。如果是研究版本者，以此方式来借阅，显然无法完成比勘。转念一想，该校乃是中学堂，应该不会有人在此研究版本。

看完了校图书馆，我等又来到了小花园内。小花园里面最显眼之物，当然是那个炸弹形的纪念碑。由《存古开新》一书得知,1936年5月3日,绍兴上空飞来五架日军飞机,这些飞机盘旋一番,分头寻找轰炸目标,该校也受到了轰炸:"当时留存绍兴中学校内的有事务主任赵晨钧,事务员屠鼎铣、谢福康、简师秋,四年级学生言乃钧等17人,校工18人,此外还有教员章景鄂因连日往郊外上课,略觉疲倦,当时在校休息。幸运的是,大多数人都能及时掩避,躲过一劫,毫发无损。只有校工金阿传没有经验,轰炸时仰头寻找敌机,被炸牺牲。人们从防空壕中出来后,开始检视损失情况,发现校舍东北角和西南角各中一弹,炸毁教室斋舍等房屋十余间,校具百余件,门窗玻璃全部被毁。附属小学方面也中二弹,一颗炸毁校门及门房,另一颗只是落在操场上,并没有造成损失。县城内被轰炸的地方如越王台、商会、印刷所等都是与军事无关的场所,死伤的也都是平民。"

其实在日本轰炸之前,学校的师生大多已转移他处,因此这次轰炸对该校没有造成太大的损伤,遗憾的是,还是牺牲了一位校工。但这在那个时代,已经是很幸运的事情了。当然这件事情对于牺牲的金阿传是一件大不幸,为此学校立起了这样一个造型奇特的纪念碑。这个花园之内还可以看到一棵大银杏树,唐微说她上学时这棵树就这么大,几十年过去了,感觉没有丝毫变化。她记得当年的女生会在树下捡拾银杏叶,而后在上面写上字来作书签,故而对此印象深刻。看来这世界上只有人有着这样那样的感触,而作为植物的银杏树,无论你看与不看它,它都在那里默默地存在着。

从学校另一侧道路向外走,快走到出口时,又看到了一个独立的花园。花园入口处的一块广场石上刻着"四公坛"。走进这个小花园,看到在不同的位置分别竖着四尊雕像,首先看到的当然是徐树兰,因为他是学校创始人,接下来看到的则是蔡元培,而后则是徐锡麟,这位英烈也曾在该校任过副办,而副办之职则以括弧注明为副校长,还有一位当然是著名的鲁迅。一座中学曾经有过这么多的名人,怎能不让人景仰!

后来我们在谈到养新书藏原来的古籍时,刘主任告诉我说,绍兴一中初中部和高中部分开后,这些书归了高中部,也就是现在的绍兴市第一中学,他说那里还藏着近万册古籍。一座中学居然藏有那么多的古籍,我当然想去看个究竟。这时方俞明笑了起来,他说对此早已做了安排。

绍兴一中刚刚搬到绍兴市郊的一片新区,前不久学校刚举办过120

周年的校庆。"一张白纸，没有负担"，这片新区的规划颇为齐整，学校所处的位置在这片新区的边缘。来到校门口，方先生给里面的朋友打了电话，我们在等候阶段，眼前所见是新盖起的一个面积颇大的商品房小区。众人纷纷议论，这个开发商很有眼光，因为楼盘处在名校的正对门，这当然是最有价值的学区房。一会儿的工夫，该校的费艳老师来到了门口，我等马上向她求证刚才的话题。费老师的所言证实了我等的思维十分正向："我们学校搬到这里之前，门口的这个小区每平方米的售价是五千多，而今我们来了，这里的房价马上就涨到了一万三。"

走入校园，感觉里面建造的几座教学楼，规模甚至超过了一些大学。穿过宽阔的广场，正前方的新楼悬挂着大匾额——养新书藏。果真，图书在这里受到了高度的重视。

在图书馆的门口见到了该校负责古籍管理的张蕾老师，张老师把我们带进了书楼之内，里面的面积可谓巨大，古籍收藏室则处在一楼。

古籍室内的摆放方式，与其他专业图书馆类似：一排排的樟木书架，这种书架是合背制作，从前后两面均可取放书籍，室内有很浓的樟木味。张蕾说，本馆迁到此处刚有一个月，所以书架的底橱都敞开着。而书橱的上半截则关着橱门，因为里面已经整齐地摆放着线装书。

我打开几个书橱观看，里面还有一些明代白绵纸本，由此可知，这里的藏书并非只是通行本，当年也购入了一些善本级的古籍。我问道：本馆可有所藏古籍目录？张老师说，还在修订之中。因为之前已经探看了徐维则的藏书楼遗迹，于是我问张老师这里有没有跟徐维则有关之书，而后她给我拿出一部线装本的增版《东西学书录》。我注意到这里的线装书封皮上都钤盖着"绍兴府学堂之图记"之大方印，而这种印章乃是当年官府常用的规制。

张老师说，本馆藏有不少徐树兰的旧藏，但是在书库内拍照有些灯光昏暗，于是她把我等带到了阅览室。这间阅览室面积十分开阔，且处在花园的前方，坐在室内，可以望到外面的景色，四周的书架上也都摆满了图书。在观看的过程中，张老师用手推车运来了十几部书，其中一部的封面钤盖着无边之印"光绪二十五年会稽徐维则捐"。另外几部，则钤盖着"绍兴府中学堂藏书，阅后缴还，希勿遗失"，另外还有一方小章为"养新"，而另一册书上则钤盖着"养新书藏图籍"。

关于该馆的藏书，张老师给我拿出了一份简目，她让我在上面挑选欲看之本。这份目录虽然仅是草订，所列内容却颇为详尽，以此来编写一部馆藏线装书目，倒是一种不错的简编方法。

参观完养新书藏，我等郑重地感谢了张老师的接待，而后原路向大门口走去。在入口处又见到了费艳老师，她送给我们每人一套相关资料。除了那本颇有史料价值的《存古开新》，另外一本则是《绍兴市第一中学120周年》纪念画册。画册内收录了与该校相关的各种老照片，其中之一就是徐树兰的画像。我在上面还看到了养新书藏当年的情形，只可惜这种图片没有注明拍摄时间。而《存古开新》一书中的"大事记"还记载了2011年4月李岚清与夫人张素贞向本校捐赠图书1902册之事。有国家领导人的关怀，难怪该校新建的养新书藏图书馆如此之壮观。

奎虚书藏

齐鲁之菁，献唐居功

山东省图书馆是国内最早设立的公共图书馆之一。清光绪末年,山东提学使罗正钧出洋考察回国之后,在光绪三十四年(1908)给当时的山东巡抚袁树勋打了个报告,要求创办图书馆。此事得到了袁的认同,在转年的宣统元年(1909)正月二十五日,袁给朝廷写了份奏折,提出设立图书馆,这份奏折很快得到了批准,于是在大明湖边选了块地方开始建造馆舍。馆舍建造得很快,当年三月开建,到本年的九月就已竣工,此为山东省图书馆的第一个馆舍,起名为暇园。

暇园建造得很漂亮,除了主楼之外,还有多个亭阁,其中之一叫碧琳琅馆,这个名称跟方功惠的堂号完全相同,不知道是否借鉴了方的创意。但是山东建起的碧琳琅馆里并不藏书,里面藏的是十块汉画像石。这十块古物曾被一位日本人收购,罗正钧闻听此事后,花钱将其购回。更有趣的是,暇园里除了藏书和一些古物,还有一个房间专门用来摆放动植物标本,并且在院子里养了珍珠鸡、梅花鹿、金钱豹等,如此说来,暇园不仅是图书馆,同时还有博物馆和动物园的功能。无疑这在当时是开风气之先,因此受到了国内各界的赞誉。1922年,山东省教育厅在暇园举办了山东历史博物展览会,里面涉及的内容就更多了。开展当天来了许多名流,其中有蔡元培、梁启超、陶行知等,梁启超还当场做了长篇演说,大大夸赞此馆有着启迪民智之功。

1928年,日军以保护在济南的日侨为借口,炮轰济南城区,当时的山东省立图书馆,也就是暇园跟国民党山东党部相邻,因此也受到了日军炮火的轰炸,暇园内的建筑大多被毁,藏书楼的楼顶也被炸了个大洞,馆内的各类藏品受到了损坏。祸不单行的是,到了1930年夏天,离此不远的火药库爆炸,也影响到了藏书楼。在这种情况下,山东教育厅厅长何思源以及山东省立图书馆馆长王献唐决定重建一处新的藏书楼。到了1935年3月,新的图书馆建设工程终于动工,当年10月即告落成,而新的馆址就在暇园旁边。新馆落成之后没有再用"暇园"之名,需要起一个新的名称,于是找到了当时的教育总长,同时也是大藏书家的傅增湘。傅增湘根据济南的地理位置,给这个新馆起名为"奎虚书藏"。这个名称听上去,似乎不如"暇园"那么直接,但傅增湘学问深奥,他给省馆起的名称当然会有出处,原来"奎虚"二字乃是指"奎星主齐,虚星主鲁,以二星之分野,括齐鲁之疆域",这个馆名的含义是指将齐鲁典籍汇藏在一起,而"奎虚书藏"这四个字也是傅增湘所书。

傅增湘能给此馆题写馆名，是因为他认可这里的所藏。傅增湘在 1934 年 9 月 26 日的日记中写道："至图书馆，访馆长王献唐，观汉魏石刻、碑碣佛像殆百余品。又观汉画室，满壁琳琅，目不暇给，此齐鲁间珍物，他省不敢望也。别院新构藏书楼，已蒇功，榜题'奎虚书藏'，为余所书，丹彩焕然。献唐允以馆石拓本相贻。"

关于奎虚书藏的营建细节，馆长王献唐撰写过一篇名为《奎虚书藏营建始末记》的长文，该文刊发在 1936 年 12 月《山东省立图书馆季刊》第一集第二期上，此期乃是奎虚书藏落成纪念专集。王献唐在此文中提到奎虚书藏的营建分为先后两期：

> 本馆原有房屋，先后分二次建筑。一在清光绪三十四年，时湘潭罗正钧顺循任山东学使，就旧贡院东北一隅，创建本馆，筑楼房平房十所，一藏图书，一贮金石，余为阅览办公之用。其贮金石者，即附设之金石保存所也。至宣统二年，昆明陈荣昌铁人提学山左，复于馆之西偏，商割旧济南中学堂（今为省立民众教育馆）毗连一地，别辟为院，建筑博物馆，共成楼房平房三所，隶属本馆。是时对外统名山东图书馆，内分图书、金石、博物三部，由本省提学使兼总提调。

对于馆舍布局，文中写道："原建书楼，分上下二层，共四大间，署名海岳楼，对面为宏雅阁，内贮金石，上下亦为四间，南北峙立，悬空通以桥廊，由东南引湖水入馆，曲折北来，横亘楼前过，桥转而东北行。盖仿四明范氏天一阁旧制也，当时设计既佳，建筑亦极坚固。"

奎虚书藏建设完工后，因为维修基金不足，致使局部建筑出现渗漏等现象，后来又遭到了炮击："民国后，以经费艰窘，无力岁修，渗漏剥落，在所不免。五三惨案发生，城外炮火时向省党部射击，党部与馆接壤，遂遭波及。藏书楼顶经炮洞穿，枪弹贯入书架中者，亦比比是，幸未炸裂失火耳。"

屋漏偏逢连夜雨，此后又因火药库爆炸，致使该建筑成为了危房："民国十八年，省政府由泰安移济，接收之后，曾加修理，以迭经轰震，基础渐摇，百孔千疮，经雨辄漏。十九年夏，城北火药库爆炸，地近本馆，重经震动，楼板逐渐下沉，书莫能载，迫不得已，于楼底两间各加横梁二事，支以铁柱

十数，始免危险，终非久计也。"

想要根本解决危房问题，必须对书楼进行彻底改建，但这需要一大笔费用。1927 年张宗昌主鲁期间，以盐引登记为名，向济南盐商索要 300 万元，众盐商一时间拿不出这笔钱，除凑款之外，向山东省银行借款 40 万，后偿还 4 万。国民革命军进入山东后，张宗昌逃鲁，山东省银行随之倒闭，但盐商所欠官款仍需按期偿还，改由中国银行索要。此后当局同意将盐商所欠 36 万用作图书文化基金，准备用这笔钱来收购海源阁藏书和陈介祺藏印。

至 1934 年 3 月，中国银行已经收到盐商所付之款 29 万，当局体恤商艰，豁免了其余的尾款，但是当年答应这笔钱用于图书文化建设，却难以完全落实，因为各方面都在盯着这笔款项，最终分配方案为：税警 3 万元，翻修两大马路 15 万元，建设济南市贫民工厂 5 万元，孤孀救济会 2 千元，再除去些其他开支，山东省立图书馆仅得到了其中的 5 万元。

因为费用大为削减，使得奎虚书藏的新藏书楼建设只能因陋就简，比如当初楼中书架准备用钢制，式样则采用美国式，他们把图纸发给天津铁工厂进行估价，对方算出最少要 1.6 万元，总计 5 万元的费用，这样用于建楼的钱就仅剩 3 万多元，难以周全，故只好放弃初期设想，改为木制书架。

经过一番筹划建设，藏书楼终于建成，建成之后的藏书楼为："分两层建筑，上为书库，下为阅览、展览诸室，地板楼顶及一切负重所在，均用铁骨洋灰，其载重力除上层藏书，将来可增筑书库至三层，以工程费额有定，第二层只建前面，两旁中间，俱为一层，亦可随时增筑。"

对于该楼使用功能上的布局，王献唐写道："计楼下各室，入门正中为阅书室，右行首为接待室，次为阅报室，再次为金石文物展览室，为齐鲁艺文展览室，为慎藏库，为阅览部办公室。左行首为报章杂志储藏室，次为研究室，再次为善本书阅览室，为善本书库，为柳氏捐书纪念室。至大门左右，一为询事室，一为夫役室，楼梯下左右二室，一为消防室，一为储存室，楼上凡四书库，中为编藏部办公室。"

奎虚书藏建成之后，当地著名学者、财政局局长邢蓝田写了篇《奎虚书藏记》，开头一段回顾了该馆建造的历史："山东图书馆创建于有清末叶，典籍攒罗，旁搜金石，积年踵至，数乃倍蓰。洎栋宇既充，不足以容，于是拓地于馆之西偏，构藏书楼焉。时省政府主席韩公励精图治，于政化之原，文教之本,尤在在属意。"

新的省馆是建起来了,接下来当然需要更多的藏书,邢蓝田所作《记》中回顾了山东一地藏书的历史,毕竟这里是华夏文明的诞生地之一,他的回顾从远古讲起,而后必然会讲到孔夫子,但那些"俱往矣"。谈到当地著名的藏书家,邢蓝田举出了如下的例子:"如历城周氏借书园,马氏玉函山房,曲阜孔氏微波榭,益都李氏竹西书屋,诸城刘氏嘉荫簃,聊城杨氏海源阁,并善收藏,为时巨擘。"这六个例子都是清代山东一地著名的藏书大家,然而这些藏书楼的珍宝因为各种原因,到奎虚书藏建成之后大多已散失:"然藏之于天下也易,积之于一家也难。是故斠雠未半而铅椠尘封,滕束自严而缥湘羽化,曾不再三传,泰半散佚尽矣。独海源阁阅时略后,屡濒兵燹,幸乃仅存。向闻当轴议以盐商借款三十六万元收归公有,即指今日楼址,筑阁庋藏,而百废具举,此议遽遥,乃今分注于图书事业者,六得一耳。"

邢蓝田认为,藏书想要久远很不容易,即使名家旧藏,能够传三代已是极稀见之事,山东名气最大的藏书楼当属海源阁,虽然此阁多次受到破坏,但毕竟大体还有留存,所以邢蓝田所讲到的清代山东六大藏书家,仅余海源阁一家了,因此他认为把这家的书买下来才能真正使奎虚书藏实至名归。虽然在此之前,海源阁主杨家后人已经将所藏的精品卖到了天津和北京,但藏书的绝大部分仍然留在海源阁内。1929 年 8 月,王献唐出任山东省立图书馆馆长,上任之初主要的任务就是想收购海源阁藏书,为此他与山东省教育局、建设局、公安局等不同的部门共同组成海源阁藏书清查委员会,在阁中亲自做清点。然而,王献唐虽然几经努力,这些书仍然未能买下。直到 1946 年,海源阁旧藏的九成才归了山东省图书馆。十余年前,我到该馆时就看到了这批旧藏,该批旧藏数量之多、品相之好让我心羡不已。

王献唐对于山东省馆藏书的贡献,更多的是体现在抗战阶段。1937年 7 月,日军发动全面侵华战争,随着战局日益恶化,王献唐提出将馆藏珍品装箱并向南方转运,他给韩复榘打了电话,希望他派车并给予经费。但那个时代,国家将亡,抗击日军才是第一要务,韩复榘在王献唐的请求报告上批了"不理"二字。这件事记载于黄裳的《金陵五记》中:"追述一件已经为图书馆界熟悉了的故事。山东陷敌时,济南的山东省立图书馆长王献唐作了呈文给韩复榘要求派车，韩在呈文上批了两个大字'不理'。"

尽管领导无暇顾及此事，但王献唐知道馆藏的珍品是何等重要，于是他自己想办法，在当年的 10 月，他从馆藏里优中选优地挑出来了一批，将它们装在二十几个大木箱内，然后跟孔夫子的后裔孔德成商议，将这些珍品保存到曲阜的孔府内。当时的馆编藏部主任屈万里称："乃晋谒奉祀官孔达生德成先生，接洽房舍，当承慨许。孔公年甫十九，温温儒雅，而应事明决，望而知为非常才也。"（《载书播迁记》）孔德成同意之后，王献唐分三批将这二十几个大木箱运到了孔府。而后战争越打越厉害，王献唐觉得孔府也不保险，于是想继续南运。

王献唐找到了邢蓝田以及当地的一些朋友，筹到了一些钱，就又将这些珍品挑选一遍，选出其中更为重要者，总计 2100 多件。而后他本人、屈万里以及工友李义贵，随着省立医院的随军车辆一路南下，这其中的艰难曲折可在屈万里所写的《载书播迁记》中读到，此记不仅谈到了该馆从初创到发展的过程，也讲到了王献唐对该馆所做出的贡献：

> 本馆创始于逊清宣统元年，时山东提学使湘潭罗顺循正钧先生提调本馆，擘划经营，备极勤劳。今日所以有此鸿规者，实奠基于罗氏也。开办之初，即附有金石保存所，故书籍而外，兼蓄金石。惟滥觞伊始，书籍多通行板本，金石亦无甚奇品。厥后数易馆长，胥以经费拮据，建树无多。迨民国十八年，日照王献唐先生，来主馆政，经费渐裕，搜集滋多。洎乎今兹，书籍达二十余万册，善本亦三万六千册有奇，金石物品，至万七千余件，建奎虚书藏新楼储之，可谓盛矣。

然而这么大的一批珍藏中，王献唐和屈万里、李义贵护送向南运输者，只有五大箱。即使这五箱典籍的运输，他们也历尽艰险。三人跟着车队先是到了汉口，他们想在此将这五箱典籍装船运往四川，却苦于没有经费。这时王献唐遇到了山东大学校长林济清，林济清听说他们运善本没有运费，于是就聘王献唐为山东大学中文系教授，然后以此名义预付讲课费 800 银元，王献唐以此讲课钱作为船资，将善本运到了四川。这个过程中，他们还受到了敌机的轰炸，三人险些丧命，屈万里还曾跌落江中，最终被人救起，而后终于把这批书运到了四川乐山。到了乐山后，他们在天宫寺内找了一个山洞,把这五大箱善本藏在了洞内,并将洞口封起。

关于当年藏书的山洞以及具体的位置,各种文献中有不同的记载。李勇慧为了研究王献唐,搜集了大量的相关史料,为此写出了一部大部头的专著——《一代传人王献唐》。为了确认这些史料的准确性,李勇慧甚至派人做过一些实地考察,她在文中写道:"至于藏物山洞的具体位置,因缺乏资料,无法证明。2010年笔者曾托人去凌云山、乌尤山实地考察,发现两山中均有山洞若干,具体哪一个为藏书洞,今山中人已不知晓。"

在当时,林济清本是到四川万县继续开办山东大学,然而不久之后因为各种原因,该校停办,而王献唐三人本来是指着山东大学的讲课费来做各种开支,而今这笔经济也停了,在这困难之时,王献唐想起了自己的朋友傅斯年,希望傅能帮着解决护宝的开支。于是傅斯年几经活动,让王献唐成了"管理中英庚款董事会第一届协助科学工作人员",这样王献唐就有了每月200元的最高资助标准。这个过程中,傅斯年在生活上也给了王较大的帮助,每次见面,他都给王送米送烟,有时还帮其买药。到了1944年,傅斯年还送了两件衣服给王,这让王很是感激。更为给力的是,傅暗自帮着王争取到了一笔美国哈佛燕京社所发的研究补助费,这个费用有4万元之多。而傅斯年做这样的事情,当时并没有告诉王献唐。

在四川的这个阶段,为了生计,王献唐和屈万里分别出外任职,守护这些善本的具体工作就全部交给了工友李义贵。起初,每过一段时间王都会给李寄一些钱,以此作为李的生活费用,但随着战争的加剧,王、屈二人自己也生活困难,就无法再给李汇钱了。李义贵果真是位义士,他并没有就此离去,而是想办法自己解决费用,并继续看护这批珍宝。

因为战争原因,各种物价飞涨,李义贵生活十分困难,他认为继续等待费用汇来已经不现实,于是开始自己想办法挣钱生活:"随着战乱的加剧,其仅有的生活来源也断绝了。迫于生计,我只能去江岸搬运,清淤除污,担砂扛石,给人帮工,摆地摊,卖香烟,售菜果,朝出暮归,自炊自食,以微薄的收入藉以糊口,年复一年地熬过了十三个春秋。"(《李义贵自述》)如此的困苦,又如此的艰辛,竟然能坚守13年,这样的人我不知道用什么语言才能概括他的义举,他的所作所为跟他的名字而言,绝对名实相符,故而李勇慧评价说:"李义贵为保护齐鲁文脉居功至伟,终使其得以传承,我们不应忘记他。"

其实，这三个人我们都不应当忘记。在那个困苦的年代，他们舍生忘死为了保护文献，这种精神每每读来都令我感动。比如王献唐为了保护古物不受损伤，用自己的薪水来解决各方面的问题，他在四川一住就是九年。这个过程中，因为没有了上级组织，为了能够管理这批珍宝，他自己任命自己为山东省图书馆的馆长，把乐山大佛寺称之为"山东省立图书馆办事处"，而那时山东的伪政府已经任命程仲宏、辛铸九为伪山东省立图书馆馆长。1945年8月15日抗战胜利，10月3日国民政府重新恢复山东省图书馆，而那时王献唐还在重庆并没有返回山东，于是山东省政府就任罗复唐为省馆代理馆长，而后派人到重庆去见王献唐，请王返回山东省图书馆工作。王献唐把自己艰难保护下来的典籍又装船从重庆运到了南京，将典籍保存在了南京中央博物院。1948年9月24日济南解放，军管会代表接手了山东省图书馆，王献唐被免职，自此之后，他失业在家。相关文献记载，因为没有工作，他开始去扫大街，读到这段史料时，我的心里五味杂陈。

1960年王献唐病逝，葬于济南西郊万灵山下，当时是由路大荒给他撰写的碑文，1994年，他的墓迁到了青岛大学后的浮山。几年前，我到浮山去寻找康有为的墓，回来后不久，才查到王献唐的墓就在康有为墓旁几十米处，这样的错失让我懊悔不已，觉得自己对这位前贤有失尊重，于是立即又重新去了一趟青岛浮山，专程跑到王献唐的墓前向他鞠躬，以此来表达我对他的敬意。

2013年底，我第二次来到奎虚书藏的门前，每到此地我都会想起王献唐。这次的寻访重点为大明湖边的多处遗迹，虽然奎虚书藏此前已经来过，但还是忍不住再次走了进去。这里的建筑保存完好，门前的台阶以及大门的门框上依然能看到当年的彩色拼花。我走到门口，看到里面坐着一位工作人员，我问他可否入内，他点点头表示同意。

进入馆内，看到里面已经做了新的装修，一眼望去，有着现代图书馆的明亮和利落。我看到阅览室中的读者大约有20余人，他们静静地在那里看书，没有一丝声响，这样的安静让我觉得自己的脚步声都是一种亵渎，于是站在原地，既不拍照也不走动，只是静静地体会着这种难以名状的美好。我不想因为自己的拍照而破坏这种美好，站了一会儿后，轻轻地走到远离读者的角落按下了快门，无论所拍图片给人的观感如何，我想留下的是一份真实的印记。

万木草堂书藏

康南海家藏，众弟子捐献

　　清光绪十四年（1888），康有为第一次上书请求变法失败，使他意识到想要达到变法目的，必须先培养相关人才，于是他返回广州，三年后在广州长兴里创办万木草堂。康有为的弟子梁启勋在《"万木草堂"回忆》中说："一八八九年，即光绪十五年己丑，康有为先生以布衣上书，请维新变法。清朝政府置之不理。康乃出京回广州，自思孤掌难鸣，要有群众基础，乃可有成，就决定先从教育培养人才入手。"

　　起初，康有为十分重视万木草堂的教学，特意写了篇《长兴学记》作为学规，他在《康南海自编年谱》"光绪十七年辛卯，三十四岁"记："始开堂于长兴里讲学，著《长兴学记》以为学规，与诸子日夕讲业，大发求仁之义，而讲中外之故，救中国之法。"他的弟子陈千秋在《长兴学记》跋中称："吾师康先生，思圣道之衰，悯王制之缺，慨然发愤。思易天下，既绌之于国，乃讲之于乡。千秋与服领英秀捧手请业，爰述斯记以为规言。"

　　《长兴学记》中介绍了办学宗旨及教学方法，同时谈到学习的重要性："同是物也，人能学则贵，异于万物矣；同是人也，能学则异于常人矣；同是学人也，博学则胜于陋学矣。"这里既讲传统的儒学，同时也学习新学，在教学观念上，新旧杂糅，这种教学方式最能勾起学生的求知欲。梁启超说："先生能为大政治家与否，吾不敢知。虽然，其为大教育家，则昭昭明甚也。先生不徒有教育家之精神而已，又备教育家之资格，其品行方峻，其威仪严整。其授业也，循循善诱，至诚恳恳，殆孔子所谓诲人不倦者焉。其讲演也，如大海潮，如狮子吼，善能振荡学者之脑气，使之悚息感动，终身不能忘，又常反复说明，使听者涣然冰释，怡然理顺，心悦而诚服。"（康同壁《南海康先生年谱续编》）

　　梁启超的这番所言，是从宏观角度夸赞其师讲学的震撼力，卢湘父在《万木草堂忆旧》中则讲到了康有为授课前的一些细节："康师每次讲授，必先标讲题于堂上。届时击鼓三通，学生齐集，分东西鹄立成行。康师至，左右点首，乃升座。学生依次分坐，中为师席，两旁设长桌东西向。时大馆之讲学也，每击木梆，如乡间之击柝然。而草堂则击鼓者，以'大昕鼓徵'，'入学鼓箧'，俱见于《礼记》。'鸣鼓而攻'，又见于《论语》。可知击鼓集众，亦犹行古之道耳。"

　　有意思的是，万木草堂还设有一个礼乐器库，里面储藏着钟、鼓、磬、干、戚、投壶等，康有为带领弟子们每月习一次传统的礼。在习礼之日，钟鼓齐鸣,学生们不仅要跳文成舞,在跳舞的同时,还要齐声唱康有为编的《文成舞辞》:"呜呼鲜民兮,惟生多艰……炎汉兴,用孔制。春秋学,以经世。绝异端,一统治。三雍汤汤,逢掖万方。帝者执经,夷裔掎裳。凡二千年,懞我三纲。三统递嬗,三世并张。方行据乱,犹用小康。俎豆莘莘,平世渐日张,曰夫子之文章。"

如此隆重的传统仪式,令学生们肃然起敬。康有为博闻强识,讲课时不看课本,讲桌上只摆放茶具,一讲就是几个小时,只在间歇时略吃些点心。学生们在听课时每人现场做笔记,将他所说的话尽量记下来,因为他讲得太快,同学们无法全部记下,于是在课后互相交换笔记,以补充上所缺的部分。

万木草堂招收弟子的方式,先是通过熟人介绍,陈千秋应该算是康有为在万木草堂招的第一位弟子。梁启超中举后,当时在学海堂读书,于此认识了陈千秋,陈向梁介绍康有为学问是何等之渊博,而后引梁启超去拜见康有为,两人相谈甚为融洽,于是梁启超拜康有为为师,进入万木草堂。陈、梁二人成了万木草堂的骨干,又分别介绍自己的亲朋好友二十多位来到万木草堂读书。

对于拜师经历,梁启超在《三十自述》中描绘得十分生动:"其年秋,始交陈通甫,通甫时亦肄业学海堂,以高才生闻。既而通甫相语曰:'吾闻南海康先生上书请变法,不达,新从京师归,吾往谒焉,其学乃为吾与子所未梦及,吾与子今得师矣。'于是乃因通甫修弟子礼事南海先生。时余以少年科第,且于时流所推重之训诂词章学颇有所知,辄沾沾自喜,先生乃以大海潮音,作狮子吼,取其所挟持之数百年无用旧学更端驳诘,悉举而摧陷廓清之。自辰入见,及戌始退,冷水浇背,当头一棒,一旦尽失其故垒,惘惘然不知所从事,且惊且喜,且怨且艾,且疑且惧,与通甫联床竟夕不能寐。明日再谒,请为学方针,先生乃教以陆王心学,而并及史学、西学之梗概。自是决然舍去旧学,自退出学海堂,而间日请业南海之门。生平知有学自兹始。"

但讲学不是康有为的目的,他最关心的是实现自己的理想抱负,所以他常出外活动。光绪二十年(1894)春,康有为公车北上,北上前先将《书目答问》择要给学生们讲解一过,让学生懂得选择要籍的门径,当他不在万木草堂时,则由梁启超等学长替他讲课,而大多数时间,弟子们都是自行

康有为撰《论语注》，清万木草堂刻本　　康有为撰《新学伪经考》，清万木草堂刻本

去读万木草堂书藏。

从梁启勋的回忆来看,万木草堂的学生除了做笔记外,还要读传统典籍及新学之书:"在万木草堂我们除听讲外,主要是自己读书、写笔记。当时入草堂,第一部书就是读《公羊传》,同时读一部《春秋繁露》。除读中国古书外,还要读很多西洋的书。如江南制造局关于声、光、化、电等科学译述百数十种,皆所应读。容闳、严复诸留学先辈的译本及外国传教士如傅兰雅、李提摩太等的译本皆读。"(梁启勋《万木草堂回忆》)

对于此书藏的来由,梁启勋在《万木草堂回忆》中说:"万木草堂的图书阅览室叫书藏,是以康先生所藏书为基础,同学们家藏的书,则自由捐献。'捐入书藏',是当日草堂同学一句口头语。"万木草堂的藏书处名为"书藏",图书来源主要以康有为的自藏为基础,再加上学生陆续捐献之书。余外,学生们的读书笔记也成了书藏的一部分。梁启勋写道:"同学们的功课簿写满之后,先生令存之书藏,供新来的同学阅览,谓等于听他的讲义云。这里头,不少'非常异义可怪之论'。后来戊戌查抄万木草堂时,都付诸一炬了。"

康有为还会把弟子们的作业本以及他的批校之语汇编成书后,也归入书藏中。张篁溪在《戊戌政变前后之万木草堂》中写道:"余于光绪二十二年从先生问学广州。明年秋,南海先生属余与诸同学汇集功课、札记成书,南海先生欣然为题三绝诗曰:缅怀前尘,为时虽暂,食于斯宿于斯者,约计两载。洎戊戌政变骤起,万木草堂横遭满房之摧残,至是万木草堂遂辍讲。"

康有为的祖上就有藏书之好,他在《延香老屋率幼博弟曝书》一诗中写道:

> 百年旧宅剩楹书,旧史曾伤付蠹鱼。
>
> 一树梅花清影下,焚香晒帙午晴初。

康有为在该诗的诗序中解释说:"延香老屋为先曾祖通奉公云衢府君宅,自高祖荣禄公炳堂府君及先祖连州公、先考知县公少农府君,四世藏书于是。先师朱九江先生代购全史、杜诗皆佳本,多遭蠹食。幼侍先君,每夏日检曝后,偕诸弟岁劳累日。阶前梅一树,为从父彝仲广文公手植。

吾日摊书其下。"

康有为的叔祖康国器也有藏书之好,他在七桧园中建有澹如楼,康有为曾在这里读书,他在《澹如楼读书》一诗的诗序中称:"楼在西樵山北银塘乡七桧园,先叔祖友之公自桂抚归休所筑,藏书数万卷,吾少日读书于此十余年,七桧为数百年物矣。"

康有为自幼爱好读书,自称:"当是时窥书甚多,见闻杂博而无师承门径。惟好凭学而妄行,东捃西扯,苦无向导也。"(陆乃翔、陆敦骙《新镌康南海先生传》)康有为读书很刻苦,梁启勋在《万木草堂回忆》中说:"康先生幼年就非常喜爱读书,曾受过严格的程朱教育。青年时期,博通今文经学、中国史学与佛学,弃程朱学转崇陆王学。记得幼博世叔(即戊戌六君子中的康广仁)同我们说:'你们先生,从小就很用功读书,每天早晨拿五六本书放在桌上,右手拿着一把尖利的铁锥,用力向下一锥,锥穿两本书,今天就读两本书;锥穿三本书,今天就读三本书,每日必定要读一锥书。他有时要完成看一锥书的任务,看书看得上眼皮闭不下来。"

我读到这段话时,其实略有些疑惑,如果用铁锥把每一本书都扎上眼,即使是扎在无字之处,似乎也非爱书人所为,想来这是为了形容他读书之刻苦,而忘记了他还是一位颇具名气的藏书家。

为了让弟子们开阔眼界,康有为将家藏之书拿出一部分来放在万木草堂,以此建立书藏。书藏不设专人管理,而是由学生们轮流来掌管。卢湘父所写《万木草堂忆旧》一文中专有"轮值书藏"一节,谈到了这里的藏书量:"万木草堂藏书,凡数万卷,分贮百余箱,藏之一室,加以扃镝。"

当时已经有数万卷之多,可见这个书藏已颇具规模,设有专门的藏书室,并且管理颇为严格,当不开放的时候,就会锁起来。对于书藏的管理和借阅方式,卢湘父写道:"由同学次第轮值,管理其书,专供同门之借读而参考焉。例以一人每月轮值,借书者向当值人声请,借取某书,当值人检出交付之,借书人则书名于书藏簿记上,还书时,则注销之。每月终,例将各借书一律缴还,检查书藏一次,如欲续借者则从新登记,而轮值者即于此时交代焉。"

在卢湘父看来,这里的藏书大多是善本,这些书是康有为借给书藏使用,所有权仍然归他个人。除此之外,还有些书是康有为朋友赠送以及学生们捐赠的。因为好书太多,所以管理者担心损坏而担责任,以至于没人愿意当值："书藏各书多善本,半由康师借出,其余康师之友好,亦多贻赠,历年同学诸君,各有捐送,故集合而成钜观。轮值者颇负重责,盖污损或遗失,当值人均不能辞咎,且事颇烦琐,又妨碍自修,故多不愿当值者。"

但是,卢湘父因为喜爱读书,很愿意轮到自己去值守藏书:"予则乐此不疲,盖幸借此机会,以窥中秘。盖各书多为市肆所无者,惟于此中得之。同学多闭户自修,惟予则于书藏中自修也。李谧有言:'大丈夫拥书万卷,何假南面百城?'予则有百城之乐矣。古人有耽读而玩市者,今则市肆所无者,予更得之,其为幸更何如也!"

其实这里的学生大多爱护藏书,尤其康有为的大弟子陈千秋,对书有着特殊的敬重,梁启勋在《回忆》中写道:"草堂弟子在学习上都是非常用功的。例如康先生有名的学生陈千秋就是一个非常努力读书的人。他有条有理,非常爱护书籍。看书如果在房中走着看,总是用长袖子托在手上垫着书看。如果坐在桌旁看书时,就用右臂长袖把桌上尘土拂净,才把书放在桌上。他看过的书老是很整齐清洁的。另一个学生曹著伟喜欢躺着看书,每天都拿很多书放在床边,看后随手放在床上,随拿随放,第二日又不把书归还书架上。日久满床都是书,晚上只好睡在书堆里。"

康有为将自己的藏书放在万木草堂,除了开阔学生的眼界外,还有一个目的是让学生们帮助他查找史料引文,以便撰写他的宏著。梁启勋在《回忆》中称:"在万木草堂我们除自己用功读书之外,还有一种特殊工作即编书,这是协助先生著述的工作。譬如康先生要写一部《孔子改制考》,由他指定一二十个同学,把上自秦汉、下至宋代各学者的著述,从头检阅。凡有关于孔子改制的言论,简单录出。注明见于某书之第几卷、第几篇,用省属稿时翻检之劳。时间由编书者共同商定,每月上旬某年某月某日,中旬某月某日,下旬某月某日,自几点至几点,会合在大堂工作。仍坐在无靠背之硬板凳。某人担任某书,自由选择。一部编完,又编第二部。这些稿件,统存于书藏,备先生随时调用。戊戌查抄万木草堂时亦付诸一炬了。当时,所编的书《新学伪经考》四本已出版;《孔子改制考》未编成而发生政变。"

对于此事,卢湘父于文中也有记述:"时康师方著《孔子改制考》,诸生分任编辑,各就所读之书,按类采录,故康师集其大成,而蔚为巨观。学生有读书之益,而康师亦得著书之便利焉。"但卢湘父同时称,康有为记忆力惊人，会将用完的手录资料全部烧掉："康师博闻强记，迥异寻常，然亦非全恃天资，其学力实有大过人者。尝命门人为之检拾丛残，予见其手录之资料甚夥，而其所弃置之稿，亦盈两大圆箩，随即以付灰烬。乃知古人所谓过目不忘，所谓一目十行，或五行俱下者，殆亦涉于夸张耳。"从这段记述看，似乎他年轻时的锥书之举也并非不可能。

万木草堂书藏除传统典籍外，还有一些西书。从《康南海自编年谱》可以了解到，康有为从 22 岁开始就阅读西书，《我史》中说：

> 五月，顺天乡试，借此游京师，谒太学，叩石鼓，瞻宫阙，购碑刻，讲金石之学。时崔夔典编修甚敬余，将扫室馆我。既罢，还游扬州、镇江，登平山堂，泛舟金、焦而归。道经上海之繁盛，益知西人治术之有本。舟车行路，大购西书以归讲求焉。十一月还家，自是大讲西学，始尽释故见。

对于康有为早年大量购买西学书籍之事，梁启超在《修养时代及讲学时代》中说："既出西樵，乃游京师，其时西学初输入中国，举国学者，莫或过问。先生僻处乡邑，亦未获从事也。及道香港、上海，见西人植民政治之完整，属地如此，本国之更进可知。因思其所以致此者，必有道德学问以为之本原，乃悉购江南制造局及西教会所译出各书尽读之。彼时所译者，皆初级普通学，及工艺、兵法、医学之书，否则耶稣经典论疏耳，于政治哲学，毫无所及。"

康有为在上海购买到不少江南制造局及教会翻译之书，这些书也放在了万木草堂书藏中，让学生们开阔眼界。

为了扩大万木草堂书藏的规模，由梁启超带头，康门弟子麦孟华、徐勤、康广仁、王觉任、韩文举等联名撰写了一篇《万木草堂书藏征捐图书启》，该文刊发在光绪二十四年（1898）二月二十一日《知新报》第四十六册上。梁启超在该启中先谈到了读书多少跟国势强弱之间的必然关系："今之语天下事者，莫不曰欧美学人多，是以强；支那学人少，是以弱。真知本之言哉！虽然，学也者，非可以向壁而造、捕风而谈也，则必读书。又不能抱高头讲章、兔园册子以自足也，则必多读书。"

该启中也提到中国历代典籍浩如烟海，但正因如此，所以没有一个人能够遍读所有之书：“虽然，以数千年之中国，为书数十万卷，其必读者亦数万卷。加以万国大通，新学日出，横行之籍，象鞮之笔，无一书可以弃，无一书可以缓。然则欲以一人之力，备天下之书，虽陈、晁、毛、范，固所不能，况乃岩穴蓬荜好学之士，都养以从师，赁庑以自给者，其孰从而窥之？”

接下来梁启超谈到自己年轻时买书是何等之不易：“启超故陬澨之鄙人也。年十三，始有志于学，欲购一潮州刻本之《汉书》而力不逮，乃展转请托以假诸邑之薄有藏书者，始得一睹。成童以还，欲读西学各书，以中国译出者，不过区区二百余种，而数年之力，卒不能尽购，洎乙未在京师强学会中，乃始获遍读焉。至于今日，而《续三通》《皇朝三通》《大清会典》等，至通行易得之书，犹未能自置十百之一，恃一瓻之谊，乞诸友朋而已。夫启超既已如是，天下之寒士其与启超同病者，何可胜道；其艰苦十倍于启超者，何可胜道。购既大难，借亦非易，其坐是束手顿足，涂目塞耳，降志短气而卒不获大成者，不知几百千万亿人也。”

正因为得书之艰，使得梁启超等人欣羡国外的公共图书馆，那时他将图书馆称为“大书楼”：“彼西国之为学也，自男女及岁，即入学校，其教科必读之书，校中固已咸备矣。其淹雅繁博孤本重值之书、学人不能家庋一编者，则为藏书楼以庋之，而恣国之人借览焉。伦敦大书楼藏书至五千余万卷，入楼借阅之人，岁以亿万计。其各地城邑都会莫不有书楼，其藏书至数十万卷者，所在皆是。举国书楼以千数百计，凡有井水饮处，靡不有学人，有学人处，靡不有藏书。此所以举国皆学，而富强甲于天下也。”

梁启超还提到《四库全书》江南三阁对于传播文化的重要作用，同时讲到了焦山书藏和灵隐书藏，想来万木草堂书藏也称“书藏”，与此有一定关系。同时他认为江南藏书之盛，跟这些书藏有一定关联。

对于万木草堂书藏的早期情况，梁启超写道：“往者既与二三同志，各出其所有之书，合庋一地，得七千余卷，使喜事小吏典焉，名曰‘万木草堂书藏’，以省分购之力，且以饷戚好中之贫而好学者而已。数年以来，同志借读渐多，集书亦渐增，稍稍及万卷，而粤士之忧天下者，方将联一学会，群萃州处，以相切偲，以讲求救天下之学。”

可见这里的藏书有不少是同学们捐赠的，虽然此时已经超过了万卷，但梁启超还是觉得不够，希望继续扩大书藏，于是写这篇启事来广泛征书："启超以为书之不备，不足以言学；图、器之不备，不足以言学。欲兴学会，必自藏图书、器始。于是思因向者书藏之旧而扩充焉。"

尽管无法确认征书启刊发后，是否使书藏藏量迅速增加，但这篇启文说明了该书藏来源的广泛性，以及不属于私人藏书的属性。可惜的是，书藏里的藏书后来因"戊戌变法"失败而被毁。康有为在《我史》中称："十一日，封吾花埭之屋，波及吾从叔中丞第及其园田二顷，并皆抄没。于是中丞公之业尽矣。十二日，封云衢书屋，吾所藏之书及所著书稿尽失矣。十八日，还吾苏村乡，封吾一屋一厅，事及高祖炳堂公祠庙。二十二日，封万木草堂，以吾所藏及'书藏'书三百余箱，尽付一炬，所著行之书，亦已行各省毁版矣。"

按此说法，万木草堂书藏的三百多箱书全部被焚毁了，甚至连所刻书版也一并被焚。然其弟子卢湘父在文中说："岂知予离校数年，经戊戌之变，康师被抄没，而书藏亦散。然秦焚之后，如梁之广陵，隋之嘉则殿等，书籍之厄不少，万木草堂之书籍，特其小焉者耳。"如此说来，似乎书藏只是失散了，并没有全部被毁。

徐信符著、徐汤殷增补的《广东藏书纪事诗》中写道："康馆所藏，多属普通之书，戊戌政变，曾奉诏令饬南海县籍没其家，其书移置广雅书院中。今观廖泽群院长所编《广雅书院藏书目·附列卷首》所云'奉督宪发下《寄存书目》'，即康氏所藏也。"

可见，万木草堂之书并没有全毁，有一部分被抄没后，运到了广雅书局，1913 年，康有为从海外归来，向广东政府提出归还被清朝抄没的家产，经过几年的索要，终于将一部分旧藏要了回来。张伯桢在《万木草堂始末记》中说："其前被抄没之书籍在广雅书局者，亦领出藏于堂中，命梁启超、韩文举、徐勤及余总持其事，而同门诸子皆与焉。"

十几年前，我曾来广州寻找康有为的故居，但当时只找到了故居，没有找到万木草堂，因为那个时候的万木草堂还没有腾退出来。1949 年后，万木草堂旧址成了一家锁厂的工作车间，再后来，又渐渐变成了一个大杂院，里面住着四十多户人家。虽然早在 1983 年，万木草堂就列为广州市文保单位，但因为搬迁的困难，直到二十年后，这四十多户人家才逐步迁出。此后，又几经维修，直到 2008 年，万木草堂才基本上恢复了原样，我当然要补上曾经未能找到的缺憾。2012 年 11 月 12 日，再次来广州时，这里也成了我的寻访对象之一。

■ 城隍庙正门

从地图上查得，万木草堂所在之地距离我住的宾馆不远，于是沿街一路走下去，边走边寻找。在前往的路上，看到了一个巨大的仿古牌坊，以我的经验，这可能就是我所寻找之地，于是赶到近前去拍照。细看之下，上面却写着这里是城隍庙。我猜测，会不会万木草堂后来又改成了城隍庙？于是决定走进去看个究竟。在城隍庙的门口看到了一些管理人员，而这些管理人员都是一身的道士打扮。走进院内，沿着各处转了一圈，没有找到任何"万木草堂"的字样。从城隍庙里出来，接着探访。前行不足二十米，就看到了万木草堂的指示牌。

万木草堂处在一片居民楼的夹缝之中，门牌号为长兴里 3 号，门口嵌着广州市的文保牌，侧墙上还挂着几块匾额，其中一块写着"康梁文化研究基地"。对开的大门下面有着高门槛，不巧的是黑色的木门依例紧闭着，我只好在外围转悠。正门的右侧有广州市的文保牌，上面写着"万木草堂"，而门楣上却刻着"邱氏书室"四个大字，右下方嵌着一块万木草堂的介绍牌，其中一段说："1891 年，他应弟子陈千秋、梁启超之请，在广州长兴里租借邱氏书室，创办长兴学舍，宣传维新思想，培养变法人才。1892 年迁往卫边街邝氏宗祠。1893 年冬又移至广府学宫仰宫祠，正式更名为'万木草堂'，以树木喻树人，含有培养千千万万国之栋梁的深意。习惯上，人们将康有为在这三址所办的学堂统称为'万木草堂'。"

这段话很重要，让我知道了在广州市就有三个万木草堂，而邱氏书室为第一个。万木草堂的侧边是一巨大的现代化高楼，一楼均是卖字画古玩艺术品的门脸房，倒是跟万木草堂略略相配，而万木草堂的最后一进后墙则是广州市文物商店。

万木草堂的四堵高墙让我难以看清里面的情形，来至其门而不能入，终究有些不甘心，又转回到大门口接着敲门，仍然无人应，用手试着推了推门，意外地推开了个门缝，向里面探头，看不到人影，于是小心地进入院内，迅速拍照。

进门即是影壁，绘着康有为的水墨读书肖像，绘画手法极为现代，影壁之后是像四合院一样的中空院落，正厅无门无窗，像个敞开的戏台，院中间摆着一块像砚台状的石桌，没来得及细看是否为端石。正堂的后墙上悬挂着"万木草堂"横匾，中堂是孔子的线描像，两旁的对联写着："读圣贤书，行仁义事。"一望即知出自康南海之手，厅堂的正中摆一些书桌和条凳，模

= 万木草堂正门   = 万木草堂内景

拟着讲课的样子。

这里还陈列着一个巨大的鼓,想来这是在示意当年康有为带领众弟子起舞,没有看到其他的乐器,不清楚是否放在了别的房间内。后进院落需要从正堂的两侧穿过,但毕竟这是在私闯他人之宅,底气不足,我没敢转到后院去看个究竟。

京师强学会书藏

北大图书馆之肇

1922 年 3 月 4 日，梁启超在北京大学欢迎会上的演说称："时在乙未之岁，鄙人与诸先辈，感国事之危殆，非兴学不足以救亡，乃共谋设立学校，以输入欧美之学术于国中。惟当时社会嫉新学如仇，一言办学，即视同叛逆，迫害无所不至。是以诸先辈不能公然设立正式之学校，而组织一强学会，备置图书仪器，邀人来观，冀输入世界之智识于我国民，且于讲学之外，谋政治之改革。盖强学会之性质，实兼学校与政党而一之焉。"

梁启超讲到了创办强学会的目的，同时明言强学会的性质，乃是兼教育和表达政治纲领两个方面。但任何开风气之先的事物，都需要人们有个接受的过程，强学会的举措也同样如此。梁启超在演说中讲到了当时的困难："在今日固视为幼稚之团体，然在当时风气未开之际，有闻强学会之名者，莫不惊骇而疑有非常之举。此幼稚之强学会，遂能战胜数千年旧习惯，而一新当时耳目，具革新中国社会之功，实亦不可轻视之也。至创设此之诸先辈，今日存者，已寥若晨星，袁大总统即最尽力于此会之一人焉。厥后谣诼频兴，强学会之势力愈强，而政府嫉恶强学会之心亦愈甚。迄乙未之末，为步军统领所封禁，所有书籍仪器尽括而去。其中至可感慨者，为一世界地图。盖当购此图时，曾在京师费一二月之久，遍求而不得。后辗转托人，始从上海购求。图至之后，会中人视同拱璧，日出求人来观。偶得一个来观，即欣喜无量。乃此图当时封禁，亦被步军统领衙门抄去，今不知辗转落在何处矣。"

关于强学会创办的时间，各种研究资料有不同说法，但基本上都定在光绪二十一年（1895），所认定不同的时间点，只是在这一年月份上的差异。从创建的年份算起，到梁启超的这次北京大学演说，相隔了 27 年，所以梁启超说那时的强学会在各个方面都很幼稚，即使如此，很多人听到强学会之名还是感到惊疑。在梁启超看来，幼稚的强学会打破了数千年来的许多传统观念，故决不能因其幼稚而受到轻视。经过近三十年的变化，当年强学会的创建者大多已不存世，但梁启超始终感念袁大总统为该会创建作出的贡献。

强学会创建不久就有了很强的社会影响力，故而受到保守势力的攻击，在光绪二十一年十二月初即被朝廷封禁，存世的时间较短。此会被禁后，会内所藏的书籍和仪器均被没收，梁启超最心疼的是其中的一张世界地图，在那时他们费了很大周折，几经辗转才从上海买到一张，并且视为该会最珍贵的藏品。为了让人欣赏到这件珍品,也为了让大家对整个世界有概念性的了解,强学会的人每天到处拉人来欣赏这张地图,但人们不明白为什么要去看地图,因此大多数人都持拒绝态度,也正因为如此,只要偶然有一人来看图,就让强学会的人欣喜不已。遗憾的是,强学会被查禁之后,这张图不知流落到了哪里。

幸运的是,强学会其他藏书后来有了很好的归属:"及至戊戌之岁,朝政大有革新之望。孙寿州先生本强学会会员,与同人谋,请之枢府,将所查抄强学会之书籍仪器发出,改为官书局。嗣后此官书局即改为大学校。故言及鄙人与大学校之关系,即以大学校之前身为官书局,官书局之前身为强学会,则鄙人固可为有关系之人。然大学校之有今日,实诸先辈及历任校长与教师之力。谓鄙人为创设大学校之发动人,则不敢当。"

后来政局有了较大的变化,孙家鼐原本是强学会会员,在他的建议下,朝廷利用查抄强学会的书籍和仪器改建为官书局,后来官书局又成了北京大学的前身,官书局的藏书又转到了北京大学图书馆。虽然梁启超在演说词中说了几句谦语,但他依然明确地谈到了强学会、官书局到北京大学图书馆的递承关系。

关于强学会在历史上所起的作用,吴晞先生在《斯文在兹》中认为"当时是变法维新运动的总机关"。对于该会的创建人及藏书情况,文中接着写道:"其发起人是维新派的领袖人物康有为、梁启超、麦孟华、杨锐等人。时值甲午战败后不久,康、梁等人为变法图强上下奔走,广造舆论,强学会的目的就是'群中外之图书器艺,群南北之通人志士,讲习其间,因而推行于直省焉'。因此强学会广募义捐,建立了新型的图书机构——强学会书藏。"

吴晞所说的强学会的创始人只是概而言之,对于具体的参与人,康有为在《康南海自编年谱》中记载:

> 光绪二十一年(1895年)七月初,与次亮(陈炽)约集客,若袁慰亭(世凯)、杨叔峤(锐)、丁淑衡(玄钧),及沈子培、沈子封兄弟、张巽之(孝谦)、陈□□。即席约定,各出义捐,一举而得数千金,即举次亮为提调,张巽之帮之。张为人故反覆,而是时高阳当国,张为其得意门生,故沈子培举之,使其勿败坏也。举吾草序文及章程,与卓如拟而

公商之。丁、张畏谨，数议未定，吾欲事成，亦迂回而从之。于是三日一会于炸子桥嵩云草堂，来者日众，翰文斋愿送群书，议开"书藏"于琉璃厂，乃择地购书，先属孺博出上海办焉。是时遍寻琉璃厂书店，无一地球图，京师固塞，风气如此，安得不败？时英人李提摩太亦来会，中国士夫与西人通，自此会始。

按照康有为的说法，是他本人和陈炽做召集人，请来了袁世凯、杨锐、沈曾植、沈曾桐等人，约定每人捐出一定数额的金钱作为筹备费用，聘请陈炽张罗会务。强学会的章程是由康有为和梁启超起草，但与会的丁玄钧、张孝谦认为章程写得有些激进，提出了一些修改意见。康有为为了能够将事情办成，也同意了两人的建议。

此后，这些人每三天聚会一次，入会之人越来越多，琉璃厂旧书店翰文斋愿意为强学会提供一批书，于是会员们商议想在琉璃厂一带找到房屋，在那里开办书藏。但是在购书的过程中，他们发现琉璃厂旧书店售卖的都是传统书籍，想要找到一些新学书籍很难，于是康有为想办法从上海购书。当时强学会还请来了英国传教士李提摩太，康有为说他们与李提摩太的交往是中国士人首次与西人进行学术交流。不知道他为什么忽视了明末时利玛窦与徐光启的交往。

其实当时的强学会所请外国人不仅李提摩太一位，李宪堂等译《亲历晚清四十五年：李提摩太在华回忆录》中称："大约就在这时候，美国长老会的李佳白（Gilbert Reid）博士，我在上海的老朋友，开始在北京的上层官僚中开展工作，希望他们能对基督教采取友善态度。毕德格先生和我经常被强学会的成员邀请参加他们的聚会，我们也回请他们。在每一次聚会中，人们演讲的内容都是中国的改革问题，在接下来的改革派最感兴趣的讨论中也是如此。他们邀请我在北京多住几个月，以便就如何推进改革随时向他们提出建议。"

对于书藏的创建情况，《康南海自编年谱》中又称："英美公使愿大助西书及图器，规模日广，乃发公函于各督抚。刘坤一、张之洞、王文韶各捐五千金，乃至宋庆、聂士成咸捐数千金。士夫云集，将俟规模日廓，开书藏，派学游历。"

英美驻华公使愿意为此会捐赠一些西书及仪器，康有为动员各种关系给各地督府发函,刘坤一、张之洞、王文韶等大员各捐五千金。这些都说明了当时的强学会在创建初期就有不小的影响,能够迅速征集到一些书籍和费用。为了争取到要员的支持,康有为在一些人事问题上做了相应考量,比如张孝谦乃是军机大臣李鸿藻的门生,故康有为安排张孝谦协助会长陈炽开展工作,而陈炽乃是户部主事。梁启超虽然是康有为最信任的人,但那时的梁启超年方22岁,且是举人出身,康有为不便在会内为其安排重要职务,于是让梁启超在强学会内做了书记员,实际乃该会的主笔。

当时的强学会还建有强学书局,《强学书局章程》在总则中称:"同人设立此局,专主译印中外时务新书,凡中国旧有经世各图籍、中外各国地图、天图、奇物、奇器、新法、新事,有关文治武备、国计民生者,均在讲求之列。由同人公酌刊布,流传四方,以广见闻而开风气。其各国各项章程、古今律例、条约公法之类,逐件译刊华文,嗣后财力充足,□将新式铁舰轮车、水雷火器、兵农工商各种新器式样及各种电学、化学、光学、重学、地学、医学诸图书器具分门别类拟皆购备一分,俾资考证,如西国藏书楼、博物院之例。"

对于这种设想,徐世昌在其自编年谱中也有记载。关于书局开办之事,贺培新为徐世昌所作的《水竹村人年谱》中有如下记载:

> 闰五月,回京,移居松筠庵,旋又至定兴省亲,看书作字,外兼习射。八月与袁慰廷、康长素诸君在嵩云草堂议开书局。闻母疾,亟归定兴料理医药,渐以痊健。九月回京,与张巽之、于晦若、文芸阁、梁卓如、汪伯唐、沈子培、英人李提摩太、美人李佳白、毕德格议设强学会。

开办书局之事乃是康有为、袁世凯和徐世昌等人在河南会馆进行商议,时间是在光绪二十一年(1895)八月,此后徐世昌到定兴去张罗为母亲治病之事,九月返回北京时,与一些人商议建强学会。如此说来,提议开办书局要比强学会的开办早一个月,故而有的学者认为强学书局就是强学会。但是康有为在光绪二十二年(1896)二月所作《论强学会事》一文称:"强学会之创,京朝诸公,欲合天下之力,通上下之气,讲维新之治。自七月创办以来,朝士云集,军机、总署、御史、翰林各曹来会者至百数,几与外国议院等。"丁文江、赵丰田所编《梁启超年谱长编》中亦载有梁启超所言:

"其年七月，京师强学会开。发起之者，为南海先生，赞之者为郎中陈炽，郎中沈曾植，编修张孝谦，浙江温处道袁世凯等。余被委为会中书记员。不三月，为言官所劾，会封禁。"

可见强学会成立于七月，要早于强学书局的成立时间。光绪二十一年十一月十二日（1895 年 12 月 27 日），吴樵在给汪康年的信中写道："惟此间会事大非吾辈在鄂时意料所及。中国事大抵如此，不必诧也。初名强学会，后改强学书局，近更名京都官书局，可大噱也。"（《汪康年师友书札》）

按吴樵的说法，强学书局实际就是强学会，只是后来更名而已。对于这两者间的关系，林辉锋的《强学会成立时间考证补——兼谈强学会与强学书局的关系》一文做了详细梳理，其结论乃是强学会后来改称为强学书局，此种说法可由光绪二十二年（1896）七月，《时务报》创刊号上所刊《都城官书局开设缘由》中所言为证："学会、报馆在西国已成习俗，在中国则为创见。是以开办之始，动遭疑阻。去年京师设立强学会于城南之孙公园，为诸京官讲求时务之地，已而改为强学书局，业已购置书器，开刷报章，旋于十二月间由御史杨崇伊奏请封禁。"

余外，还有人说强学会又名译书局，《汪康年师友书札》中收录的光绪二十一年九月二十四日（1895 年 11 月 10 日）的函中有汪大燮所言："京中同人近立有强学会，亦名译书局，下月开局……"想来，其所说的译书局应该就是强学书局。当时李提摩太等几位外国人也常到书局内，《徐世昌日记》中光绪二十一年十一月初三日（1895 年 12 月 18 日）记载："午刻到书局公宴，座有英人李提摩太、美人李佳白、毕德格，日西归。"

另外，强学会还办有名为《中外纪闻》的杂志，此杂志的凡例中称："《纪闻》两日一次，每月十五次。月底取回，装订成册，中西近事略具其中。拟仿《西国近事汇编》之例，不录琐闻，不登告白，不收私函，不刊杂著。"对于该刊的编辑部所在地，凡例中写道："本局在京都宣武门外后孙公园。愿购书者，请至局中挂号，并由各京报房分售。"

《中外纪闻》编辑部位于琉璃厂附近的后孙公园，此处就是强学会所在地，这正如《都城官书局开设缘由》一文中所言。

但是强学会或者说强学书局开办了几个月就被查封了，光绪二十一年十二月初七日（1896 年 1 月 21 日），御史杨崇伊上奏弹劾强学会："近来台馆诸臣，自命留心时事，竟敢呼朋引类，于后孙公园赁屋，创立强学书院，专门贩卖西学书籍，并钞录各馆新闻报，刊印《中外纪闻》，按户销售。计此二宗所入，每月千金以外。犹复藉口公费，函索各省文武大员，以毁誉为要挟。故开办未久，集款已及二万。口谈忠义，心熏利欲，莫此为甚。且目前以毁誉要公费，他日将以公费分毁誉，流弊所极，势必以书院私议于朝廷黜陟之权，树党援而分门户，其端皆基于此。相应请旨严禁，并查明创立之人，分别示惩，以为沽名罔利之戒。"（《军机处录副·光绪朝·内政类·职官项》）

朝廷当天下发谕旨："御史杨崇伊奏，京官创立强学书院，植党营私，请旨严禁……著都察院查明封禁。"

杨崇伊为什么要上奏弹劾强学会呢？相关研究的大多数说法主要指向杨崇伊乃是李鸿章的姻亲，在强学会筹备阶段，本来李鸿章欲提出拿一些银两赞助该会，但强学会的部分会员认为李鸿章在甲午战争中不作为，所以不接受他的赞助。这令李鸿章颇为生气，于是有了杨弹劾之事。吴樵说："杨崇伊者，揣政府之意，迎合李、孙，欲借此以兴大狱，遽以聚党入奏。朝旨并不交查，遽封禁。维时三御史匿迹，馆臣震恐，有泣下者，有欲叩杨门求免者，有欲将书籍、仪器缴还同文馆者，有往合肥献好者，余人纷纷匿遁。"（《汪康年师友书札》）

按照《翁同龢日记》所载，杨崇伊弹劾的当日，入值的军机大臣有恭亲王奕䜣、礼亲王世铎、翁同龢、刚毅等，恰好支持创办强学会的李鸿藻不在京，他与荣禄等人前去考察慈禧太后墓地工程，故而谕旨得以下发。为此，军机大臣李鸿藻颇为不满，之后他与工部尚书孙家鼐、总理衙门大臣张荫桓等经过一系列运作，使得查禁之事又有了转机。汪大燮说："当初七事起，高阳赴陵差未回，常熟嘿不一言，至有此事。次日常熟见人，推之两邸，而为诸人抱屈。阅数日，寿州言事无妨，上已询彼，力言其诬，且谓事实有益，上悔行之不当，而常熟亦欲挽回矣。望日，高阳归，常熟往见，属合力扶持。"（《汪康年师友书札》）

孙家鼐已经向皇帝做了相应解释，皇帝也有些后悔将强学会查封，此时翁同龢也后悔没有阻止此事，故等到李鸿藻回京后他特意前去解释，提出要共同挽回此事。谭嗣同在给欧阳中鹄的信中谈及此事："强学会之禁也，乃合肥姻家杨莘伯御史所劾，知高阳必袒护清流，乘其赴普陀峪始上疏。诸公不知所为，竟允其请，因之贻笑中外，在京西人面肆讥诋，遂至流播于新闻纸。朝廷深悔此举，高阳尤愤，适有胡公度请重开之奏，遂降旨准其重开。"（《谭嗣同全集》）

但是，吴樵在给汪康年的信中又有另外说法："京会闻发难于卓如之文。渠有《学会末议》一篇，甚好，脱稿后曾以示樵，不知局中谁人献好，闻于政府（闻系常熟），遂唆杨崇伊参之，而杨与合肥之子为儿女亲，因此亦可报复。"

吴称杨崇伊的弹劾借口本自梁启超所写《学会末议》一文，强学书局内有吃里扒外之人，将梁文偷偷递给了翁同龢，于是翁唆使杨崇伊上奏弹劾。看来翁同龢没想到事情会搞得这么大，故又有些后悔。

谭嗣同认为杨崇伊知道李鸿藻会袒护强学会这批人，所以趁李到东陵视察之机，立即上疏弹劾。谭嗣同认为翁等人当时并不知道杨崇伊的目的，他的奏章得到皇帝的批准后刊发出来，被中外人讥笑。事后朝廷也很后悔草率行事，尤其李鸿藻很生气，经过其运作，福建道监察御史胡孚宸提出可以建一官书局，把查禁强学会之物转到该书局。胡在光绪二十一年十二月二十二日（1896 年 2 月 5 日）的上奏中称："可否请旨饬下总署、礼部各衙门，悉心筹议官立书局，选刻中西各种图籍，略仿照外省书局之例，详订章程，任人纵观，随时购买，并将总署所购洋报选译印行，以广流通而扩闻见。如虑事难猝举，或径招股集资在海军旧署开办，规制既宏，费用可省，经理既善，流弊自除，庶于国家作育人才、挽回时局之本心，不相刺谬。"

奏折上达当日，即奉旨"交总理各国事务衙门议奏"。同年二月二十四日，总理衙门上奏他们商议的结果。三月四日，皇帝任命孙家鼐为管学大臣，由他来管理官书局。四月三日，孙家鼐上奏他所拟定的办理章程，其前两条涉及了藏书刻书之事：

> 一，藏书籍。拟设藏书院，尊藏列朝圣训、钦定诸书，及各衙门现行则例，各省通志，河漕、盐厘各项政书，并请准其咨取、储存、庋列。其古今经史子集，有关政学术业者，一切购置院中，用备留心时事、讲求学问者，入院借观，恢广学识。
>
> 一，刊书籍。拟设刊书处，译刻各国书籍。举凡律例、公法、商务、农务、制造、测算之学，及武备工程诸书，凡有益于国计民生与交涉事件

者,皆译成中国文字,广为流布。

孙家鼐在筹备官书局期间,拟定了管理官书局的 23 人名单,但梁启超不在此列,后来他应黄遵宪之请,前往上海筹办《时务报》。对于相关细节,艾俊川在《从强学会到〈时务报〉:〈师友绪余〉中的梁启超》一文中,根据历史史料钩沉出当时的一些细节。

从其文中了解到,强学书局成立之初,内部就有很多矛盾,为很快遭到查禁埋下了隐患。当时康有为已前往上海,北京的强学会内部事务主要靠梁启超来张罗,他看到内部乱象,想采取行动来扭转局面,为此在强学会内又建了一个小会,可惜这个小会只比强学会多活了 10 天。

对于这个结果,艾俊川在文中总结说:"强学会在成立之初,就因参与者的广杂、主事者的偏颇,陷入分崩离析、名存实亡的境地。为扭转局面,梁启超撰写《学会末议》、拟定《强学会条规》、发起'小会',使用各种方法试图将强学会拉上正轨,却点燃导火索,导致强学会和强学书局被封禁,自己被逐离场。"

光绪二十二年(1896),刑部侍郎李端棻上奏推广学校,他在奏折中谈到了官书局的重要性,再次提出要建立官书局、译书局、报馆等等,皇帝将该折交总理衙门议奏。两个月后,总理衙门回奏称:"该侍郎所请于京师建设大学堂,系为扩充官书局起见,应请旨饬下管理书局大臣察度情形,妥筹办理。"

可见,京师大学堂之设,最初乃是官书局的附属机构,由此也说明了官书局与京师大学堂一脉相承的递承关系。对于强学会书藏在图书馆史上的作用,王晓敏在《从学会藏书楼看早期图书馆之雏形》一文中总结说:"可以说,早期学会的创立为我国早期图书馆的发展提供了可行的实践基础,它有力地推动了我国早期图书馆的形成,使中国图书馆具有了有别于古代藏书楼的现代形态。"

强学会处在北京的后孙公园胡同,此胡同位于南新华街靠近琉璃厂十字路口一带。琉璃厂一向是爱书人的朝圣之地,这些年来,我不知往往返返在这条街走过多少回。原本琉璃厂附近的小巷内都开有旧书店,公私合营后,这些书店全部并入了中国书店,随着书源的枯竭,中国书店下属门市部大多处在琉璃厂东西两街,附近胡同内的小书肆早已消亡。因此到琉璃厂访书时,我很少再到附近的胡同游荡。细细想来,我去过

后孙公园胡同　　胡同简介上标明此为强学会会址

后孙公园胡同的次数不会超过 10 次。

2021 年 10 月底,北京疫情再起,卫健委提出非必要不离京,出门寻访再次被迫中断。此阶段接到北京泰和嘉成拍卖公司总经理刘禹先生的电话,他说在琉璃厂的清秘阁内举办了沈尹默作品展,命我前去观览。

三年前我在上海找到了沈尹默故居,可惜从里面锁着门,门口告示牌上写明该故居仅每周二上午开放半天,遗憾的是我每次到上海办事均是往返匆匆,没办法恰好赶上开放时段。刘禹先生告诉我,这次展览中的一些展品就是从沈尹默后人那里借展的,有些手稿难得一见。他的这段话迅速勾起了我的看展欲,又马上想起一直想去探访强学会旧址的计划。

第二天一早,北京起了入秋第一场大雾,琉璃厂一带一向停车困难,如果开车前往,恐怕在大雾中难以找到车位,于是我决定先打的直奔后孙公园胡同。因为该胡同并不直接与南新华街相连,故司机停在了大沙土园胡同口。

走入此胡同,看到了琉璃厂地区服务站,这是以往未曾见过的新设施。走到胡同的顶头位置向左转向万源夹道,此胡同与琉璃厂西街相通,但交接处极窄,仅容一人出入。按照介绍牌上所言,这条胡同曾经住过清初著名诗人王渔洋。该胡同的介绍牌中还特地录了一首渔洋山人的诗作。

近些年来,琉璃厂胡同做了一些升级改造,然而我在万源胡同内仅看到一处升级版的四合院,可惜大门紧闭,不知里面结构如何。除此之外,其他的房屋似乎还是几十年前的格局。

万源胡同顶头位置另有一条东西向的胡同,这就是我所寻找的后孙公园胡同。介绍牌上说胡同名本自孙承泽的花园,乾隆年间,此花园称孙公园,光绪时称后孙公园。同治八年(1869),由李鸿章兄弟提议,淮军将领集资购买下孙公园部分房产,将其改为安徽会馆。介绍牌中写到了“戊戌变法期间,这里是维新派重要的活动场所之一,强学会会址”。

后孙公园胡同内最大的单位乃是北京市第四十三中学,学校所占之地实为后孙公园的主体。而今学校大门紧闭,铁栏杆也用板材封闭起来,看不到院内情形。

沿着胡同一路向前走,侧墙上有多个展板,其中之一介绍了孙承泽的收藏故事,还有一块是“安徽会馆大事记”,其中一条提到了康、梁等人在此创办中国近代史上第一张维新报纸——《万国公报》。另外还有安徽

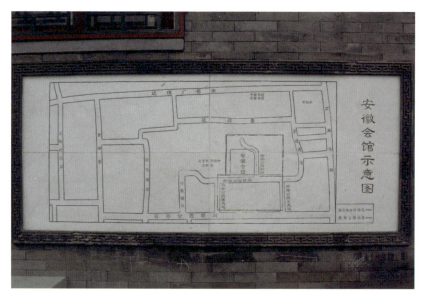

当年强学会就在后孙公园胡同　　安徽会馆示意图

会馆简介及示意图。

走到胡同中段，有一条窄窄的小街，在这里的侧墙上看到一些京剧脸谱及京剧名家介绍，我在网上查得安徽会馆改为了剧场，想来会馆就在此胡同内。看到一位保洁人员，他告诉我会馆就在胡同的尽头。

前行一百余米，于一小巷内看到了会馆大殿屋顶，但这里的门却上着锁，我只好继续向前探看。拐弯走到胡同的另一侧，看到了会馆大门，然大门在里面上着锁，旁边一位保洁人员问我是不是来接种疫苗，我说没这个打算，只是想拍院内的戏楼。此人告诉我，现在这里临时充做疫苗接种点，只有预约后才能入院。

我掉头又走到后孙公园胡同，想在这一带从外围拍些安徽会馆的建筑，于此找到了会馆的另一个门，此门同样上着锁，门口蹲着两只已经被打残的石狮子，门的侧旁介绍着安徽会馆的故事。旁边有位正在修车的大爷，我问他这个门什么时候能开，他告诉我说近两年很少有人到这里来开门，故我无法看到里面的情形，于是沿着胡同又走到了南新华街。此时浓雾已渐散，跨过天桥，前去寻找清秘阁。我边走边想，来这里最为轻车熟路，等疫情过后，再入安徽会馆院中一探究竟吧。

京师同文馆书阁

中国高校图书馆的源头

京师同文馆书阁乃是中国高校图书馆的源头，徐克谦主编的《网络环境下高校图书馆的建设与服务》一书中明确地称："我国近现代意义上的高校图书馆出现在晚清。从现有文献考证，最早的高校图书馆是1862年晚清政府为培养外语人才创建的京师同文馆书阁。"该文同时引用了光绪十三年（1887）所刊《同文馆题名录》中的所载："同文馆书阁存储洋汉书籍，用资查考。并有学生应用各种功课之书，以备分给各馆，用资查考之用。汉文经籍等书三百本，洋文一千七百本，各种功课之书、汉文算学等书一千本。除课读之书随时分给各馆外，其余任听教习、学生等借阅，注册存记，以免遗失。"

由这段记载可知，京师同文馆书阁既有汉文典籍，也有西洋文本，这些书都是服务于教学，以及用作翻译底本等。故吴晞在《从藏书楼到图书馆》一书中也引用了这段话，然后称："同文馆书阁实际上已具备了近代图书馆的性质。"吴晞还谈到了中国早期具有开放意识的藏书楼——藉书园、共读楼等，他认为这些藏书楼只是旧式藏书在某种程度上的开放，只有到了后来的同文馆藏书阁，才是以西方图书馆为蓝本，以满足全社会或某一特定范围内读者利用文献的需要为目的的新型图书文献机构。他认为："在这些名为藏书楼，实际上已冲破藏书楼的早期图书馆中，影响最大、最具代表性的当属同文馆书阁和强学会书藏。"

任继愈在《中国藏书楼》中也有类似结论："同文馆书阁已经摆脱了旧式'官学藏书'的窠臼，是具备学校图书馆性质的新型藏书楼。"对于同文馆书阁藏书意识的转变，该书的结论是："经过同文馆书阁和强学会书藏的两次实践，建立现代意义的图书馆条件已经基本成熟，于是在20世纪初的10年间，全国范围内的公共图书馆及高等学校图书馆普遍建立起来。"

余外，王一心所著《天堂应该是图书馆模样：走进民国大学图书馆》一书中谈论到京师大学堂成立后，在1902年将京师同文馆书阁藏书汇入其中，成了北京大学图书馆早期藏书的一部分，故其写道："可以说，同文馆书阁、强学会书藏（官书局藏书院）均已具近代大学图书馆和公共图书馆的雏形。如果说京师大学堂藏书楼是较早地具备近代图书馆性质的大学图书馆的话，那么，可视同其前身的同文馆书阁、强学会书藏（官书局藏书院）则可谓奠定了其基础的重要组成部分。换言之，京师大学堂藏书楼的先进性建立在同文馆书阁、强学会书藏（官书局藏书院）的开拓性和创造性之上。"

关于京师同文馆书阁藏书之来源，当时的奏折中有一些记载，《洋务运动》一书引用了同治十一年十月二十三日（1872 年 11 月 23 日）"总理各国事务奕訢等片"的记载：

> 再，本年八月二十六日，据法国使臣热福理函称："法国文学苑今备书籍，以备同文馆肄业泰西文字之用。"并述及"中华喜窥泰西之事理，犹泰西喜窥中国之景物，深冀留纳此书，彼此互读，则友谊日厚。"由该国翻译官德微理亚送交同文馆查收。旋据同文馆总教习丁韪良申陈，现经收得书籍一箱，计一百八十八本，申请查照，等因。
>
> 臣等查同治七年，美国使臣劳文罗期以书籍、谷种备进，当经行查理藩院仿照道光年间颁赏俄罗斯国经卷成案，由臣衙门购买中国书籍、谷种，交美国使臣祗领等情，于八年五月奏明在案。此次法国使臣热福理函送书籍，由该国翻译官德微理亚转交同文馆总教习丁韪良查收，与美国事同一律。臣等检阅法国使臣信函，系以该国书籍呈换中国书籍，意颇恪恭向化，自未便受而不答。臣等当即查照前案，由臣衙门觅备书籍十种，装成一百一十部。又据同文馆总教习丁韪良述及中国圣谕广训，大为外国钦重，曾经翻译洋文等语，兹复添备一部，一并就近交丁韪良发交该使臣领讫，以示酬答。

由此可知，当时的法国翻译官送给同文馆书阁一批书，总计有 188 本之多，同时文中提及其他国家送给中国的一些书也转给书阁来收存，而当时的清政府也回赠了一些书：

> 照录给法国热福理函
>
> 迳复者：前接贵大臣来函，并见赠书籍一箱，由丁总教习交收，藉睹奇编，备征雅意。今本大臣等购备中国书籍，计《康熙字典》六套，《御选唐诗》四套，《钦定词谱》四套，《皇清经解》四十套，《十三经》二十套，《昭明文选》两套，《朱子全书》六套，《古文渊鉴》六套，《渊鉴类函》二十套，《唐宋八家帖》两套，亦就近交丁总教习转致，聊申

报李之意。再据丁总教习云，中国圣谕广训，久为外国钦重，曾经翻译洋文，兹并备一部，统交丁总教习转交，希查明检收是盼。此布即颂日祉。

欲了解此书阁的历史，当然要从同文馆讲起，该馆的成立与恭亲王奕䜣有直接关系。在奕䜣之前，已经有一些有识之士呼吁朝廷对外开放，虽然那些口号及想法在今天看来颇不现实也有些幼稚，但那些人可以被视为睁开眼看世界的启蒙人物。从历史进程的角度来说，那些先行者的作用只是制造了一些舆论氛围，但在社会层面而言，其实影响有限，毕竟当时是皇权社会，没有朝廷的有力支持，那些呼吁只不过就是民间的声音，正因如此，后来奕䜣所主持的对外开放才是中国真正大变革的开始。

为什么奕䜣有如此大的作用呢，这就需要聊到他的出身和经历。奕䜣是道光皇帝的第六个儿子，跟咸丰皇帝是异母兄弟，咸丰帝登基后，遵照道光的嘱咐，封奕䜣为恭亲王，由此可见道光皇帝在生前就对奕䜣颇为看重。从咸丰三年（1853）开始，奕䜣成了军机大臣中的领头人物，同时也是朝廷要员之一，此后随着朝廷中一些大事的发生，他的职位有升有降。咸丰十年（1860），英法联军入侵，咸丰皇帝避难到了热河，临行之时授恭亲王奕䜣为"钦差便宜行事全权大臣"，也就是安排奕䜣负责代表国家跟外国人谈判，这是奕䜣首次接触中外交涉。这种交涉对奕䜣的思想变化有较大影响，他渐渐对中国之外的事物有了较为客观的认识，也就对中国的现状有了客观看待。如果要挖思想根源的话，奕䜣的对外开放观念应当肇始于此。

思想上的变化直接影响了他的行动，咸丰十年（1860）十二月，他跟文祥等人联合上了一道名为《钦差大臣奕䜣等奏通筹洋务全局酌拟章程六条折》的奏章。此道奏章对于近代史颇为重要，因为奏章中第一次提出要成立"总理各国事务衙门"，由此衙门负责办理一切涉外事务。这件事得到了朝廷的批准，但接下来的问题是如何跟外国人进行谈判与接触，因为那时中国没有外语学校，而公、私所办的各种学堂、书院也都没有外语课，奕䜣在跟外国人谈判时，明显感觉到因为语言的障碍而令交涉十分艰难，并且容易产生误会。

关于奕䜣设立同文馆的动机，尚智丛所著《传教士与西学东渐》中认为有两个契机,其一是在咸丰十年(1860)八月:"八国联军攻陷通州,直逼京师,咸丰皇帝逃往热河,恭亲王奕䜣受命议和。其时,英国参赞巴夏礼已先期被俘,奕䜣命他致书联军统帅,商议和谈。巴夏礼亲书中文信一封,但旁边却有英文数行。当时朝中竟无人识得这几行英文,不知何意,不敢发信。当时广东商人黄惠廉认得英文,恰好在天津,奕䜣命其速进京。经黄惠廉辨认,这几行英文只不过是巴夏礼的签名和日期。区区'夷字数行',朝中竟无人识,一去一来,耽搁多日,影响战和大局。此事对清廷刺激极深。"

该文谈到的第二个契机,是签订《中英北京条约》和重新认定《中法天津条约》。这两个条约中都规定出了今后英国、法国给中国的外交文件一律用本国文字书写,但西方国家所送来的这些文本究竟有没有对中国不利的条款? 那必须有相应的翻译人员将其变为汉文,才能让朝廷做出决定。如此说来,要想跟外国人打交道,第一个需要解决的问题就是语言,而国内又极少有相关的人员,奕䜣便想到成立总理衙门之后,同时要设立翻译馆,以此来培养翻译人员,于是就有了京师同文馆的设立。

京师同文馆最初培养的只有英文翻译人员,关于这一点,同文馆的总教习丁韪良在《花甲忆记:一位美国传教士眼中的晚清帝国》(以下简称《花甲记忆》)中回忆说:"回顾同文馆的早期历史,最初的建馆动机是因为中英条约的签订,因为条约中有一个条款规定,英方致中国当局的公函在三年之内暂时附送中文译本,以便中国政府能在这段时间内培养出一批合格的翻译人才。按照这个约定,便于1862年开设了一个英文馆,次年又开设了法文馆和俄文馆。"

为什么要先开英文馆? 这其中还有一个历史背景。那就是自从雍正之后,中国关上了对外开放的大门,使得中国人对境外的情况了解极少,朝中的一些大臣根本不知道美国也讲英语,因为在一些奏折上都会提到"传习英、法、美三国文字"。而鲁迅认为,中国人最先学习英语,一是为了商务,二是为了海军。

同文馆的开立并非一帆风顺。在当时中国那固守的环境下,任何新鲜事物几乎都会受到反对,所以奕䜣给皇帝上的那道奏章受到了许多大臣的抵制,这些人的说法有着许多冠冕堂皇的理由,比如"天下之大,不患无才。如以天文、算学必须讲习,博采旁求,必有精其术者。何必夷人? 何必师事夷人"？这是一种自大心态，认为中国有的是人才，用不着跟外国人学习。这种反对针对的是恭亲王提出同文馆除了要设翻译馆之外，同时要增设天文算学馆，他认为外国人能够制造机车、武器，主要是因为他们的物理、化学学得好，中国想要自强必须也学习这些基础知识，然而中国人这方面的人才毕竟太少，所以他提出请外国的学者和专家任教师来培养中国这方面的人才。由此可知，恭亲王奕䜣确实有着开放的思想，这一点跟各种文献中所描绘的权臣形象有较大不同。

还有的大臣对奕䜣的提议做出了这样的反应："朝廷命官必用科甲正途者，为其读孔孟之书，学尧舜之道，明体达用，规模宏远也。何必令其习为机巧，专明制造轮船、洋枪之理乎？"这里提到的"明体达用"乃是宋初胡瑗提出的理学思想，这些人以此来说明，朝廷命官都是读孔孟之书、行尧舜之道，以期达到圣人的标准的人，让这些有理想的人去学习制造轮船和洋枪这些雕虫小技，是有违圣人之理。这些理由尽管迂腐，看起来却是高大上。一个叫朱庭珍的人还写了首诗来讽刺此事："卧榻容酣睡，同文启四夷。九州通海市，万鬼集京师。"这样的冷嘲热讽甚嚣尘上，各种各样的说法流传于社会，有的人甚至将当年的久旱不雨都归罪于同文馆的设立。这场风波闹得很大，在翁同龢的日记中多有记载，而恭亲王却能够顶住压力，与这些人坚持论战，终于使得对外开放的关键一步得以实施。

恭亲王奕䜣何以能在这种氛围下顶住压力坚持自己的主张？其中一个重要的原因就是他得到了两宫太后的支持。中国的历史，尤其是近代史特别喜欢将一些人物脸谱化，不是好人就是坏蛋，似乎这个社会就用这种两分法划分出了两个阵营，而真实的历史远比"非黑即白"要复杂得多。那么两宫太后又为什么要支持奕䜣设立同文馆呢，这又涉及另一段重要的历史。

前面提到洋人打入北京时，咸丰皇帝躲到了热河避暑山庄，于咸丰十一年七月十七日（1861 年 8 月 22 日）驾崩于热河行宫，随后就是祺祥元年（1862）。因为皇帝年幼，故肃顺等八位成了顾命大臣，此期间的权力斗争极其激烈，两宫太后正是在奕䜣的支持下发动"祺祥政变"，最终将年号"祺祥"改为了"同治"，由于这场政变发生在辛酉年，因此后世也称为"辛酉政变"。此后两宫垂帘听政，使得中国的政治格局发生了巨变，奕䜣被授予"议政王"称号，由他管理军机处，余外他还有着许多的特权，比如可以得到双份俸禄,以及被皇帝和两宫召见时不用叩拜等等,此时的奕䜣集内政与外交大权于一身,成了晚清最有实力的人物。

然而行事多,被人指责也会越多,因此后世对于他有着许多的负面评价,却少有人会讲述到他动用特权,使得中国的封建王朝首次有了专门的对外办事机构,同时成立了第一家国办的外语教学及科学机构。如果没有这样一位权力高度集中的人物,而他又能坚定地顶住压力实施对外开放的措施,那么中国后来的一系列变化将不知走向何方。虽然说历史不能假如,但总要肯定一些人在历史的关键时刻所做出的正确决定。

同文馆就这样建立了起来,并且附属于总理衙门,那时的总理衙门就设在了北京的东堂子胡同,而这条胡同至今仍然是这个名称。为什么要把同文馆跟总理衙门安排在一起呢,奕䜣说过这样一句话——"免致在外滋事",看来他还是担心社会的顽固势力找茬儿,于是将其安置在政府的办事机构内,外人难以接触,也就少了一些麻烦。关于新建起来的同文馆,总教习丁韪良在《花甲忆记》中有详细的描述:

> 1866 年,因新聘教习的到来,同文馆新建了一批房屋,此后又陆续增建了一些。它们全都是平房,按照北京标准的式样建造,地上铺着方砖,屋内外装饰很少。每一座主建筑前都有一个用砖石铺砌而成的院子,两侧是较矮小的厢房。全馆共有七处这样的四合院,此外还有两排低矮的房屋。这些房屋跟四合院中的厢房便被用作住馆学生和三四十名馆役的寝室。那些房屋整体看起来就像是一个军营,或一个集中营。

能够感受到,丁韪良的这段描述虽然详尽,对这里却没什么好感,因为他觉得这里像个集中营,等于是关犯人的地方。他的这种感受可能跟过往的经历有一些关系。丁韪良原本是美国基督教长老会的传教士,几次来到中国,并且在中国生活了许多年,对中国事务颇有了解。在英国公使威妥玛的推荐下,他前来任同文馆的总教习,据说当时给他开了很高的薪水,他看在这份高薪的份上来此工作。但是,他仅在此工作了几个月就向总理衙门提出了辞职,这个举措令到同文馆的其他大臣们颇为不解。当时在此馆的董恂曾经问过他什么要辞职,是否嫌薪水低,丁韪良很诚实,他说自己在这里的付出跟所得相比,其实薪水已经很高了。这让董恂更奇怪于他为什么要辞职?丁的解释是:"坦率地说,照管十几个只学英语的男孩子,对我来说太没出息了,我觉得自己是在虚度光阴。"同文馆刚成立时,前来学习的人还很少,心中颇有抱负的丁韪良认为自己这是大材小用,觉得自己来这里工作就像一位建筑师被人聘作了泥瓦匠,因此提出辞职。但在众人的挽留下,他还是留了下来。

丁韪良能够受到朝中大臣看重的原因,是因为他既能说英语,又能说汉语。赫德曾在日记中说:"今天我的老师批评了这里各个英国人的汉语,他认为丁韪良是最好的——无论是说官话还是说土话都行。"看来在外国人眼里,丁韪良汉语特别的好,但在中国人这边,却不并这么认为。同治三年(1864),他将《万国公法》翻译出来后,很快被大臣送进了朝廷,因为那时正需要通过这样的书来了解西方的法律,然而丁韪良的翻译却让大臣们觉得"字句驳杂,非面为讲解,不能明晰",看来在翻译上做到信达雅还真不是件容易的事。

但是在当时,除了这位丁韪良,也很难找到更合适的人选,于是在同治八年十月二十三日(1869年11月26日),丁韪良走马上任,成了同文馆的总教习,在当天的仪式上,还来了不少的朝中大臣,连恭亲王也亲自到场,对此表示了热烈的祝贺,还当场给丁韪良起了个别号,名叫"冠西",只是今人已经无法知道当时奕䜣取此别号的含义,是指丁韪良学"冠"中西,还是指他是西方来华的洋人中水平最高者,无论是哪种解释,这个别号都可以视为奕䜣对他无上的赞誉。

同文馆建立后,有多位外国人来此任教,其中一位是赫德为同文馆聘来的天文学教习——德国人方根拔。此人思想颇为奇特,他一直想推翻牛顿的万有引力理论,为此时常跟他人争论不休。方根拔来北京时带着大量书籍,遗憾的是遇到洪水,这批书被冲走了。丁韪良在《花甲忆记》中有详细记载:"有一个夏日,他在前往北京西山的路上遭遇暴雨,他满载书籍的车子被突发的洪水冲走。当洪水退去之后,沿途好几英里的路边都可以见到他散落的书籍和手稿。当我前去安慰时,他痛心疾首地说:'唉,那可恨的雨水!它毁掉了我二十年的心血,而让牛顿的统治又可以延长好几个世纪。'"

方根拔是位泛神论者,为此他看不起一些传教士,他甚至觉得应当由自己来任总教习一职,这种想法令丁韪良很不满,但是丁也承认方根拔是位思维敏捷的人。尽管方根拔有不少的奇思妙想,但少有人来选修由他执教的天文学,于是赫德让他改教数学,方根拔对此大为不满。由此可以看出,当年同文馆聘请的教员有着各式各样的人物,他们不同的思维方式给同文馆学员以很大的启迪。

京师同文馆正式开立以后,这里的学生们除了学习相关的知识,同时还要进行一项工作,那就是翻译,他们除了帮着朝廷义务地翻译一些西方来的文本,还要翻译一些西方著作,这种现学现卖的操作,自然使得他们的翻译作品水准不高,梁启超就对京师同文馆所翻译的文章表达了不满:"中国旧译,惟同文馆本,多法家言,丁韪良盖治此学也。然彼时笔受者,皆馆中新学诸生,未受专门,不能深知其意,故义多暗晦。即如《法国律例》一书,欧洲亦以为善本,而馆译之本,往往不能达其意,且常有一字一句之颠倒漏略,至与原文相反者。"但即便如此,同文馆还是翻译出了三十多种书。

京师同文馆有着自己的印书处。毕乃德在《同文馆考》一文中认为,印书处成立于同治十二年(1873),但丁韪良在《同文馆记》中则说印书处成立于1876年,也就是光绪二年。虽然印书处成立于哪一年无法确定,但可以确知的是,同文馆出版的第一部书就是丁韪良翻译的《万国公法》,并且是采用中国传统的雕版印刷。不久,同文馆花了两千多大洋,从英华书院买了大小两套铅字,而印书处得到这些铅字后,一度名叫"西法印书局",同时也叫"同文馆印刷所"。再后来,印书处又得到了一批中文铅字,而这批中文铅字是姜别利赠送给丁韪良的。

关于这批铅字的来由,值得多说几句。咸丰八年(1858),丁韪良在宁波传教,他一度担任华花圣经书房的经理,正是在这一年,美国长老会派来印刷专家姜别利前往宁波的华花圣经书房开发印刷业务。当时的姜别利虽然年仅28岁,却发明出了电镀字模,在此之前制作字模都是需要人工雕刻,刻制金属当然要比刻制木材难得多,所以他的发明大大地便利了字模的制作。姜别利制作出了七种不同的汉字字模,后来这种字有了专用的名称——美华字。同治二年(1863),丁韪良前往北京时,姜别利就送给了他一批铸造出的美华字。

丁韪良将这批字带到北京之后送给了大学士文祥,同文馆所出之书大

= （美）戴集著《地理略说》，美华书馆排印本（"美华字"由姜别利发明），书牌

= （美）丁韪良著《测算举隅》，同文馆排印本，书牌

= （美）丁韪良著《水学》，同文馆排印本，书牌

= （美）丁韪良著《力学》，同文馆排印本，书牌

多就是用这套美华字印出来的。当时同文馆印书处总计有四套活字和七台手摇印刷机,在此之前,紫禁城内的武英殿刻书处被焚,因此同文馆印书处在某种程度上就替代了武英殿刻书处,成了政府刻书机构,用丁韪良的话说就是"(同文馆印书处的设立)已代替武英殿的皇家印刷所"。由此可见,京师同文馆的印书处曾经一度在中国印刷史上有着特别的地位。

京师同文馆处在北京东堂子胡同西段,我很早就想到此一访,但这里的交通是个大问题。东堂子胡同处在市中心的繁华区,尤其是这条胡同的西口正是北京,不,应该说是中国最火的医院之一——协和医院,这里的交通环境几十年如一日的混乱,我每次到协和医院,不论是看病还是看人,都极头疼如何停车。因此尽管去东堂子胡同看一看的心思起了无数回,但每次都知难而退。但是这次,上海的朱旗先生来京公干,办完事后找我聊天,约的地点就在东堂子胡同附近,这让我觉得择日不如撞日,于是跟他见面之后,独自步行来到了这条著名的胡同,访一访京师同文馆旧址。

这一天是 2016 年 1 月 10 日,不知什么原因,今天的胡同口有多位警察巡逻,他们看我举着相机东拍西拍,都用警惕的眼神盯着我,这让我大感不自在。这个不自在不是因为做贼心虚,而是担心自己举相机的姿态不优雅。刚刚进入胡同不远就看到了立在人行道上的文保牌,这么容易就找到了目标,反倒让我觉得有些不过瘾,走近一看,原来是蔡元培故居,这里也是爱国主义教育基地。蔡元培当然也是一位大人物,可惜他不是藏书家,于是我继续前行。

今日是雾霾的间歇期,因为老天可怜北京人,所以刮来了真正的北风,然而这个北风却让我变得缩头缩脑,端着相机的手也冻得渐渐没有了知觉。在此之前,我在网上搜过同文馆的图片,看到的几乎都是一个圆拱形的雕花门,拱门上雕饰的西番莲花饰颇具西方意味,我就本着这个印象沿着东堂子胡同向东一路前行。在胡同的 59 号看到了人民美术出版社招待所的招牌,这让我觉得自己的寻找目标变为了人民美术出版社。

继续向前走,在胡同的中段左侧灰墙上看到了嵌着的文保牌,上面写着"总理各国事务衙门建筑遗存",再观察这个铭牌的左右,却未曾看到网上见过的那道拱门,而在此时我突然看到了这面墙上挂着大大的"禁止拍照"的标志,有个侧门上还写着"公安部人民来访接待室",看来这里变成了上访办,所以才有了禁止拍照的禁令。

尽管上访跟我的寻访古迹没什么冲突，但警察并不知晓，因为我看到前方有一辆警车停下，两位警察向我走来，潜意识告诉自己：问题来了。我觉得与其等着，不如主动出击，于是我掉转头迎着警察走了过去，没等他张口，我抢先问他，为什么这里跟我在网上看到的照片不同？我的问话显然让两位警察没有预料到，他们愣了一下，于是我接着说，这里的建筑极其有名，网上有各种照片，我就是根据那些照片找到了这里，但照片上的精美跟我当下眼前所见，反差实在太大。其中一位警察听明白了我的意思，他大声地告诉我，这里早就封起来了，并且大部分已经拆掉了，现在就剩了这么一小块儿。我紧追不舍地问他，如何能拍到里面的古建筑？他们很干脆地说，那不可能。说完后，两人瞥了我几眼，在寒风的护送下，他们又回到了车内。

虽然误会得以消除，但我对自己的寻访结果感到不满意，于是沿着胡同继续东行，希望能找到其他的遗存。一路走下去，又在这条街上看到了"中国书刊发行业协会"的招牌，看来这条胡同跟出版有着密切的关联。快走到东口的位置，又看到了"北京二十四中"，这可是北京著名的外国语学校。东堂子胡同可以说是中国人学外语的根据地，这个外语学校一定跟当年的同文馆有些关联。来到胡同口，我又看到了一个文保牌，走上前细看，原来仅是这个胡同的近代建筑，而没有明确的指向。这个结果让我略感失望，于是原道回返，在胡同的另一侧留意着细节。

我又走回到了总理衙门的文保牌旁，刚才来的时候有两位游客站在牌下观看，此刻返回时，他们已经离开，这让我可以仔细端详文保牌旁边的说明牌。细看上面的文字，果真写着"同治年间，在院内东部设同文馆，挑选八旗子弟学习外语充当翻译，这是中国第一所外语学校"……这段介绍正确无误，可惜没有讲到这里的刻书与印书，而我也只能站在马路对面尽量地探头向内张望，看到院内的古建筑依然完好。

好不容易来到这里，却到其门而不能入，这让我心有不甘，于是转到了这处建筑的西侧。西侧有一个生了锈的大铁门，大门上着锁，我用力推开一个缝隙，看到里面是一处废地。一只猫可能是听到了声音，蹿上房顶警惕地望着我，我看到它那肥硕的身体，知道它在生活上的衣食无忧，这么说来，里面一定是个好去处。大铁门是进不去，然而铁门的西侧却是一处小区，我走进小区之内，希望能找到突破口。从小区的南侧穿入，一直走到了北门也无法望见东侧的情形。北边的大铁门上着锁,望了望旁边的收发室,里面没有人影,于是我大胆地拨开铁门,穿到了另一条胡同内。远远望去,胡同的中段有一座高大的仿古建筑,我怀疑那是同文馆的后门,于是沿此前行,走到了此处大门口。

这处大门的两侧各有一座铜雕,是两位秦代的兵马俑在打太极拳。在入口处收发室内有两位保安,我向他们询问,这里是不是总理衙门的北门?他们告诉我并非如此,因为他们听说这一带原本属于总理衙门,只是后来做了改建,如今他们所在的院落已经变成了一个会所。能在市中心建造这样的一个仿古会所,想来不是一般人物,保安对我的话表示赞同。这时我又注意到仿古会所的西侧还有一处真正的古建,保安说,这处古建的拥有者也很不凡,是一位北京大学的教授。我走近细看,这正是那只肥猫出现的院落,院落的侧墙上又新建了一组石雕护栏,护栏上刻着巨大的铜钱,柱头则是十二生肖,这样的结合看上去颇为怪异。

征得保安的同意之后,我进入了会所内部,里面的装修是中西结合,入口处摆着一件铜雕艺术品,而这件作品的形状是打开的一本书,这让我顿时对这处会所有了好感。会所是合围式的庭院,庭院的正中也摆着几个铜雕作品,塑造的是几位站岗多年的兵马俑,可能是因为劳累,于是坐在这里放松,这个创意确实是富有想象力。遗憾的是,我还是没能从这个院落穿进同文馆的院里。

前文说到,当年同文馆所请的老师大都是外国人,但这里面也有一个特例,那就是中国著名的数学家李善兰曾在这里任教。李善兰是我特别崇拜的人物之一,他在上海时有着很多的出格之事,比如他跟着王韬等人时常逛妓院,还因为在妓院中闹事被抓进了警局,但这些烟火事一点都不影响他的光辉形象,因为许多至今尚在使用的新名词都是他的发明,比如"代数""有理数""方程"等等。

更为有意思的是,王韬还将西方的代数符号中国化。李善兰在翻译西方著作时涉及了大量的符号,但是当时中国的文人还不能接受这种全盘西化,于是李善兰找到了一种折中的办法,比如他把阿拉伯数字1、2、3、4改成中国的一、二、三、四,加号和减号则用⊥和丅来表示。对于代数中的26个字母,李善兰也有办法,他就用天干,也就是甲、乙、丙、丁等,再加上地支子、丑、寅、卯等来代替,但天干和地支加起来仅22个,还缺4个,于是李

≡ 同文馆的另一侧　≡ 转到了北侧

善兰把天、地、人、物四个字加进去,以此来对应26个字母。

然而,西方的26个字母又分为大写和小写,这一点怎么处理呢?聪明的李善兰自有办法,在对应大写字母时,他就在自己设定的那26个汉字左边添一个"口"字旁,而积分符号则用"积"字的偏旁"禾"字来表示,微分符号则用"微"字的"彳"字旁来表示,由此而发明出了一套中国的数学公式。这样的叙述,难以立体地看到李善兰究竟创造出了怎样的数学公式,那么我在此举一个小例子,比如:

$$\int abx2dx=ab\int x2dx,$$

用李善兰发明的方法,这个公式就写成了这个样子:

禾甲乙天二彳天=甲乙禾天二彳天。

这算不算当年的火星文呢?应该仁者见仁吧。然而,有趣归有趣,要把它推行开去却很困难。尽管李善兰的主张没有被普遍采用,但他在当时的确引起了世人的关注,洋务派的大臣郭嵩焘把他推举到了京师同文馆,让他在此做天文、算学教习。这对中国人来说是个标志性的事件,杨自强在《学贯中西——李善兰传》中称:"进入京师同文馆后,李善兰被聘任为天文、算学科教习,在同文馆的所有专业教习中,仅李善兰一人是中国人,从这一意义上而言,李善兰实是中国历史上第一位真正意义上的教授。"

李善兰在同文馆里除了教书,同时也整理历史上的数学文献,他特别推崇元代数学家李冶的《测圆海镜》。光绪二年(1876),李善兰就用同文馆的美华字将此书排印了出来。此书由李善兰自己写序,他在序言中有这样的话:"丁君冠西(即丁韪良),欲以聚珍版印古算学,问余何书最佳,余曰莫如《测圆海镜》。丁君曰:'君之学得力此书最多,将以报私淑之师耶?'余曰:'然。'然中华算书实无有胜于此者……"李善兰说丁韪良想用他的铅字印一些数学方面的古代参考书,丁问李,印哪部古书更好?李推荐了《测圆海镜》。丁对李颇为了解,于是对李说,你的数学学问有不少都得自这部书,现在你让我来印这部《测圆海镜》,是不是想以此来报答你的私淑老师?

　　丁韪良的这句话让我读来多少有些揶揄,而李善兰的回答却毫不含糊,他说,正是这样。而后李解释了自己为什么要印这部书,因为他认为中国古代的数学书从质量上讲,没有比这本更好的了。其实丁韪良只是跟李善兰开玩笑,因为他对李也极其看重,丁在《李壬叔先生序》中对李有这样的夸赞:"呜呼! 合中西之各术,绍古圣之心传,使算学后兴于世者,非壬叔吾谁与归?" 仅凭这几句话,就可说明丁韪良的古文水准确实有两下子。

　　这趟寻访虽然不得圆满,但毕竟踏上了当年同文馆曾经使用的土地,也算我跟这些前贤们有了间接的亲近,而让我遗憾的另一件事情,就是自己至今没能得到同文馆排印的这部《测圆海镜》。

北京北堂图书馆

历经劫火的西文珍本

我第一次得知北堂藏书的情况，是某次听到拓晓堂先生说起，因为北堂所藏之书后来全部归了当今的国家图书馆，而拓先生在搬库的时候曾经看到过这些书，当时听他说起这些西文善本质量之高，让我叹羡不已。此后过了几年，他竟然主理了中国第一场西文善本专场拍卖会，那场拍卖会的图录印得十分精美，我看到图录后，马上跑到嘉德公司去看原物。然而看了一大堆，也听拓先生讲了一大堆，就是找不到眼亮的感觉，看来，西洋善本和中文善本之间确实有着巨大的沟壑。当时我问拓先生，他征集来的这 1000 部西洋善本跟当年北堂所藏的那 7000 部相比，质量上有多大的差异？拓先生看了我一眼："你觉得我跟比尔·盖茨有多大差异？"

2004 年，国家举办了第一次"中法文化年"活动，当时有十几位法国研究文献史的专家来我的寒斋看书，其中一位问到我"西什库教堂的藏书结局如何"。西什库教堂，就是我们俗称的"北堂"，因为不太了解西洋善本，我只能简约地告诉他，那批书现在完好地保存在国家图书馆。他又问我，国图是否对这些善本编过提要式的目录？我说没有。他以外国人惯有的认真，让我回答"为什么这么重要的书，既不编详细目录，也不能检索与借阅，还见不到相关的图录和研究文章"这个问题，当时我觉得很惭愧，因为无法回答他这些问题，不是我对此一无所知，而是有些情况确实无法向一个外国人讲清楚。

西什库教堂是北京规模最大的一座天主教堂，始建于康熙年间。康熙三十二年（1693），玄烨因为研究解剖学，不慎感染上了疟疾，这在当时是很严重的病，宫中御医所开药剂无效，太医们都感到束手无策。在京的耶稣会教士张诚和白晋听闻消息后，立即献上金鸡纳霜也就是俗称的奎宁，玄烨服用后马上退烧了，并为之龙颜大悦。在当年的七月四日，皇帝召见了张诚、白晋等神父，赐给张诚一所住宅，还把北京蚕池口的一块地皮赐给了他们，并同意他们在那里兴建教堂，又另赐几万两白银作为兴建教堂的费用。到了康熙四十二年（1703），教堂建成，这就是北堂，因为北堂最初建在了蚕池口，故当时又称蚕池口教堂。北堂建成后，皇帝为其颁赐了"万有真原"匾额，同时赐有楹联及七律一首，楹联的内容是："无始无终，先作形声真主宰；宣仁宣义，聿昭拯济大权衡。"

那个时段，天主教教会内部在对待中国礼仪方面一直有着不同的观点。在北堂建成的转年，也就是康熙四十三年（1704），罗马教皇发布了七条禁令，主要内容是不许中国信仰基督教的人祭孔祭祖，不许用"天"或者"上帝"来称天主，等等。康熙五十四年（1715），克雷芒十一世颁布《自登极之日》通谕，重申中国教徒不能用"上帝""天"等语，不许挂"敬天"匾额，禁止祭孔祭祖，家中有丧事也不得按中国礼仪来操办。

康熙皇帝闻听此事后耐着性子命在华传教士通过各种渠道来确认信息的真伪，罗马教廷了解到中国的态度后，教皇在康熙五十八年（1719）命嘉乐率领使团前往中国来做解释，但教皇强调这些禁令在原则上不可更改。

嘉乐到达北京后，康熙帝先后接见他达13次之多，亲自向他解释儒家礼仪，同时也正告嘉乐，如果教廷执意禁礼，那么传教士也没必要留在中国了。但嘉乐无法改变教皇之令，于是皇帝在翻译之后的教廷禁令上批道：

> 览此告示，只可说得西洋人等小人，如何言得中国之大理。况西洋人等，无一人同（通）汉书者，说言议论，令人可笑者多。今见来臣告示，竟是和尚道士、异端小教相同。彼此乱言者，莫过如此。以后不必西洋人在中国行教，禁止可也，免得多事。

康熙六十一年（1722）皇帝驾崩，第四子胤禛即位。胤禛登基后继续执行父皇的禁教命令，此后的乾隆、嘉庆、道光三朝也基本执行此令，致使位于蚕池口的北堂因长期无外国传教士居住而渐渐废弃。道光七年（1827），北堂被没收入官。对于该堂此后的情况，佟洵主编的《基督教与北京教堂文化》一书中称："后来清政府把北堂卖给一位姓于的官员，清道光十八年（1838年）又下令将教堂拆除。至此，历经135年的北堂完全毁圮。"

道光二十年（1840），鸦片战争后，基督教各派再次进入中国。咸丰六年（1856），英、法两国发动了第二次鸦片战争，此后清政府被迫签署了《天津条约》和《北京条约》。法国侵略军总司令葛罗根据《北京条约》向清政府索要处在北京的东堂、西堂、北堂三处教堂，最终清政府将三处教堂给了教会。同治五年（1866），教会在蚕池口重新修建起

≡ 西什库天主堂入口　≡ 碑亭右侧的圣母山

了北堂,该堂建造得十分壮观,此后天主教北京枢机主教公署就设在北堂。

到了光绪十三年(1887),慈禧太后准备大规模修建西苑,恰好北堂处在扩建的范围内,于是太后让人跟教会商量,将蚕池口这块地皮还给皇宫,皇宫另外再拨一块地皮给教会重建教堂。而后清政府与法国公使签订了《迁堂条款》,这个新址就是现在的西什库。

西什库这个名称源自明朝皇家内务府在此建造的十个库房,每个库房内存有不同的杂物,比如甲字库主要收藏乌梅、藤黄、水银等物,乙字库收藏大臣写奏本的纸,戊字库储藏弓箭、盔甲等,另外还有赃罚库,专门储藏没收入官的财物。因为这十个大库房处在皇宫的西北方向,所以被称为西什库,至今这一带仍然被称为西什库大街。

清军占领北京后,把西什库库房封存了起来,高士奇在《金鳌退食笔记》中说:"西十库在西安门内,向南,旧设掌库太监一员,贴库数员,金书数十员……本朝三十余年,十库封锢不开,尘土堆积。库后古木丛茂,居人鲜少,众鸟翔集,作巢以数万计。上常游幸至此,命内务府清察立档案焉。"

想来那时西什库房内已经没有了贵重物品,故清军将库房封闭了三十多年,库房内积起了厚厚的尘土,院落里也是杂草丛生,有数万只鸟在里面筑巢。某天,康熙皇帝至此,方命内务府把库房打开予以清理,此后那里就成了清宫的库房。

当年扩建西苑的原因,主要是为了让西太后有更大的游玩场地,但是位于蚕池口教堂的钟楼能够看到皇家御苑,故清廷决定把教堂圈进御苑内,这才有了把教堂搬迁到西什库的事。待到西什库建起了新教堂,原本处在蚕池口的北堂就被拆除了,但人们把建在西什库的新教堂依然称为北堂。

新的北堂建成后,建堂者把《迁堂条款》制作成一块碑立在院内,并且建亭保护。此碑正面刻的是上谕,其前半部分为:"光绪十二年十一月初七日奉上谕,李鸿章奏蚕池口教堂与教士定议迁移,并与驻京公使商定互送照会一折,览奏均悉。西安门内蚕池口教堂于康熙年间钦奉谕旨准令起建,迄今百数十年,该教士等仰戴朝廷怙冒深仁,咸知安静守法。上年修理南海等处工程,为慈禧端佑康颐昭豫庄诚皇太后几余颐养之所,西南附近一带地势尚须扩充。该处教堂密迩禁苑,经李鸿章派英人敦约翰前赴罗马商酌,并令税务司德璀琳与教士樊国梁订约迁移,议于西什库南首地方,申画界址,给资改造。"

可见,与教会商谈迁堂之人乃是李鸿章,李鸿章让英人敦约翰前往罗马教廷与教皇商议,由税务司德璀琳与教士樊国梁商议搬迁约定,此事得到了教皇的批准,同时条款商议也很顺利。为此,皇帝对相关人员均有奖赏:"主教达里布诚心报效,教士樊国梁,英人约翰远涉重洋,不辞劳瘁。达里布着赏给二品顶戴,樊国梁着赏给三品顶戴,敦约翰着赏给三等第一宝星。樊国梁、敦约翰并着各再加赏银二千两,由李鸿章发给。税务司德璀琳、领事林椿往来通词,始终奋勉。德璀琳着赏换二品顶戴,林椿着赏给二等第三宝星。"

此碑背面刊刻的是关于此事签署的合约,该合约总计五条,分别谈到了搬迁时限、西什库土地丈量、新建教堂限制高度以及相关的费用等。关于费用,该碑文的最后一段表明:"按此敕建北堂仁慈堂工料等项,实需用至四十五万余金。奉中堂谕令核减,教士等于无可减之中,勉力酌减银十万两,共需库平宝银三十五万两。此系格外报效,伏祈亮察。再北堂所有百鸟堂内禽兽及一切古董物件,钟楼内风琴、喇叭等,樊教士愿请教皇吩示,概行报效,奉送中国国家。"

碑上还有这样一段文字:"大清国皇帝、大罗马大教皇、大法国伯理锡天德圣味增爵会总统费雅德先后批准施行。"可见此次教堂迁移分别经过了清朝皇帝、罗马教皇及圣味增爵会总统费雅德的批准。而在定此合约之后,李鸿章仍然去信与费雅德商讨此事,这封信写于光绪十三年正月十七日(1887年2月9日),该信首先称:"圣味增爵会总统阁下,上年十月间,教士樊国梁赍到贵总统九月十五日来函,因我国家欲展拓官址,需用北堂地方,教皇既经允诺,贵教会总统亦按照樊教士所禀,全行遵照移让,具见贵总统公正和平,深明大义,感激图报之真诚。本大臣闻之极为钦佩。当经照录来文,据情转奏。仰蒙我大皇帝谕旨褒嘉,谓贵总统情词尤为肫恳,中外臣民皆无不额手称颂。"

李鸿章说了一通客套话后,谈到了北堂搬迁问题的一些细节已经与德璀琳、樊国梁签订了五条合同。另外,李鸿章在信中又谈到了其他一些细节,其中前两条关涉到新堂问题:"一、西什库街南头小庙一座,据京内官员查勘,无碍车辆出进之路,将来如果碍事,亦可商量设法挪移。二、修建新堂购买木料可由本大臣核发护照,免税放行。"

由此可见,李鸿章对办理此事颇为用心,甚至一些细节都考虑进去了,想来他在建新堂的过程中也会提供相应的便利,故仅用了两年的时间,西什库新堂就建成了。这座新堂建造得颇为壮观,《燕京开教略》中对此有许多细节描写:"其堂之格局,堂内空地总长二十五丈四尺有余,正圣台前后左右计宽十丈。进堂时,必经三排铁栅而入,铁栅正中据有铁门,系巴黎巧匠所制。堂之正门,建于高四尺五寸的青石平台上,台三面皆有汉白玉栏杆绕护,台的正中及左右,有台阶三起。楼正面有长一丈二尺、宽四尺八寸的汉白玉一方,镌刻着耶稣善牧圣像。大堂正面两旁,有中国式黄亭各一座,内藏皇帝圣谕石碑各一块。堂之首层,其墙砖每块俱重六七十斤。堂中明柱三十六楹,柱基石皆为汉白玉,柱顶俱镂菘菜叶形,玲珑可观,每柱计高四丈九尺,皆为美国运来的桧木。堂之正身,有双尖洞牖十二扇,高约三丈,蔽以五色烧花玻璃,灿烂夺目,系巴黎所产。"

西什库教堂的院落内有两座碑亭。左侧就是前面提到的《迁堂条款》碑。右侧碑亭所立之碑乃是《迁建天主堂碑记》,该碑一面是汉字,另一面为满文,碑记中谈到了北堂搬迁的原因:"光绪十一年,适几省亢旱,民多艰食,皇上乃以工代赈,修理南海等处,为慈禧端佑康颐昭豫庄诚皇太后几余颐养之所。西南附近一带,地势尚须拓展,而教堂密迩禁苑,不得不筹度迁移。乃命太傅、大学士、直隶总督、北洋大臣李派员相商,拟在西什库南首地方申画界址,赐币改建。教士等久沐恩膏,情殷报效,而事难擅专。因遣教士樊国梁远涉重洋,分诣罗马、巴黎请命教皇法廷并圣味增爵会总统,均蒙喻允。乃商订合同五端,由李傅相奏明。奉旨着照所议办理,发给帑金,克期经始,准署敕建。"

该碑的落款为"圣味增爵会教士恭记",时间为"大清光绪十四年孟月"。该会教士颇为感谢皇帝换给他们这块地,于是在记中赞颂道:"大皇帝法祖孝亲仁民而兼柔远,一举而四善备美,千秋万世,炳若日星。所谓以孝治天下者,孰逾于斯哉。"

西什库教堂在中国人的记忆中,并不是因为里面藏有那么多的善本而著名,更多的原因还是那场"庚子之乱"。八国联军打入北京,是中国人妇孺皆知的事情,但他们为什么要联合起来打入北京,似乎少有资料提到这一层,而义和团的"庚子之乱"也跟西什库教堂有着较大关系。1900年夏天，义和团运动从河北迅速向天津和北京蔓延，这场运动的主要目的之一是打击侵略者。当时北京城内有四座教堂，其中西什库教堂为这一带的总堂。主教樊国梁跟法国公使毕盛说，他感觉到这场动乱肯定会波及北京的教堂，所以想让毕盛派兵来保卫北京的四座教堂。但毕盛只有人数不多的警卫队，四座教堂，樊觉得根本保护不来，于是提议将四座教堂的人员都集中到最大的北堂，然后集中兵力保护北堂。

随即毕盛就派来了自己的卫队，关于法国卫队的人数，有的资料说是30人，也有的说是33人，显然，这点儿人太少，于是他们又找来了意大利的10名海军陆战队队员，再加上法国卫队的队长亨利少尉，满打满算，保卫教堂的士兵也就40余人，他们手中的武器也很有限，有资料称"快枪40支，各式洋枪七八支，刀数柄"，他们面对的义和团却有10万之众，当然也有的资料说是8万多人。这场斗争两个多月后才结束。

义和团最初的进攻方式很奇特。6月15日，他们第一次攻打教堂时，主教樊国梁在日记里有这样的记述：七点钟，堂东、西、南三面皆被义和团所围。七点三刻，义和团自南来，为首者乃一喇嘛，乘马，后有极大之旗。其衣为红色，先在堂前甬路上烧香叩头，即蜂拥前进。至距堂约二百米时，堂门前法兵开枪射杀义和团四十七人，后面的团众随之逃跑。堂中人即出，得花枪一枝，刀五柄。义和团既退。

原来这些义和团的人把京剧里看到的古代人物演绎成了现实版：手里拿着花枪，背后插着彩旗。我曾在某份资料上看到，当时义和团的首领，官阶越大，背后插的彩旗数量就越多。再后来，义和团就开始挖地道，往里面埋炸药，准备把教堂炸掉。但教堂内也有3000多教民，这些人就在教堂围墙内挖壕沟，让地道无法穿到教堂下面。接下来义和团的人就在教堂四围到处放火，但最终也没有攻入教堂。

当时西什库教堂的面积很大，由仅仅40余位士兵来守卫，其实是杯水车薪，然而，清军和义和团无数次的进攻，就是无法突破。对于这一点，义和团的解释是教堂里面用了很多的女人，而义和团的人都要练武功，练武功又最怕接近女人，所以他们的说法是，那些进攻时被打死的义和团人员在战斗前肯定找女人了。仲芳氏在《庚子记事》中有这样一段记载："义和团每日换班攻打西什库，仅将四围群房烧拆数十间，大楼毫无伤损……团民云：此处与别处教堂不同，堂内墙壁，俱用人皮粘贴，人血涂抹，又有

无数妇人赤身露体,手持秽物站于墙头,又以孕妇剖腹钉于楼上,故团民请神上体,行至楼前,被邪秽所冲,神既下法,不能前进,是以难以焚烧。" 陈恒庆的《清季野闻》中还有如下的 "野文" ："义和拳挟煤油、柴草,从外诵咒以焚其室,迄不能然（燃）……谓教士以女血涂其屋瓦,并取女血盛以盆,埋之地下,作镇物,故咒不能灵。"

关于西什库教堂为什么没能攻破,吴永在《庚子西狩丛谈》中记载了慈禧太后对他说的一段话 ："依我想起来,还算是有主意的,我本来是执定不同洋人破脸的,中间一段时间,因洋人欺负太狠了,也不免有些动气。但虽是没挡阻他们,始终总没有叫他们十分尽意的胡闹,火气一过,我也就回转头来,处处都留着余地,我若是真正由他们尽意的闹,难道一个使馆,有打不下来的道理。"

为此,佟洵在《基督教与北京教堂文化》中写道 ："在这场席卷整个华北地区的反洋教运动中,清朝政府表面上支持义和团的斗争,发给义和团口粮和军火等物资,但暗中却指使部下属员寻找借口制造事端、设置种种障碍,来破坏义和团对教堂的进攻。在紧要关头,又下令停止对义和团的供给,扣押义和团急需的大炮、军火及粮食等物资,想借洋人之手剿杀义和团。为了消灭义和团,清朝政府从斗争的一开始就与洋人暗中往来。在义和团团民攻打北堂的时候,清朝政府最高的统治者慈禧太后暗中派人偷偷地给北堂送菜、送粮、送冰块,还送去弹药。"

张鸣先生也写过一篇《西什库教堂与义和团的热月围攻》,此文的结尾是 ："西什库教堂的存在,是一个象征,一个愚昧和迷信不能救国的警讯。一个多世纪过去了,如果这样的警讯还是不能唤醒某些人,那么,中国人这一百多年真的就白过了。"

有那么几年,我的工作地点离西什库教堂很近,几乎每天上班都会从教堂门前的那条小路经过,虽然有几次想进内一看,但不知为何,每当有这个想法的时候,又很快自我打消。后来离开了这个工作地点,就很少再走到这一带。

2015 年 7 月 24 日,我为了写北堂的藏书又专门来到了这里。眼前所见却是大门紧闭,旁边的停车场收费员告诉我,如果不是周六、周日,教堂上午 11:30 闭馆。而我来的时候,刚刚过了 13 分钟,看来,"13" 果真在这里不是个吉利数。于是我请问开门的时间,得到的结果是下午两点。还有两个多小时的时间，真不容易打发，我于是想到了董光和先生，他的办公室就在距此很近的国家图书馆院内。给董总打电话，他竟然在外面办事，于是我重新开上车，拐上府右街，穿过长安街，来到了琉璃厂中国书店，在这里浏览新出的目录版本学工具书。遗憾的是，两个月没来，仍然没有上架新的相关著作。没办法，再掉头回驶，这时突然觉得平时令自己厌恶至极的堵车，此时也显现了可爱的一面。但无论开得怎样慢，再次来到北堂大门口时，离开门还有一个小时，想了想，于是跑到一家刀削面馆，进内点了几个凉菜，坐在那里磨蹭时间。

终于等到了下午两点，我进入了北堂。可能不是礼拜时间，进入教堂院内的人只有稀稀拉拉的几位。这是我第一次近距离看到这个教堂，教堂左右两边的琉璃瓦碑亭是传统的中国式建筑，这跟后方高大挺拔的西式教堂混搭在一起，让人想起"魔幻现实主义"这个名词。教堂和碑亭处在台座之上，这也同样是中国建筑的风格。台座的左前方有一座圣母山，看得出是新近修建而成，教堂两侧的排水口也是中国宫殿式的石雕龙头。在我访过的其他教堂建筑中，还从未见到如此混搭的方式。我从资料上知道北堂图书馆在院内的另一处建筑里，于是就想走到教堂后面去寻找，刚走了一半的位置，就看到了游人止步的告示牌，只好退了出来，转身进入教堂内，准备去问个究竟。

教堂里面果真高大宽敞，一位工作人员看我拎着相机走了进来，立即跟我说，教堂内拍照必须经过办公室的同意。他告诉我，办公室就在院门口的位置。于是我又退回了大门口，在门口遇到一位 20 岁上下的年轻人，我向他请教图书馆的位置，他带着我去见主任。在一间画室兼会议室里，我见到了主任。这位主任也很年轻，感觉 30 岁上下，我向他请教图书馆在哪里，他说那个旧址早已不存在。我不死心地继续问他，即使不存在了，能否告诉我原址在哪里。他犹豫了一下说，这里的情况太复杂，然后指着教堂院外的一片建筑说，那里原本是原教堂的地皮，今天都被不同的单位占用了。我顺着他手指的地方看过去，看到了墙外一排排宿舍楼的侧脊。

我从资料上查得，道光年间，原来的北堂被没收和拆除时，里面的藏书由传教士转移到了法国会士的墓地，七年之后，这批书被法国遣使会使莫里（中文名孟振生）偶然发现，随后这些书就归了南堂，后来北京教区的主管皮尔（中文名毕学源）去世前把这批书交给了俄国东正教团，再后来，俄国东正教团又把书还给了莫里，此后这批书就到了北堂。

关于这一段历史，法国的惠泽霖（Hubert Verhaeren）曾经写过一篇《北堂图书馆的历史变迁》，文中有这样一段详细的描述："这场爆发于1785—1826年间的长达40年的教案，使中国京师与内地的所有传教设施都消失了。正是在这场风暴中，传教士们的那些大大小小的图书馆也都如同沉船一般地抛在岸边。它们现在又被汇聚于南堂，最后一名欧洲传教士还在那里生活了12年。这就是北京教区的司教代理（毕学源主教）。这位老主教在逝世之前，将所有这些图书都委托给了俄罗斯传教区。经过1860年的英法联军远征之后，俄罗斯传教区又将这批图书转交到了被任命为北京首任宗座代牧的孟振生（Mouly）主教手中。这批图书又随着孟振生而又进入了原北堂传教区。从这一天起，它们被重新汇集之后，便取名为'北堂图书馆'。"

惠泽霖这段话讲述了北堂图书馆的来由。而庚子之乱时，这批书为什么没有被损毁，也是我曾经百思不得其解的事。后来我读到了惠泽霖写的另一篇回忆文章，才了解到其中的原因。光绪十三年（1887）时，北堂在院内的西北角建起了图书馆，这座图书馆是一个独立的建筑，处在围墙之下，在义和团围攻期间，教徒们把面向西的窗户全部封堵了起来，并且沿着城墙挖了一条深沟，以防止义和团挖地道在里边埋地雷。这些措施果真奏效，经过了两个多月炮轰，北堂图书馆毫发无损，确实是个奇迹。

惠泽霖曾经担任过北堂图书馆馆长。当时燕京大学校长司徒雷登通过关系筹来一笔钱，这笔钱的用途就是编写《北堂藏书目录》。1944年，惠泽霖先编出了《北堂藏书》的法文部分，之后又陆续编写出了其他分册。1949年，编目工作全部完成，由教会出版社正式发行《北堂书目》，由此才让世人了解到北堂藏书的真正价值。

惠泽霖说，北堂图书馆藏书的历史可以追溯到明代利玛窦到达北京的时候，因为他当时曾带了一批书来到中国，而北堂藏书中最重要的一部分，则是金尼阁带来的。金尼阁是法国人，1594年加入耶稣会，1611年来华传教，两年后返回欧洲，去向耶稣会会长报告中国传教情况。在欧洲期间，他开始广泛募捐书籍，总计得到了7000部书，这批书的最大特点

≡ 楼体侧方的"龙头"散水口跟故宫的制式很相像
≡ 我觉得北堂图书馆旧址应当由此往后走,可惜标明了"游客止步"

是装潢精美，因为金尼阁在再次来到中国之前，把教皇赠送给他的千元金币，以及修会会长维特莱希捐赠的一些款项，总计加起来大约2000金币，全部用在了书籍的装帧上，而他请到的是法国里昂著名书装大师荷瑞斯·戈登，戈登把这批书的封面全部换成了羊皮，同时将书名烫金，加上各种纹饰，而教皇赠送的那批书上，还钤盖着教皇特有的印章标志，这部分书的封面全部换成了红色，书口则涂为蓝灰色。这些经过精心设计后的西书在当时就已经成了艺术品，更何况又留存了这么多年，其意义自不待言。

金尼阁的这批藏书还有一个特点，那就是一些书中有着赠书人写给金尼阁的题记，这对研究金尼阁在欧洲募捐书的过程有着重要价值。金尼阁带着这批书再次来到中国，他先是把这7000部图书存放在了澳门，后来分批运到北京，成了北堂藏书的一部分。当时，金尼阁是在1613年从澳门启程前往罗马，到1620年7月回到澳门，这一趟往返，每一程都耗时一年多，再加上他在罗马的募捐活动，总计费时七年，这些珍本才来到中国。1628年，金尼阁长眠在了中国。一位西方人为了给中国带来珍贵的典籍，真可谓千辛万苦，想到这一层，我对他的敬仰之情又增加了三分。

对于北堂的这批书，我曾在一篇文章中看到有如下描述："计共藏西文书15000册，最早之书系1494年出版，其他大部分亦皆十六、十七世纪出版者。至于明末清初耶稣会著名学者所译科学或宗教名著之原文本，若利玛窦之几何原本及汤若望、南怀仁等所译天文等书原文，皆储藏其间，且有手抄本若干种，皆保留至今。中文书共八万册，其间宋版书及抄本亦复不少。当时出版之神学、哲学书籍，所藏尤多。"而整理这批书的惠泽霖，曾在《北堂书目》中写下了这样一段话：

> 北平北堂图书馆为远东著名图书馆之一，藏有三百余年来中国天主教士所曾利用之各种书籍。凡教士所介绍之西方科学及有关宗教之书籍之底本，大多尚获保存至今，实为研究东西文化交流史及中国基督教史之宝库。

1958年，在"献堂献庙"运动中，西什库教堂上缴给了政府，教堂图书馆的藏书被移交给了北京图书馆（今国家图书馆），西什库教堂藏书到此画上了休止符。

江南图书馆

端方首创，艺风主持

2016 年 3 月 4 日，参观完薛冰老师的母校，我们打车前往江苏省文化厅（以下简称"省厅"），因为此厅所占用的房屋正是当年的江南图书馆。司机把车开到了一处路口，而后告诉我们这是单行道无法驶入，于是我跟薛老师下车步行向内走去。无意间在路上看到了魏源故居的文保牌，我未曾来过这里，薛老师对此感到特别惊讶，他的意思是说：这么有名又好找的地方，你怎么可能没找到过？我告诉他，因为自己几年前曾在网上看到消息，说这片古建因为拓宽马路已经拆除了。

薛老师说确有此事，当年这件事闹得沸沸扬扬，他为了能让这处故居保留下来，做了许多工作，还联合了一些专家、学者给政府写提案，最后折中的结果是魏源故居的主体部分被保留了下来。我夸赞他做了件大好事，薛老师很高兴。

说话间，他带我走到了入口处，想让我看看里面的情形，不巧的是大门挂着锁。于是我们隔着墙向内张望一番，唯一可见者，是隔墙探出的一枝梅花，薛老师说这株梅花正是魏源亲手所植。在这车来车往的大马路上，虽然可以看到这枝凌寒独自开的梅花，但它散发出的暗香，我却嗅不到。

省厅的大门恰巧就在魏源故居的斜对面。从外观看，省厅邻街的一栋房屋也是仿古式样，只是建筑格局有些奇特，有点儿像张开两翼的大鹏。

进入其中，沿着院内的左路前行，所见情形跟我想象的不一样。眼前所见跟查得的资料有较大的差异，各种资料上都讲到江南图书馆建在盋山之上，而我见到的却是一马平川。薛老师立即纠正了我的视觉差，他让我细细地体会脚下的路是否有上坡的感觉。虽然我没有感觉到，但我还是应和地说，好像真是那么回事，心里却想即便有个坡，又怎么能算是山呢？

薛老师对我言语中的不充分肯定表示了不满，他说盋山原本确实是一座小山，只是后来慢慢地被铲掉了。我纳闷一座山怎么可能被铲平，难道这里也出了愚公？薛老师极有耐心地向我讲解着，他说，刚才路过的清凉山应该算一座山吧。其实我没好意思说：就算是清凉山，拿它跟北方的小山比起来，连个小土包都算不上。但我还是点了点头。薛老师告诉我，在清凉山附近有许多的余脉，都是一座一座的小山包，后来修路

盖房,这些小山就渐渐地被挖平了。

我们前来的途中也路过了一个所谓的山坡,薛老师当时就告诉我,这里叫百步坡,这个名字是袁枚起的,当年这个坡距随园正好是一百步的距离,袁枚去世后就埋在了百步坡,薛老师小的时候常来百步坡玩耍,当时袁枚的墓还在,直到 1974 年才被铲平。

说话间来到了后院,眼前所见是整齐的两排红色古典二层楼,我曾经在民国老照片上看到过这两座楼的倩影,而今第一眼看到实景,还是感到很震撼,体会到"照片见到终觉浅,绝知此事要亲睹"。薛老师告诉我,这两座楼的正式名称叫陶风楼。我说只记得此二楼名江南图书馆。他说我记得不错,改名是后来的事情。陶风楼的来由是将陶澍和缪荃孙的名号组合在一起,因为此处跟这两人有较大的关系。回来后,我查看了《南京图书馆志(1907—1995)》,果真如薛老师所言,此志中称:"1928 年,柳诒徵为了纪念晋代学者陶侃、创办惜阴书舍的清两江总督陶澍、创办江南图书馆的端方(号匋斋)、缪荃孙(号艺风)等 4 位先人,将藏书楼题名为'陶风楼',并请国民政府主席谭延闿书写'陶风楼'匾额,悬挂在楼前。"

讲述江南图书馆的沿革,确实要从陶澍讲起。关于陶澍的身世,陈銮在《陶文毅公行状》中说:"(公)系出晋大司马桓公侃,侃就封长沙,子孙散处吴、楚。后唐同光元年,有讳昇者,由吉州迁安化,支族蕃衍,十五传至公之考乡贤公。"

原来陶澍乃是晋朝大司马陶侃之后,当年他在南京任职时,此处有一盋山园,陶澍在盋山园内创建了惜阴书舍,《续纂江宁府志》载:"道光十八年,总督陶文毅公立惜阴书舍于盋山园,课士经史诗赋,不及制艺,有优奖,无膏火,月一试之。公自捐廉一万两,发典生息焉。"

道光十八年(1838),陶澍任两江总督时创建了惜阴书舍,这个书舍属于书院性质,只教士子修身读书,并不教如何应对科举,为了能让书舍长期维持下去,陶澍捐银一万两,将这笔钱贷出去,用所得利息来维持书舍费用。陶澍还在惜阴书舍内建起了陶桓公祠,以此来纪念陶侃。

光绪初年,书舍改为了书院,《续纂江宁府志》称:"惜阴书院在龙蟠里盋山园侧……乱后,存屋十余间。同治光绪年间,增建四十八间,奉陶文毅公木主于景陶文毅公陶堂后轩,以志不忘也。"

当年的惜阴书院建造得十分漂亮,里面有多个景致,并且有藏书楼。
《盋山志》中载:"惜阴书院(同治中增建)负盋山正立面南向即昔惜阴
书舍也。径桐柏以入,曰:景陶堂。循而西,有门,入之,曰:碧琅玕馆。
轩其后,牖之玻璃。其外竹数十百竿,俨立阶下,坐者神为之远。与相望
者,曰:藤香馆。(桑根先生全椒旧馆名,今补题居之,其右为内宅。)编
竹篱界之,蓺群卉其中。篱所被独月季,花时灼灼,张锦屏矣。直景陶堂
后,曰:飨堂,龛陶文毅公柘。又入,有楼枕山麓,书籍所庋。(金陵书局
劝学官书。)出循而东,有门,入之,曰:盋山精舍。两梅相对立,夜寒始
花。新月忽觉香为所浸,冷甚,拂拂,趋灯檠读书其中,清绝也。"

根据这段记载,当年惜阴书院的藏书楼里主要是收藏金陵书局所刻
之书,此乃盋山藏书之始。光绪二十九年(1903),朝廷下令废书院兴学
堂,于是惜阴书院改为上元高等小学堂。小学堂的馆舍后来被江南图
书馆的创办者看中,又将其改为了馆舍。这件事在两江总督端方光绪
三十四年四月八日(1908年5月7日)所上札中有记:

> 江南筹设图书馆,前经照会缪编修荃孙为总办,札委陈训导庆
> 年为坐办,会同藩学两司一同规画。并委琦守珊经理建筑事宜,各
> 在案。嗣据该馆禀称,查得龙蟠里地方所设上元县高等小学校,地
> 址宽平,规模宏敞,堪以改设图书馆,恳请勘定,饬令该校设法迁让
> 等因。经本部堂亲往履勘一周,果属合用。

端方筹建江南图书馆,请缪荃孙为总办,陈庆年为坐办,他们会同当地的
官员共同操办此事。经查访,南京龙蟠里所设的上元高等小学校比较适
合建图书馆,于是他们提出想办法让小学迁走。端方接着写道:

> 当饬该校设法迁移去后,兹据该堂长拣选知县杨熙昌禀称,昨
> 经觅得房屋一所,坐落马府街,计屋三十余间,尚适学堂之用,略加
> 修改,便可迁移,合之操场,每月行租共银五十两。拟于按月额款节
> 省项下开支。其押租一项,连同搬费、修理费,约需银八百两,无以
> 筹措。恳请饬拨等情。据此,除批饬迅速迁移,并由财政局筹拨银
> 六百两交该堂具领应用外,合行札到该馆,遵照会同工料总所各具

≡ 文保牌的摆放方式有些奇特　≡ 魏源故居的文保牌

绘图贴说,估核工程预算应需经费若干,刻日详候核夺,以便拨款兴造。

当地官员给小学堂新租了一块地方,端方希望朝廷能拨款作为搬迁费,以便将小学堂迁出。就在这年的八月,小学堂迁移之后,在原址兴建起了藏书楼。宣统元年(1909)九月,馆舍建筑竣工,总共花费了近三万五千两白银。宣统二年(1910)底,江南图书馆对外开放了。

仔细端详这两座楼,也跟我的想象略有差异。讲到江南图书馆,各种资料都会提到除了这两排计有44间房之外,余外还有上百间房,但我在院中已看不到其他建筑。薛老师说,能让这两栋楼保留下来已经很不容易,然后他指了两排楼中间的两棵大银杏树让我看,告诉我说原本这里有两排这样的大树。如此说来,能够留下来就是难得,我觉得他的所言甚是有理。

细看这两排楼房,两楼之间有回廊相通,上下两层都有着完整的回廊,不知这是否就是江南所说的骑马楼。这些回廊的栏杆保护得十分完好,上面细小的木雕没有丝毫的破损,而今这些木雕全部被涂上了红漆。可见,古建里面有人居住或者使用也有一个好处,那就是看上去不那么破败。但如果变成了大杂院,就又是另一种情形,我在各地的寻访,看到不少名人故居里面住着多家住户,其残破情形不忍目睹。而今江南图书馆归一个机关单位使用,而这个单位恰好又是文化部门,我想,可能是这两个因素加在一起,才使得这处建筑完好如初。

仅看到外观,显然不能满足我的贪念,薛老师鼓励我上楼去拍照。此刻虽然是办公时间,在院中却很少遇到工作人员,这让我的胆子也渐渐大了起来,于是小心地登楼。不巧的是,刚刚踏上楼梯,就遇到一位工作人员迎面下楼,我马上思索借口。还未等我编圆,对方已经默然地擦肩而过,看来只是我自己做贼心虚,其实并没人阻拦。而后又遇到了几位工作人员,我的神态就变得坦然了许多,于是沿着二楼回廊一处处地看下去。虽然是古建筑,但门口挂着的都是不同处室的铭牌,其中有一间是防盗门,门口写着"微机房",底下还挂着一个小牌,上写"保密要害部门"。看到这个字样,我还是本能地转身离去。

江南图书馆的来由跟端方和缪荃孙有较大关系。端方出身于满

■ 楼顶头处的结构方式　　■ 仅余的两棵银杏树

清贵族世家,自幼过继给伯父桂清,桂清是同治帝的老师。光绪八年(1882),端方中举,他的才干受到慈禧的赏识。光绪三十一年(1905),慈禧派端方、载泽、戴鸿慈、尚其亨、李盛铎五大臣分两路到欧美去考察。端方先到达美国,在那里考察了美国国会图书馆,他详细描绘了该馆的情形,甚至考察了此馆书的来源:"书不皆自购得,其来因有三:一则与各国互换而得者;二则私家送馆庋藏者;三则每年陆续增购者是也。"到达欧洲后,他又考察了柏林大学图书馆,国外公共图书馆的状况给了他很大的触动,这也是他回国后力主建立公共图书馆的原因所在。

缪荃孙是位藏书家,他跟中国近代图书馆的起源有较大的关联,甚至有"中国近代图书馆之父"的称号。晚清中国两大公共图书馆——江南图书馆和京师图书馆,都是由缪荃孙所创建,当年朝廷派缪荃孙创建图书馆,并不单纯因他是藏书家,更为重要的原因,是他考察过国外的公共图书馆。光绪二十九年(1903),张之洞派缪荃孙、徐乃昌等人前往日本考察教育,同时嘱咐他们要重点考察日本的帝国图书馆。

江南图书馆之所以能够建成有一个重要的契机,那就是八千卷楼旧藏准备出售。晚清四大藏书楼之一的陆氏皕宋楼,在光绪三十三年(1907)夏以十万八千元卖给了日本静嘉堂文库,此事在国内引起了较大轰动。可能是受这件事情的影响,在当年的八月,八千卷楼后人丁立诚给缪荃孙写了封信,说他准备将八千卷楼的藏书全部出售。八千卷楼也是晚清四大藏书楼之一,缪荃孙得到这封信后,立即转告了两江总督端方,并建议朝廷把这批书买下来,以防这批珍宝又流失海外。端方接信后的第二天就给缪荃孙回信,说一定想办法筹款买下这些书。

而后端方给朝廷写了份奏折,建议朝廷借此契机建立公共图书馆,端方在奏折中写道:

> 窃维强国利民,莫先于教育,而图书实为教育之母。近百年来欧美大邦,兴学称盛,凡名都巨埠,皆有官建图书馆。宏博辉丽,观书者日千百人,所以开益神智,增进文明,意至善也。臣奉使所至,览其藏书之盛,叹为巨观,回华后敬陈各国导民善法四端,奏恩次第兴办,而以建筑图书馆为善法之首。……适有浙中旧家藏书六十万卷出售,已筹款七万三千余元,悉数购致。此外,仍当陆续采购,务

臻美备，并由臣延聘四品卿衔翰林院编修缪荃孙为图书馆总办，檄委前江浦县教谕陈庆年为坐办……

由此可知，江南图书馆的建立是由端方所提议，并且首任馆长由缪荃孙来担任，也是端方向朝廷提请，具体的经办人则是藏书家陈庆年。

待得到朝廷的同意后，端方到处筹款，同时派缪荃孙跟丁立诚接洽，几经商谈，最终谈得书价为八万元。缪荃孙觉得这个价钱很合适，于是立即电告端方。可能是筹款上的困难，端方仅同意按对方出价的七成。缪荃孙将谈判过程简要地写在了日记中，他在《丁未日记》十月份写道："十七日乙亥，雨止。早与王绥珊、丁修甫商定书价八万元。书箱、书架、打捆绳索、船只押送宁垣一并在内，并不为贵。诣善余谈，未晤。再至薛斋处，留早饭。饭后善余来商电报与午帅。"

终于谈出了成果，缪荃孙立即给端方发了电报，转天他接到了回电，"午电到，止允七折，事不行矣"。在这个过程中，也有其他家跟丁立诚商量购买事宜，有人出到了十万元，这种情形让缪荃孙十分焦急，他在日记中写道："常州沈仲盉来，言学部欲购八千卷楼书，愿出十万金。"而后缪几经劝说，使得丁家最后同意按七万三千元成交，待征得端方同意后，同年十月二十三日，缪荃孙带领陈庆年、王绥珊一起到丁家去签合同："善余饭后来，偕绥珊拟合同稿。金陵电亦至，价照给。偕绥珊、善余至丁宅。"

为了慎重起见，缪荃孙带几人分别签了四份合同："善余来，仝往丁宅订合同，以七万叁千元订定。王绥珊、金谨斋、善余、荃孙四人签押，各执一纸。"

此后的这批书分三次陆续运到了南京，这批书总计 60 余万卷，按照柳诒徵在《国立中央大学国学图书馆小史》中的统计，这批书中有宋版书 40 种、元版书 98 种、明版书 1120 种、明钞本 84 种、四库底本 36 种、日本刊本 34 种、高丽刊本 9 种等等，可以说正是八千卷楼的这批藏书奠定了江南图书馆的基础。

缪荃孙在江南图书馆的觅地建馆方面也有贡献，他在《戊申日记》一月五日写道："诣龙蟠里小学堂度地。登盋山造书楼，甚得地势。到图书馆。"经过考察，缪荃孙认为小学堂的那块地很适合建造藏书楼，至于如何建造,他在转天的日记中写道:"发陈善余信并《惜阴书院图》《天一阁图》。"想来前一图是为了让陈庆年了解到惜有书院原有的格局,后一图则是让他参考制式。但实际建成的楼,与天一阁制式完全不同。

八千卷楼的这批书陆续运到了南京,当时没有地方存放,于是暂时放在戚家湾自治局。此事记载于柳诒徵所撰《国立中央大学国学图书馆小史》:"图书馆申江督稿:光绪三十三年十一月,奉札购书籍,设立图书馆,当馆屋未建,暂假自治局后进楼房庋收所购各书。"

到了宣统二年八月十八日(1910 年 9 月 21 日),江南图书馆正式对外开放。在开放的一个星期前,此馆给有关部门写了封《图书馆申报开办阅览稿》,此稿中讲到了该馆的一些细节,我摘引一部分如下:

> 敝馆于宣统元年十一月内,将所储书籍一律移运龙蟠里书楼安放。因即督率各员司分部检查,即以所置书厨书箱八百余只,按部陈列……本年二月内,蒙批饬财政局派员修理书楼前进旧有惜阴书院房屋为阅览室办事室之用……至阅览室需用长案、洋式长椅,并各处室中应用什具,俱已办备齐全。敝馆拟即于本月十八日开办阅览室事宜。先期广告,俾此邦人士及军学各界皆得到馆流览,以餍人士向学之心,而为增进文明之地。

江南图书馆虽然正式开放了,但接下来的事仍然一波三折。社会上对于文化之事并不是十分看重,不少人认为在这方面的投入是浪费钱财,所以该馆的经费一直很紧张。李希泌、张椒华所编《中国古代藏书与近代图书馆史料(春秋至五四前后)》一书中收录了宣统二年二月十六日(1910 年 3 月 26 日)的"图书馆详稿",此文首先称:"本年正月二十八日奉饬裁并局所,并摘发册议通饬遵办一案内开:江楚编译局现经奏明改为江苏通志局,俟奉旨后,另行议办。图书馆专为庋藏书籍而设,别无他事,似可附属通志局兼管,以免歧立,应由司会商书局另议复夺等因。"

在当时一部分人的理解中,图书馆就是古代的藏书楼,功能只是藏书,别无他用,故提出应当由江苏通志局来代管。但此稿的撰者又写道:"查职馆之设,为增进文明一大机关。国家文明之程度,视乎国民之出书多寡。出书之多寡与看书人之多寡，有相当之比例，看书人数之多寡与储书种数之多寡，亦有相当之比例，故图书一馆，各国均视为独立之性质，而不以为附属之品，诚重其事也。本年正月十二日，遵奉札发《学部奏定图书馆章程二十四条》，其宗旨在广征博采，供人阅览。而其分治之事项，则有选择精粹，影寓旧钞，广集官书，选刊秘笈，附设聚珍之版，旁罗外国之书，与夫偏驳之杂著，须审视而为之屏除，专家之考求，须讲肄而备人咨访。详览部章，皆职馆之所有事实，非庋藏之外，别无他事可比。"

这段叙述颇有价值，讲到了图书馆的数量跟社会文明成正比，因为书多图书馆才会多，书多也说明读者多，同时藏书要研究版本，并不是有些人以为的图书管理人员无事可做，故而提出："伏思图书馆永久建立之馆也，与通志局为修志而暂设之局，其性质各殊。通志告成，即无所事。志局一撤，馆又谁归？就两事以推求，其建立之本意，既久暂不同，论办理之方针，自功能各别。管理群书与撰述一书，组织员司，辨别职掌，宜令分功而治，使各得其所安。学部固有编书之专局，而此次经管图书一馆，即不以之附入，亦以事体互殊耳。此职馆碍难改并志局之情形也。"

图书馆应该是永久建设之馆，而通志局则不同，一旦编完通志，该局就可解散，所以绝不可以由通志局来代管图书馆。当时缪荃孙已经到学部任图书馆监督，陈庆年闻讯后，给其写信详述此事："请纡塵系图书馆事，去年曾有议员欲归入学务公所之图书课，草案已具，未及提议，而大会已闭。今年忽于开议宁属预算案内，又由前员申理前说，谓由该课课员管理，便可不花一文云云。议场各员注意省钱，表决赞成，遂居多数。"

有人认为图书馆没事干，应当削减经费，陈庆年认为这种说法太外行了："从来各国对于是馆，但主扩张以为增进文明一大机关。论正当办法，应专筹买书巨款列入明年预算，方于进行之道无所违悖。馆中鉴于官款支绌，不敢陈乞。社会之于此事，更持消极主张。表面虽乐言兴学，而中情实不悦书，吾不能不为书惧矣。"

缪荃孙接到陈庆年的信后，也觉得无可奈何，他在日记中写道："诣罗叔蕴，相遇于途，同诣学部。观善余信，相与叹息。"缪荃孙前往学部时，在路上遇到了罗振玉，他们到学部后看到了陈庆后的来信，只能相互叹息。

辛亥革命爆发之后,缪荃孙、陈庆年等躲避到了上海,江南图书馆只有几位留守,日本人仍然惦记着这批宝藏,于是趁乱前来商议购买事宜。此事在陈庆年的《横山乡人日记》中有记载:"十四日,有日本木村恒丈、山东仙松、新秀丸三人来馆,宛商购书,欲尽以善本,辇至海东。以甘言重币啖王生佐昌,经王生坚拒。逾日又来云:系受其政府指意,不能空返。甚可骇异。作书告璞卿,请先言于程雪楼都督,共图保存。程今日结事,林专任北伐总司令云。"

缪荃孙闻讯后,通过各种关系阻止此事,终于留下了这批珍宝。同时缪荃孙在北京筹建学部图书馆,这也就是当今国家图书馆的前身。这两大图书馆的筹建都跟缪荃孙有较大的关系,正因为缪对中国公共图书馆的建设厥功甚伟,柳诒徵在《缪荃孙碑传》中称:"南北二馆,后先巍立,号为册府,笃古之士犹得钻仰胚沫其间,不令中国历代巨刻珍钞、万国希觊之瑰宝,流放沽鬻于东西都市者,荃孙力也。"

辛亥革命后,南京成立了临时政府。江南图书馆改名江南图书局,由辛汉掌管此馆。他在1912年2月17日给内务部所上之文中,提到到达该局后无人交接之事,同时说:"窃思馆局为保存新旧图籍之所,何等重要。缪、陈均不在宁,林朝圻既未接收于前,亦难移交于后。张恩庆先后住馆未离,可否即令其造具移交。现在馆局合并,自应认真管理,剔清宿弊。所有总办、提调种种名目,一并撤销。兹拟设文牍一人、收掌书籍两人、会计兼庶务一人、阅览室招待员一人、书记二人、丁役六人、修书匠二人,随时酌增,以期已编未竣之书,不至功亏一篑。所最亟者,馆内桌椅器具为现住之广东军队搬往他处应用。住馆之员役火食亦复无着。拟请部宪批准拨给开办费一千元,先行开办,俾古籍图书不致渐归遗佚。"

1912年2月,蔡元培邀请鲁迅到教育部任职。那时政府刚刚建立,各项工作还未就绪,故而鲁迅较为轻闲,于是跟许寿裳常到龙蟠里江南图书馆去借书。教育部的办公地点在成贤街,此处距离龙蟠里有六七里地的路,但鲁迅他们并不嫌远,多次到这里来借书。那时鲁迅正准备编辑《唐宋传奇集》,故而重点研究了八千卷楼旧藏的《沈下贤文集》。

此后江南图书馆在1913年7月改名为"江苏省立图书馆",1919年改称"江南省立第一图书馆",1927年改名为"第四中山大学国学图

■ 完美的连接处   ■ 俯看

书馆",1928 年 2 月,"第四中山大学"改名为"江苏大学",一个月后又改名为"中央大学",该馆名称也随之改变,之后成了今日的南京图书馆,而八千卷楼的旧藏也就成了该馆善本的主体。这些旧藏绝大多数列入了《中国古籍善本书目》,近些年评选《国家珍贵古籍名录》,我也忝列评委,故而看到了大量的南京图书馆所藏八千卷楼的旧藏,使我对这些书的价值有了另外的认定,由此我更加体会到了 : 缪荃孙费尽心血将这批书全部收购下来的决定是何等的正确。

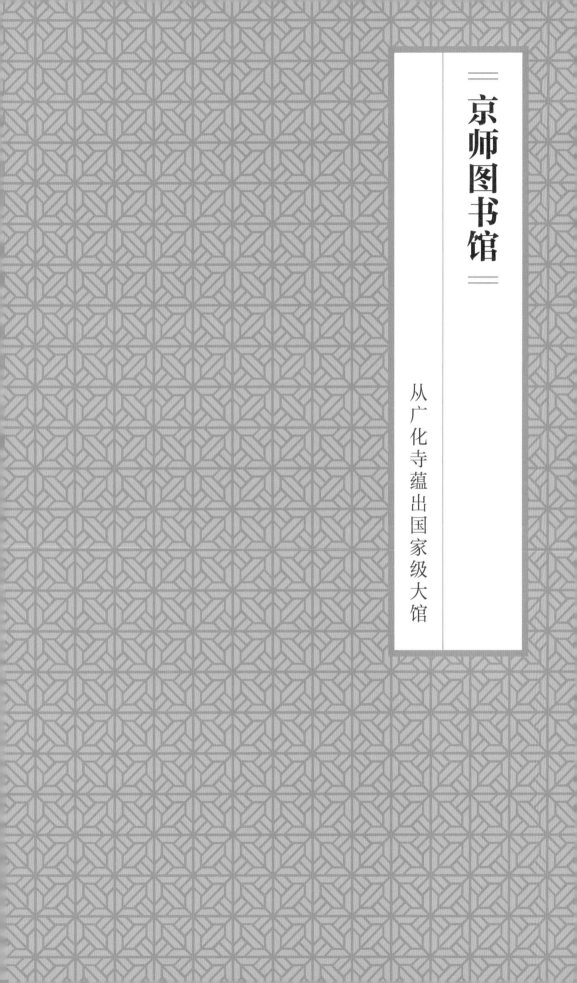

京师图书馆

从广化寺蕴出国家级大馆

　　2015 年 9 月 9 日，国家图书馆（以下简称"国图"）庆祝建馆 106 周年。在这一百多年里，国图曾经几度搬迁，而它建立起的第一个馆址，就在什刹海边鸦儿胡同的广化寺内，当时的名称叫"京师图书馆"。

　　我曾经在后海附近住过三年，从我的住处走到广化寺不超过 20 分钟。什刹海附近一直都是北京的热门游览区，车多人也多。我到城里办事，哪怕是绕路也要尽量避开穿行这一带，因此虽然早就知道广化寺就在旁边，也早就知道国图的起点在广化寺内，但也没想过要去那里看看。

　　前一段，因为商讨编撰《鲁迅藏书志》，我到鲁迅博物馆见了黄乔生馆长及另外几个朋友，办完事情之后，当然要到鲁博书屋去转一转。这个书屋是前些年书友们的聚点之一，我自从搬离了西城，来这里的次数就少了许多，这天在书屋里翻到了一本周令飞主编、赵瑜撰文的《鲁迅影像故事》，在书中看到了这样一句话："1913 年，鲁迅将一部铜活字版大型类书《古今图书集成》拨予京师图书馆。"鲁迅对于京师图书馆的筹备出过很多的力，在他的努力下，费了七年的周折，把藏在承德避暑山庄的文津阁《四库全书》运到了京师图书馆，也就是广化寺的院中，这是一段广为人知的历史。但文津阁不知所踪的《古今图书集成》，鲁迅居然能找到一部，这事听来很新奇。

　　《四库全书》北四阁建成之后，每阁都配备了一部《古今图书集成》，文津阁里当然也有一部，可是这部文津阁《四库全书》运到北京后，与之配套的《古今图书集成》却不见了，那部书去了哪里，我未曾读到相应史料。然而遇到有关国图历史的疑点，我本能地会去向李致忠先生请教，他不但是国图的老前辈，更重要的是，前几年他一直在编《中国国家图书馆馆史资料长编（1909—2008）》，于是我打电话给李先生，向他请教：当年鲁迅把文津阁《四库全书》运到广化寺时，是否也同时拉来了藏在那里的《古今图书集成》？

　　李先生闻我所问，笑了起来，说自己前一段也在探究这件事，因为文津阁《四库全书》现藏国图中，而馆里原有一部《古今图书集成》，却是从另外渠道得来的，跟文津阁没什么关系。但是李先生不久前得到了一个新的信息，他说，似乎是河北大学的一位老师告诉他：在承德市图书馆看到了原在文津阁的那部《古今图书集成》，虽然不全，但还存着一大半。李先生看了电脑中的照片后，认为那部书从装潢上看，的确就是宫内所藏，所以他觉得承德市图书馆藏的这一部，十有八九就是原藏在文津阁里的，但他还没有来得及前往承德去目验。据此，李先生说，鲁迅又找到了一部雍正铜活字本的《古今图书集成》，似乎不太可能。

李先生还给我讲述了关于国图的一些变迁细节。比如说，1928 年国民政府定都于南京后，在南京成立了国立图书馆，即中央图书馆，于是就把京师图书馆改名为"国立北平图书馆"。但那个时候，中华教育文化基金会也创办了一家图书馆，名字就叫"北京图书馆"。李先生说，前一度，海峡两岸共同合印了彩绘本的《千家诗》，台湾的那一册《千家诗》底本上，就钤盖着北京图书馆的藏印，其实那部书就是中华教育文化基金会创办的北京图书馆的旧藏，当时的馆长是梁启超，而梁启超担任此馆馆长的同时，还兼任国立北平图书馆馆长和松坡图书馆馆长。

这些有意思的故事，突然让我有了前往广化寺看一看的冲动。这一天是中伏，天气有些闷热，我还是开车来到了鼓楼大街。停进狭窄的鸦儿胡同当然不可能，因为这一带全都禁止停车，沿途慢慢开行，行驶到附近另一条大街上，这里也是车满为患，正彷徨间，突然看到某个店铺的门口还有一个窄窄的车位，于是赶紧把自己的"驴"拴在了那里。

鼓楼西大街跟鸦儿胡同是并行的两条斜街，两条斜街之间的连接线很少。我穿行在一条窄窄的胡同里，看到在胡同的中段，仅有一家小商店。商店的门面很小，上面的匾额比门脸宽出许多，匾额上仅有两个大字，从右读是"禅听"，当然，我不确定是否应当左读。我对这个小店感兴趣，是因为它门口摆放着一个书架，简易的四格铁架子，上面插满了书，架子上挂着一张纸——"每本一律 10 元"。我大致浏览了一下，基本属于鸡汤类的著作，向店里望了一眼，里面全是时装和饰品，而所有的书，就是门口这一点儿，这种混搭式的销售方式，可能是书吧的一种变体吧。前来探看书馆，无意间碰到书吧，我觉得这是个好兆头。

沿小店前行，我在侧墙上看到了鸦儿胡同的介绍牌，上面说鸦儿胡同在明代就叫"广化寺街"，这个名称倒很直接，上面还写着这里在乾隆时期改为了"鸭儿胡同"。广化寺今天还在这条街上，不明白为什么要改名称。

沿着鸦儿胡同向西北方向行走，这一带不是商店的聚集区，二三百米的一段路上，仅有两家卖香烛的商店，其中一家的店主是一位女士，她站在门口，双手不停地折叠着金元宝，边折边嘴里哼着歌，双脚也在跳着舞步。

这份悠闲很能感染人的情绪，溽热沉闷的空气给我带来的急躁情绪，也随着这位女士的律动消散了许多，我的心情也随之晴朗起来。

然而这种的晴朗的心情没走出多远，就被阵阵的痛骂声中和掉了。循着声音走过去，竟然走到了广化寺的山门前。广化寺就在鸦儿胡同的街面中段。胡同到此门前，骤然宽阔了很多，使得胡同在此变成了个葫芦形，山门的对面是寺庙中常见的巨大影壁，这个影壁是新近修建而成，看不出一丝的古意，在影壁和山门之间有用铁链拉起来的围栏，围栏内山门的台阶上，就是那个骂声的发源地。台阶上坐着一位五六十岁的男人，看衣着不像盲流，却不停骂着脏话，膛音洪亮，底气十足，看来他已经骂了有些年头，否则难以练出这么好的肺活量。我站在那里听了一会儿，没有听到任何主语，于是就进寺庙内拍照去了。

广化寺的历史不算长也不算短，按照《日下旧闻考》的记载，此寺建于元代。《日下旧闻考》引用了《柳津日记》中的一段话："广化寺在日中坊鸡头池上。元时有僧居之，日诵佛号，每诵一声，以米一粒记数，凡二十年，积至四十八石，因以建寺焉。"此寺的来由在不同的文献中有着不同的说法，但建寺年代基本都是称始建于元代，如此说来，此寺距今大约有800 年的历史。记载称广化寺在历史上"殿堂廊庑，规模宏大"，而今我走入院中，却完全没有这种感觉。

来这里的前一天我给广化寺打过电话，因为从网上查到的信息称，该寺除了农历初一、十五，一般不对外开放，然而接电话的工作人员告诉我，除了师父们所住之处，该寺平时是可以参观的。我来到的实况是，进寺之后仅有小小的前院可以自由出入，而通往里面的门口摆着"游客止步"的牌子，于是只好在第一进院落参观。

广化寺的前院属于正规的寺院建筑格局，天王殿的两侧分别是钟楼和鼓楼，然而天王殿内却是售货的摊位。摊主告诉我，现在不能入内，我只好在院内寻找可供拍照之物。厕所的墙边摆放着两块牌子，分别列明着北京市允许放生的水域，以及允许放生的鱼类品种。这些年来人们热衷于放生，然而并不是所有的鱼有水就能活，因为它们有着各自的习性与水域要求，想来有关部门对此有所规范，也是一件功德事。

院子中让我尤其感兴趣的，是那棵茂盛的曼陀罗花。大概三四十年前，有部很有名的电影名叫《李时珍》，扮演李时珍的演员是赵丹，因为他

演得太过精彩，所以让人印象深刻。电影中有一个情节，那就是李时珍千辛万苦地在深山里终于找到了梦寐以求的曼陀罗，然而却被冲上来的道士给毁掉了。

那个画面让我记忆深刻，由此记住了这种特殊的花儿。但电影里出现的那株曼陀罗体量很小，仅开着几朵花，眼前所见的却不是一株，而是一丛，上面挂满了金黄色的花朵。我记得电影里的李时珍找到的是白色花朵，不清楚两者之间有没有药性上的区别。鲁迅说过："我的眼前仿佛看见冬花开在雪野中，有许多蜜蜂忙碌地飞着，也听得他们嗡嗡地闹着。"但这天的曼陀罗花上没有蜜蜂，不知是否因为有药性之故。

遇到曼陀罗的惊喜没有盖过我进院一探究竟的好奇心，我还是想进第二进院落看看。站在门口观察了一番，我看见有人偶尔会走进后院里，并没有穿着僧服，也许他们是工作人员，于是我尾随其后也向院内走去。刚走进后院，还没下台阶，就听到侧房里的一声咳嗽。闻听此声，我立即止步，这里的管理者竟然这样有涵养。后院比前面开阔许多，院的前侧竖着两通古碑，碑面的字迹已经漫损不清。因为没有游客，反衬出另一种宁静，我犹豫了一下，站在台阶上拍了几张院景，咳嗽声没再响起，我将其理解为默许。

京师图书馆的建立跟张之洞有很大关系。张之洞在南方任职时陆续买了很多藏书，运回北京时却没有地方置放，于是就把自己的藏书暂时放在了广化寺里。在张之洞之前，已经有人提出建立"国家图书馆"的设想，早在光绪二十二年（1896）李端棻就上过相关奏折。到了光绪三十二年（1906），罗振玉上了《京师创设图书馆私议》奏折，此折开篇即称："保固有之国粹，而进以世界之知识，一举而二善备者，莫如设图书馆。"

罗振玉先总结了图书馆的作用，既能保持和延续国粹，又能学得他国的先进思想和技术，以此说明图书馆既能巩固过去，也能展望未来。而后他举出了西方文明与图书馆的直接关系："方今欧、美、日本各邦，图书馆之增设，与文明之进步相追逐，而中国则尚阒然无闻焉。"为此，他提出"此事亟应由学部倡率，先规划京师之图书馆，而推之各省会"。在罗振玉看来，应该由学部牵头，先在北京建造一座国家级的图书馆，而后以此作为示范，让各省效仿来开办省级图书馆。他甚至想到了开办京师图书馆的具体措施和办法："一曰，择地建筑也。二曰，请赐书以立其基也。三曰，开民间献书之路也。四曰,征取各省志书及古今刻石也。五曰,置写官。六曰,采访外国图书。以上乃大略办法。"

罗振玉认为创建京师图书馆首先要选地建馆,希望朝廷能赏赐一批书作为馆藏基础,而后制定政策,鼓励民间捐书,另外可以向各地方政府征集方志以及当地的古刻石拓片,同时安排一些写手来抄录不可得之本,还可以从国外进口西洋之书。

至于创馆后的守成,因为没有成案在,所以罗振玉建议 :"至监守之法,借阅之例,设官之员数等,应参考各国成规而采用之。先由调查员从事调查。"他认为既然西方早就有了开办图书馆的经验,自然也有具体的管理办法,不妨借鉴那些办法,再根据国内的情形变通使用。

罗振玉的设想颇为完美,可见他对创办图书馆有着长时间的酝酿,他认为如果按照他的"私议"来开办京师图书馆的话,肯定能在全国范围内起到示范作用,因此他建议 :"至京师图书馆以外,各省城亦应各立图书馆一所,以为府、厅、州、县之倡。"罗振玉对自己的提议很有信心,认为京师图书馆和各地的图书馆真的能办起来的话 :"如是则二十年后,我国之图书馆,或稍有可观乎!"

当时的罗振玉在学部任二等咨议官,这个职位并不高,因此他的建议很难上达天听,即使皇帝看到了,也不会引起高度关注。光绪三十二年(1906),张之洞由湖广总督出任军机大臣,分管学部,想来他看到了李端棻、罗振玉等人的奏疏,于是综合他们的建议,在宣统元年七月二十五日(1909 年 9 月 9 日) 给皇帝上了《奏筹建京师图书馆折》,另附奏三件,完整地提出了建馆主张。该折首先称:

> 奏为筹建京师图书馆,拟恳天恩赏给热河文津阁所藏《四库全书》,并饬下奉宸苑内务府拨与净业湖暨汇通祠各地方,以便兴建而广文治,恭折仰祈圣鉴事。伏查本年闰二月,臣部奏陈预备立宪分年筹备事宜,本年应行筹备者,有在京师开设图书馆一条,奏蒙允准,钦遵在案。自应即时修建馆舍,搜求图书,俾承学之士,得以观览。

张之洞提到本年也就是宣统元年(1909),这一年的闰二月学部已经提出了筹建京师图书馆的设想,并且得到了皇帝的批准。张之洞接着强调图书

馆是学术之渊薮，京师又是天下风向所在，所以图书馆必须建造得有一定规模，所藏之书也必须很精详。接下来他提到了《四库全书》南三阁被毁，有些藏书已经流失海外等：

近年各省疆臣，间有创建图书馆，购求遗帙，以供众览者。江宁省城经调任督臣端方首创盛举，不惜巨款，购置杭州丁氏八千卷楼藏书，存储其中。卷帙既为宏富，其中尤多善本。并购得湖州姚氏、扬州徐氏藏书千卷，运寄京师，以供学部储藏。并允仍向外省广为劝导搜采。

张之洞讲到各地督府已经有了建图书馆之举，并举例两江总督端方购买八千卷楼之书创建江南图书馆，而端方听闻张之洞有拟筹建京师图书馆之举，于是买下了两批民间藏书运到北京，以此作为新创建的京师图书馆的藏书。这两批书计有 1600 余种，12 万余卷。张之洞在奏折中写到此事，是想说明京师图书馆在筹办阶段已经得到了数量不小的藏书。

关于为什么要创建京师图书馆，张之洞在奏折中有如下解释：

兹者京师创建图书馆，实为全国儒林冠冕，尤当旁搜博采，以保国粹而惠士林。无如近来经籍散佚，征取良难，部款支绌，搜求不易。且士子近时风尚，率趋捷径，罕重国文，于是秘籍善本，多为海外重价购致，捆载以去。若不设法搜罗保存，数年之后，中国将求一刊本经史子集而不可得。驯至道丧文敝，患气潜滋。此则臣等所惴惴汲汲，日夜忧惧而必思所以挽救之者也。

晚清时节，中国古书大量流失海外，张之洞担心长此以往，中国学者想求一些珍秘之本愈发不可能，正是出于这样的担忧，方才有了开设图书馆的想法。同时他希望能把藏在热河行宫内的文津阁《四库全书》及避暑山庄各殿陈设的其他书籍一并拨交给京师图书馆：

窃查中秘之书，内府陪都而外，惟热河文津阁所藏尚未遗失。近年曾经热河正总管世纲、副总管英麟查点一次，与避暑山庄各殿座陈设书籍，一并查明开单具奏在案，拟恳圣恩俯准，将文津阁《四库全书》并避暑山庄各殿座陈设书籍，一并赏交臣部祗领，敬谨建馆存储，庶使嗜奇好学之士，得窥石室金匮之藏，实于兴学育才，大有裨助。

张之洞是清末著名的能臣，他提出这样的建议，不像一般的清流只会讲述伟大意义，而提不出具体措施。张之洞在奏折中详细列明了从哪里得到书，经费如何解决，还提出应当选怎样的建馆地点："至建设图书馆地址，必须近水远市，方无意外之虞。前经臣等于内城地面相度勘寻，惟德胜门内之净业湖与湖之南北一带，水木清旷，迥隔嚣尘，以之修建图书馆，最为相宜，尤足以昭稳慎。拟于湖之中央，分建四楼，以藏《四库全书》及宋元精椠。另在湖之南北岸，就汇通祠地方，并另购民房，添筑书库二所，收储官司刻本、海外图书。勿庸建造楼房，以节经费。其士人阅书之室、馆员办事之处，亦审度地势，同时兴修。"

学部最初选中的建馆地点在德胜门与净业湖附近，计划将图书馆建在一小岛上，再在岸边购买民房作为书库。把图书馆建在四面环水之地，想来是考虑到消防安全问题，但这个计划最终未能实现，原因可能是费用太大。但皇帝已经批准创建京师图书馆，故开馆之初，只能暂借广化寺的房屋。

张之洞在奏折中还提到了今后书籍的来源问题："至图书馆开办以后，如有报效书籍及经费者，拟请援照乾隆时进书之鲍廷博、光绪时进书之广东高廉道陆心源奖励成案，由臣部视其书之等差，及款数之多寡，分别请奖，以示鼓励。如蒙俞允，即由臣部咨行各该衙门暨各省督、抚遵照办理。并督饬该馆监督、提调等，迅速筹办，冀得早日观成。"因此说，张之洞是对中国公共图书馆建设做出过重大贡献人物之一。

其实还有一位人物也对京师图书馆的建立贡献很大，这个人就是鲁迅。鲁迅曾在教育部第一科任科长，关于他跟京师图书馆的关系，仍然要从京师图书馆筹建的历史说起。清宣统二年（1910），京师图书馆开始筹备，当时的图书馆监督一职由缪荃孙担任，监督相当于现在所说的馆长。缪荃孙为筹备此馆也想了许多办法，比如从陆润庠家把当时留存的 64 册《永乐大典》要了回来，还请了多位大藏书家担任顾问，如柯劭忞、董康、罗振玉、吴昌绶等。然而还没有等筹备完毕，辛亥革命爆发，清朝结束，整个筹备运作就暂停了下来。

进入民国后,京师图书馆继续筹办。1912 年 8 月 27 日,京师图书馆在广化寺对外开放了,当时的看书方式还很特别,因为看善本需要掏钱。当时的馆长是江瀚,但他在任职的第二年就调往四川做盐运使去了,彼时又没有任命新的馆长,于是暂时由教育部社会教育司司长夏曾佑兼任。然而夏的工作太多,根本顾不上图书馆的事情,于是就让自己的手下鲁迅负责图书馆的所有工作,为此,鲁迅在日记中记载了许多关于图书馆的初期资料。

鲁迅对京师图书馆做出的最有名贡献,就是想办法把文津阁《四库全书》从内务部要了回来。如前所言,在创建之初,张之洞在奏折中请求皇帝将文津阁《四库全书》拨交给京师图书馆收藏,但事情还没有正式实施,清王朝就结束了。

进入民国后,教育部重提此事,几经周折,终于在 1914 年把这部 36000 多册的大书运到了北京。书到北京之后,鲁迅听到消息后便赶到教育部去办交接手续,然而他等了很长时间,却见不到书,后来他打电话才了解到,《四库全书》被内务部的人接走了。这件事鲁迅在日记中记了下来:"晨教育部役人来云,热河文津阁书已至京,促赴部,遂赴部,议暂储大学校,遂往大学校,待久不至,询以德律风,则云已为内务部员运入文华殿,遂回部。"

为什么运给京师图书馆的书却被内务部接走了,鲁迅在日记中没有做任何解释。自此之后,鲁迅就以教育部的名义,一直找人索要该书,最后终于把书要了回来。

1915 年 8 月 30 日,教育部饬令第 307 号,令京师图书馆馆长夏曾佑派京师图书馆人员前去古物陈列所接收文津阁《四库全书》。函中写道:

> 查热河文律阁《四库全书》一部,照前清宣统元年(1909 年)七月奏案应提交京师图书馆收管。民国三年,内务部起运热河前清行宫书籍及陈列各件来京,是项书籍即随同他项物品,由内务部交付所设之古物陈列所收管。现在该馆业经本部指定房屋开办。特由本部函知内务部请将《四库全书》即日移交本部,转发该馆藏庋,以符前案。旋接该部复称,热河文津阁所藏《四库全书》既准函称:照前请奏案应提交京师图书馆收藏,自应移交贵部,转发藏庋。除由部饬知古物陈

列所速将此项书籍检备提取外,应请贵部派员来部,商移订交手续暨日期等因。顷已由本部派员于本月一日赴该部会商,订定于本月六日开始点收。除由本部主事戴克让前往古物陈列所接洽外,应即由该馆长酌派三人,届期同赴该所,会同该所人员,办理接收事宜。仰即遵照可也。

古物陈列所终于把《四库全书》移交给图书馆,但在清点时发现少了一匣《四库全书简明目录》,此后又经过多次交涉,终于要了回来。然而内务部只给回了书,却不给书架,于是鲁迅继续交涉,又过了一年多,才把这103个书架索要回来。这样说来,鲁迅对中国图书馆事业所做的贡献也不小,可惜被他其他方面的光芒所掩盖。

除了调拨之外,京师图书馆为了增加藏书,也想办法从民间征集,为此教育部在 1929 年 1 月 21 日发布了征集图书简章。这份简章首先谈到私家藏书很容易失散,"窃维中国书籍自清初建设四库搜采之后,迄今二三百年,公家久未征求,散佚之虞,匪可缕举",而后举出了四个原因:

> 私家为图书建筑馆宇者,实属寥寥。一遇刀兵水火之灾,无力保全,最易毁灭。绛云之祸,前车不远,一也。私家藏书最久者,海内独推宁波范氏,然天一阁之书今亦散佚,盖子孙不能世世保守勿失,二也。海通以来,外人搜求中国善本孤本之书,日盛一日,售主迫于饥寒,书估但图厚利,数年之后,势必珍篇秘籍尽归海外书楼,中国学者副本亦难寓目,三也。名人著作及校本未刊行者,指不胜屈,亦有子孙无力刊行尚知保守者,但数传之后,或渐陵夷,心血一生,空箱饱蠹,四也。

该简章还谈到了图书馆因为限于经费,无法把失散在民间的书一一搜集起来,因此提出可派人前去抄录难得一见之本,以此来保存文献,其目的乃是"总之,在馆中能多一册书,即学术上多受一分利益"。

京师图书馆在广化寺开办起来后,受到不少人的批评,《小说月报》第 3 卷第 8 号上刊载有署名"我一"所撰《京华游览记·京师图书馆》一文,此文先批评了京师图书馆房屋之局促:"屋既不多,卑狭而简陋,空气不充,决非适宜之藏书地。前进庋藏普通书籍,门扃未之入。"接着又批评馆员之不敬业:"不设观览室,不见观览人。入门则隶役慢客,入室则官

■ 什刹海书院

气犹浓。"

也许是批评之声太多,而前来读书的人很少,于是教育部在 1913 年
10 月 27 日下令京师图书馆闭馆,另觅适宜馆址。1915 年 6 月,教育部下
令把京师图书馆迁到了安定门内方家胡同的国子监南学旧址,一个月后,
该馆从广化寺迁往了新址。但是,京师图书馆创建于广化寺这件事,却永
远地载入了史册。

从广化寺出来,沿路往回走,我无意间看到寺的左邻也是一处仿古建
筑,门楣上挂着的匾额写着"什刹海书院"。不知这个书院是书法院还是
藏书院,但我宁愿把它理解为后者。书院的大门紧闭,无法知道里面的情
形。我隔墙向里张望,发现院内是一栋几层高的楼房。希望日后自己有机
会可以入内参观。

从广化寺侧旁的一个小胡同穿过,就是热闹非凡的什刹海。这一天是
周日,游客自然不少,广化寺与什刹海仅一墙之隔,看来真符合张之洞的建
馆要求,否则的话,他就不会把自己的藏书放在广化寺。可惜,他去世的时
候没能看到自己努力倡建的这座图书馆,当然,他更不可能知道这个馆后
来成了国图,并且是这个地球上的十大图书馆之一。

上海文庙市立图书馆

上海图书馆的最初馆址

在旧书流通行业，上海文庙的名声仅次于北京的潘家园，在爱书人眼里，上海文庙是中国江南最大的旧书集散地。我的藏书偏好主要是在古书，对旧书不甚措意，但也跟着朋友来过此地两次，看到这里熙熙攘攘的人群，我觉得上海文庙的旧书规模有可能超过了潘家园。但我在这里从未买到过书，这倒不单纯是因为古书少，更多的原因是我没有搞清楚这里的上货规律，等我来到这里的时候，有价值的旧书基本上名花有主了。

前一段，在翻看上海图书馆（以下简称"上图"）史料时，意外得知上海文庙竟然是上图建成后的第一个馆址。《上海文化年鉴2007》在《图书馆·档案》栏目中报道到了上海文庙藏书楼尊经阁重新开放的消息，文中提及："上海文庙亦称学宫，是古代上海的最高学府，尊经阁是贮六经、御制诸书及百家子史的藏书楼，通俗地说就是县学的'图书馆'。尊经阁始建于1484年，后毁于1853年清军镇压小刀会起义的战火中。1931年，上海市教育局拨款在尊经阁原址复建了一座绿瓦翘檐的中西结合式图书馆，并于1932年6月开放，成为上海最早的一座市立公共图书馆。'文革'期间，馆藏图书被毁，房屋改作他用。"余外，上海地方志办公室所编的《上海名建筑志》中说："1931年12月，文庙改建为上海民众教育馆，尊经阁也改建为上海市立图书馆，为上海最早的市立图书馆。1932年1月成立，馆藏书籍约有2万册。1936年9月1日位于江湾的上海市图书馆开放，该馆并入上海市民众教育馆，成为一个图书阅览室。"

由此可知，上海文庙尊经阁曾是上海第一座市立公共图书馆，其标志意义自不待言，有关部门将尊经阁恢复后，仍然作为古书收藏展示之所。《上海文化年鉴2007》中写道："1997年始，文庙管委会在原地重建尊经阁，还开始搜集、选购古旧书籍，恢复尊经阁藏书功能。此次重新修缮的尊经阁，不仅在外貌上彰显其尊容，在功能上也是名副其实的儒学藏书楼。尊经阁现藏有儒学经典等古旧书籍228种，计15大类，共5700册。其中不乏古版善本珍品，如百衲本《二十四史》，中华书局版《四部丛刊》，清版《皇清经解》，元刻本《朱子大全别集》，明仿宋刻本《尔雅翼》，明初版《孟子集注大全》和《论语集注》，明版《春秋集传大全》《盐铁论》，清雍正内府本《钦定书经传说汇纂》和《钦定诗经传说汇纂》，清乾隆时'毁书'吕留良等所编《四书朱子语类》等。另有日本珂罗版《至圣文宣王》、香港1898年版中英文对照《四书》以及部分中华再造善本影印书等。上海图书馆也借出 191 种近 1000 册古籍儒家专著供展出,丰富了尊经阁陈列的图书种类。尊经阁于 12 月 14 日正式对外重新开放,同时也被确定为上海图书馆下属的'儒家经典展示基地'。"

正因如此,上海文庙成了我图书馆之旅的目标之一。我在这里没什么熟人,但文庙既然跟上图有关,那当然要从上图的朋友那里打探消息。于是我打电话给上图历史文献中心主任黄显功先生,他向我证实了文庙确实是上图的最早成立地,但他说这个时期很短,相关史料留下来的也很少。虽然如此,我还是觉得这个地方值得一探。黄主任闻我所言,称有朋友在文庙工作,可以陪同我参观。转天我就收到了黄主任的短信,告诉我已经跟文庙管理处的徐学莲女士联系过了,让我前往即可。

2016 年 3 月 9 日,我来到文庙街入口时,突然觉得肚子有些饿,一看时间恰好是 12 点整,而文庙入口的侧方就有一家名为"上海乔家栅"的百年老店,我决定在此果腹。我走入店内,发现里面坐得满满当当,看来当地人对这种老店依然有着特殊的偏爱。此店的销售方式仍然延续着 30 年前的规矩:先排队到收银台点菜交款,而后把交款条给服务员,再从服务员手里得到一个号牌,拿着这个号牌去找空座位,找到后把这个号牌戳在桌上,之后就等服务员根据号牌送饭菜。

我对这家老店的经营特色比较外行,只能点我熟悉的菜名,于是点了一碗忘记名称的汤,还点了一盘响油鳝糊,另加一碗米饭。我的运气不错,竟然在临窗的位置找到了一个独座。

等待上菜的过程中,我无意间注意到窗外有一位中年男人在摆摊修表,他的摊位距我的座位仅隔着一层玻璃,因此我在百无聊赖之中,全副精力地观察他修表的过程,更何况,修表也是我最为好奇的技术之一,我在年幼时就特别喜欢拆家里的钟以及大人的手表,但我的水准止步于拆而不会装,为此挨过好几顿揍。

眼前的这位修表人似乎比我要娴熟许多倍,他看上去五六十岁,做事情一点儿都没有我的那种慌张,他的顾客一个接着一个,活儿都不大。有一位顾客让他把金属表链截去一节,这个活儿看似简单,但我知道把表链去短一些并不是轻而易举的事情。我看到此人从工具箱内拿出一个香烟盒大小的塑料工具,把表链固定在上面,没有几秒钟就拆下来了。他的这个过程完美地诠释了:工欲善其事,必先利其器。把表链重新装配后,表

■ 文庙入口处

主递给他 10 元钱,等表主离开后,他掏出一个小本子,我看清楚他把这 10 元钱记在了上面,并且逐笔做着统计,今天上午他的收入是 163 元。

今天早上的上海还下着大雨,但我出门时已经停歇,气温也比以往低了不少,还不停地刮着大风。在修表的间歇,这位师傅从旁边拿起了两块废弃的广告板,将它们挡在风口上,而后打开自己的工具箱,把里面各式各样的工具逐个摆放整齐,摆完之后,不知出于怎样的心理,他又全部拿出,将这些工具重新做了一遍排列组合。他的这套操作流程,吸引了几位过路的客人观看,我觉得他的这种摆放有可能就是迷你型的商业路演。摆放完毕之后,他从侧边的包内掏出了一个反复使用的旧塑料袋,而后把这些塑料袋一层层展开,从里面掏出了一个体量不大的深色烧饼,又从另一侧端过一个最大号的搪瓷茶杯,掀开盖我看到了里面的茶水,他一手拿着烧饼,一手端着茶水,边看着远方边解决午餐。恰在此时,我的餐食被服务员端了上来,而这一瞬间,我突然觉得自己的生活是如此奢靡。

沿着文庙街前行一百余米就来到了文庙门口,我跟保安说自己来找人,保安脸上的表情直露无遗地怀疑着我的说辞,他坚持让我给里面的工作人员打电话,让对方到门口来接我,而后加重语气说:"否则,必须去买票!"我对他用"否则"二字表示了敬意,他说这句话同时用手指着旁边的价目牌,顺其手指望过去,上面写着"票价 10 元"。我不想跟他啰嗦,准备掏上 10 元递给他,转念一想,这么做不对——这不等于自我承认刚才在撒谎吗? 于是我又把掏出的钱包装回了裤兜,而后打电话给徐学莲老师。她听我自报家门后,马上说黄主任已经跟她打了招呼,让我在门口稍等。

几分钟后,徐老师来到了门口,一副干练的知性女形象,她向我挥挥手,示意我入院,我恶作剧地望了保安一眼,保安直视前方,根本不瞧我,这让我的小得意未能得逞。徐老师说话言简意赅,她问我来文庙的目的,我直率地告诉她,自己听说近些年这里也收购了不少古籍,希望能看看这些宝贝。徐老师爽快地说没问题,她边走边向我介绍着文庙的简史,并且说上图确实有一段时间就在这里。我问她是否有相关的史料,她说很少,而后称她会将我的所需整理成文件,发到我邮箱。

前些年,我在拍卖会上听朋友讲上海文庙也开始购买一些线装书,徐老师说确实如此,他们是从 2004 年开始购买,到今天已经买到了六千多

≡ 展柜的摆放方式　≡ 漂亮的灵璧石

册。对于这样一家事业单位,用不到 12 年的时间,买到了这么多线装书,这个数量已足够大。徐老师说,因为文庙跟府学有关,所以他们只买跟科举相关的书,比如四书五经以及十三经等。在这么窄的目标范围内,竟然能够买到这么大的数量,这更加让我佩服。

文庙的藏书楼处在院落的最后一进,从外观看,楼体建得颇为漂亮。楼为上下两层,一楼的入口处挂着一块黑底金色的匾额,上书"藏书楼",出自沈鹏之手。一楼与二楼之间还有一块蓝地金字的匾额,上书"尊经阁",看来这是本楼的正式名称,只是文庙将尊经阁用作了藏书楼。

走进藏书楼,里面的布局十分敞亮,两侧各有一排红木书橱,里面整齐地摆放着线装书。正中的位置是两排展柜,里面以展览的形式平放着一些善本。我马上走过去细看,所见的第一部就是明初本的《论语集注》,这样的书按照国务院新颁布的古籍定级标准,至少是二级甲等,由此可见,文庙藏书质量绝对不差。沿着展柜一步步看下来,有几部书看着眼熟,我问徐老师这几部书是否为某人卖出的,她说确实如此,看来这个世界真的很小。但我觉得,如此珍稀的善本能够汇集到上海文庙,也算是物得其所。

继续浏览这里的藏书,竟然看到了多部较为稀见的品种,还有几部品相上佳的内府刻本,由此可看出文庙在收书之时把关甚严,悬格也不低。我边看书边拍照,忍不住唠里唠叨地点评着某部书如何之佳,徐老师只是很有涵养地点头微笑。我们聊到了近几年国家组织的古籍普查,徐老师说文庙不属于图书馆系统,但也参加了相关的普查。我觉得文庙藏书跟宁波天一阁的属性相同,徐老师说确实如此,她又告诉我文庙现有的工作人员仅 12 名,因为人手少,所以很多项目难以开展,否则这里会变得更好。

在藏书楼拍照完毕,我又走入院中,在门旁看到了尊经阁的介绍牌,上面写着:"尊经阁即藏书楼,是贮六经、御制诸书及百家子史之地。始建于明成化二十年(1484 年)。民国二十年(1931 年),尊经阁为上海最早的一所国立图书馆。"由这几句话可知,当年上图成立时就是在这尊经阁之内。门旁的立柱上还有一块介绍藏书楼的金属牌,上面的文字与尊经阁所言基本相同,只是多了这样一句:"2006 年 12 月由上海图书馆、上海文庙重建。"看来,尊经阁的复建,上图也出了气力,即此说明他们未曾忘记这里是该馆之始。

看完了图书,也了解了情况,我觉得此行已算圆满,而徐老师跟我说文庙内还有许多可看之处，她可带我四处去参观。但我不好意思耽误她太多时间，于是就此告辞，而后独自在院落内闲逛。

尊经阁处在一个独立的院落内，沿墙两侧建成了回廊，里面陈列着数量较大的奇石，院的正当中也摆放着一块造型奇特的灵璧石。在阁的下方，左右两侧各摆放着一组石盆景。虽然这些奇石跟藏书没什么关联，却将这里的氛围烘托得更为雅静。

从尊经阁的院落走出，侧旁即是大成殿。大成殿当然是文庙的主殿，但因为我是从侧门进来的，故首先看到的是大成殿侧墙下种满了一排绿植，这些绿植上悬挂着许多系有红丝带的黄牌，细看上面的文字，禁不住哑然失笑，原来这都是一些心愿牌，上款儿一律是"尊敬的孔圣人"，具体的内容大多是保佑自己能考上某大学等等。看来学子们到此一游，是对孔圣人寄托着深深的厚望，这么多心愿叠加在他身上，不知他老人家是否觉得累。前一段流行"杜甫很忙"，我觉得这句话也可以用到孔子身上。

我从侧边走到了正前方，向孔子的雕像鞠了一躬，而后走入殿内，里面收拾得十分整洁，孔子端坐在正前方的龛台内，我看到他老人家被塑造成了金碧辉煌的模样。

从大成殿出来后，一路参观，有两排房屋内正在展览戴敦邦先生与其弟子共同绘制的孔子及七十二门生像，我在这里看到了那么多熟悉的名字，比如冉求、仲由、端木赐、卜商、曾参，还有因为睡午觉而被老师骂个狗血喷头的宰予等，能把这么多人物绘制得如此生动而又各有特点，应该是很不容易，不知戴先生他们是如何得知这七十二贤的长相的。

参观完右路，接着看文庙的左路，我在院中看到了盛开的白玉兰，这个院落的前方就是文庙的制高点魁兴楼，在魁兴楼的侧旁又看到几家棋室馆，看来这里已经渐渐成了棋师的天下。

关于上海文庙的起源，一种说法是建于南宋，张国鹏在其硕士论文《政权与信仰变革下的民国文庙——以上海文庙为考察中心（1911—1934）》中持这种说法，文中提及："宋景定年间耆绅唐时措、唐时拱购买韩氏房屋建梓潼祠（即文昌宫），画先圣先师像于祠宫，并建古修堂为诸生肄业之地，由此形成了上海文庙的雏形。"

上海建县后，元元贞三年（1297），首任上海知县周汝揖在县署东首重建上海文庙，三年后完工，大德六年（1302），又于殿外增设大门、学门、

■ 上海文庙内的尊经阁

■ 宁静的文庙一隅

重绘孔子像于大成殿。至大三年（1310），又在县署西得官地兴建新文庙，四年后将文庙迁回原址。

上海文庙曾经一度成为小刀会的大本营，小刀会本是成立于福建厦门的民间秘密组织，属于天地会的支派，在咸丰元年（1851）传到了上海。咸丰三年（1853），上海和嘉定的小刀会起事，领导者是刘丽川。咸丰三年八月初五（1853年9月7日），上海知县袁祖德率文武官员和地方士绅在文庙举行秋日丁祭，小刀会乔装打扮从东门冲入文庙，杀死袁祖德，生擒上海道台吴健彰，迅速占领了上海城。他们根据天地会反清复明的宗旨，在上海建立了"大明国"，而后刘丽川给太平天国洪秀全写了封信，表示愿意接受太平天国的领导。

清政府得到消息后，立即从围攻南京的江南大营中抽出一部分兵力派往上海，同时与美、英、法三国商议，请他们出兵。咸丰五年（1855），法国舰队司令辣厄尔用炮轰塌城墙，清军攻入上海县，刘丽川率众突围逃到虹桥一带后被杀死，小刀会暴乱至此结束。当年清军攻打上海时，文庙成了重要的炮轰地点，这场战争将文庙基本炸平了。

收复上海县城后，当地官员在旧址重建文庙，然在建设过程中又发生了火灾，人们觉得此地不应再建文庙，经士绅呈请，上海知县决定将文庙移建于原明代海防道署遗址，即今日上海文庙所在地。这项工程从咸丰五年（1855）七月开工，转年七月竣工。

咸丰十年（1860），太平军包围上海，上海知县为防不测，邀请英、法军队入城协防，将文庙作为西兵屯驻之所，同时将文庙神牌移于关帝庙。同治三年（1864）六月，英、法兵撤防，庙内建筑损毁大半，巡道丁日昌视察文庙时感慨称："西人不识学之为学，固不足怪。司兹土者，能无恶乎？"（《同治六年三月苏松太道应宝时重修上海县学记》）

民国初年，有人提议把文庙改为公园，将文庙内的崇圣祠改为图书馆，该馆还建有儿童阅书室，张国鹏在其论文中称："因文庙原藏经阁处所建之市立图书馆要求十六岁以上读者始得入内，因此文庙民教馆另辟儿童阅书室。"

在公园内开办图书馆，当然是件新鲜事，这件事被街头艺人编入了弹词中。1935年10月31日，《申报》第19版刊《弹词》："唱罢一段重开场，文庙公园名久扬。白衣人也可游泮水，科举早废已无妨。进门先见魁星阁,大门口三架石牌坊。小假山,小池塘,小凉亭,小桥梁,小小景致小地方。钟鼓高架多威显,大成殿阁居中央。先师神位高高供,名贤排列在两旁。图书馆内陈书报,音乐室里品笙簧。各种展览室,许多新花样,健康卫生大改良。演讲厅,说书场,赵稼秋,朱耀祥,啼笑因缘凤姑娘。园林虽小甚雅致,空气还好晒太阳。入园须守新生活,切不可坦胸脱衣裳。"转年8月12日,《申报》第20版又刊发了一篇《弹词》来讲文庙图书馆,该《弹词》的前半段为:"浓荫绿树夏正长,教育馆中去徜徉。景色清幽多雅洁,平铺碧草野花香。东邻大厦连云弟,倒影崇楼水一方。这一边,康健公民展览室。那一边,图书馆陈列费周章。"

这些都说明了文庙图书馆在上海市民阶层已经有了广泛的影响力,正如桦子在《上海文庙史证》一文中称:"新庙于太平天国战争时又为英法外兵驻屯的场所,庙内设施毁损大半。经邑人倡捐修葺,并添置祭器,开拓月坛,到了1931年更由市政府辟为文庙公园,对外开放,文庙改为市民众教育馆,尊经阁被改建为第一个市立图书馆。"

在上海的一座公园内开办了第一座公共图书馆,这在上海的图书馆史上有着标志性意义。

北京松坡图书馆

纪念蔡锷，鼓励人才

松坡图书馆是专门为了纪念蔡锷而建的，松坡是蔡锷的字。蔡锷是湖南邵阳人，家境贫寒，5岁开始求学，13岁应院试，补为县生员，他的文采受到了督学江标的赏识，14岁时应岁试名列第一。蔡锷16岁时考入长沙时务学堂，而梁启超在该学堂任中文总教习，蔡锷学习刻苦，给梁启超留下了深刻印象。

"戊戌变法"失败后，梁启超避难日本，转年蔡锷收到老师的信，随后蔡与时务学堂的十几位学生想尽办法东渡日本求学，在梁启超的帮助下，蔡锷等三位学生进入日本陆军士官学校学习军事，这为他后来成为一名军事家奠定了基础。1904年蔡锷归国后，在湖南、广西、云南等省训练新军。1911年，蔡锷被提拔为云南三十七协协统。武昌起义爆发后，他与云南讲武堂总办李根源在昆明举兵响应，建立军政府，由蔡锷任云南都督。

1913年，蔡锷被袁世凯调至北京予以暗中监视。在此阶段，袁世凯准备复辟帝制，梁启超坚决反对，他在《异哉所谓国体问题者》一文中公开批评筹安会："政府威信，扫地尽矣。今日对内对外之要图，其可以论列者，不知凡几，公等欲尽将顺匡救之职，何事不足以自效？其无风鼓浪，兴妖作怪，徒淆民视听，而贻国家以无穷之戚也！"与此同时，梁启超几次给袁世凯写信，警告其帝制乃是倒行逆施。袁世凯对此置若罔闻，于是梁启超与蔡锷商议制止复辟行为。蔡锷根据梁先生等人的谋划，从天津经历各种险阻回到云南，1915年12月25日，蔡锷与唐继尧、李烈钧等西南军要向全国发出通电，宣布云南独立，以此反对袁世凯称帝，同时在云南组织护国军起兵讨袁，并与袁军在四川泸州等地激战。

1916年6月6日，袁世凯病逝，蔡锷时任四川督军兼省长，因为积劳成疾，检查出患有喉癌，于是前往日本医治，1916年11月8日去世于日本九州福冈医科大学医院，年仅34岁。消息传来，国人为之悲痛，黎元洪发布大总统令，追任蔡锷为上将军，同时为其举行国葬。

蔡锷是梁启超十分看重的学生，他的早逝令梁先生大感悲痛，在祭文中写道："嗟乎！嗟乎！天不欲使余复有所建树，曷为降罚不于吾躬而于吾徒？况乃蔘萋罔极，脊令毕逋，血随泪尽，魂共岁徂，吾松坡乎！吾松坡乎！汝何忍自洁而不我俱？"梁启超决定以建立松坡图书馆，来纪念这位护国军神。蔡锷去世后的一个月，梁启超分别致电各省的十七位督军和省长，他在电文中称：

杭州吕督军,分送南昌李督军、咸省长,武昌王督军,成都罗督军,重庆戴省长,西安陈督军,分送开封赵督军、田省长,云南唐督军,贵阳刘督军并转任省长,分送广东陆督军、朱省长,南宁陈督军,长沙谭督军,南京齐省长鉴:蔡公松坡,功在社稷,民不能忘。沪上同人,议设一纪念图书馆,即在馆中奉祠铸像,庶可以范后人而垂不朽。拟请我公赐衔发起,以资提倡,务乞垂诺。仁盼赐复。梁启超叩。江。印。

梁启超的倡议得到了一些督府的响应,例如贵州督军刘显世和省长任可澄回电说:"松公为中外具瞻人物,如于京师及立功地方建立专祠铸像而外,更藉琳琅之馆,长留英爽之姿,则日月长新,景行有在,世(刘显世)、澄(任可澄)极表赞成。"梁启超收到这些回电后颇受鼓舞,于是继续给山西督军阎锡山等人发电报,讲述他的计划:"蔡公纪念图书馆,承署衔发起,钦佩无量。顷此间各省咸踊跃赞成,惟须在发起人中公推一人为筹办主任,庶足以专责成而策进行。乞公推示复。"

梁启超提出为了办好此事,需要从发起人中推荐一位筹办主任来专职张罗此事,云南督军唐继尧回电说:"上海梁任公先生,贵阳刘督军、任省长,开封赵督军、田省长,陕西陈督军,蜀罗督军均鉴:蔡公纪念图书馆,公推梁任公先生主任办理,最为合宜,即希任公先生主持,著手进行,无任感盼。唐继尧叩。寒。印。"唐继尧提出应公推梁启超作为松坡图书馆的筹办主任。梁启超同意此请,于是建起了筹委会,该会的筹办员有13人,大藏书家袁思亮、出版家张元济均为筹办员。

筹办图书馆需要购地建房,同时也需要购书,为此梁启超和13位筹办员共同发起了"松坡图书馆筹办及劝捐简章",该简章共11条,其中第二条是筹办计划:"拟在上海购地二十亩内外,中建图书馆及蔡公祠,外为公园,树蔡公铜像。所筹经费,先尽购地建造之用,次以购置图籍。若有余款,得由同人决议划出若干为蔡公遗孤教养费。"

该馆筹办之初,原打算将馆址选在上海,筹得的款项在建起图书馆和蔡公祠后若还有剩余,则作为蔡锷后人的抚养费,由此可见梁启超爱徒之深。对于该馆的藏书计划,简章第四条写道:"本馆藏书分本国书、外国书两大部。本国书凡四库所有者,务设法以次搜罗完备。除购置外,有以家藏善本惠赠者,最所欢迎。外国书英、法、德、俄、日文分橱庋藏。各种科学、文学之名著,广为采置。其新出版者,随时购取。"

可见在构建之初,梁启超就能够将中外之书并重,这点体现了他一贯的开放性藏书思想。1903 年 2 月,梁启超应美洲保皇会的邀请前往美国和加拿大访问,而后把出访经历写为《新大陆游记》一书,该书中有几个段落谈到了他参观公共图书馆时的感受,尤其美国国会图书馆最令其感到震撼,他在书中夸赞该馆之美:"世界中第一美丽之图书馆也。藏书之富,今不具论。其衣墙、覆瓦之美术,实合古今万国之菁英云……数千年来世界上最著名之学者,莫不有造像,入之如对严师。其观书堂中,常千数百人,而悄然无声,若在空谷。"

梁启超所说的观书堂,即今日图书馆内的阅览室,他看到宽阔的阅览室内坐满了读者,但里面却静悄悄的,可见读者读书时的专注。他还注意到阅览室的墙上刻着各国文字,其中还有一段中文:"观书堂壁间以精石编刻古今万国文字,凡百余种。吾中国文亦有焉,所书者为'子夏曰日知其所亡月无忘其所能可谓好学也已矣'二十一字,写颜体,笔法遒劲,尚不玷祖国荣誉。"

梁启超在参观芝加哥大学图书馆时,对这里的开架借书最感兴趣,他惊讶于任由学生自取这样的方式会不会导致丢书,为此特意向馆长咨询此事,对方告诉他每年约丢两百册左右,但这个数量在图书馆能够承受的范围之内,丢这一点书却能给学生提供更多的便利,所以他们愿意坚持下去。梁启超写道:"余所见各学校之图书馆,皆不设管理取书人,惟一任学生之自取而已。余颇讶之,至芝加高大学,询馆主:如此,书籍亦有失者否? 答云:每年约可失二百册左右;但以此区区损失之数,而设数人以监督之,其所费更大,且使学生不便,故不为也。大抵失书之时,多在试验期之前半月,盖学生为试验而窃携去备温习,验毕复携返者亦甚多云。此可见公德之一斑。即此区区,亦东方人所学百年而不能几者。"

美国的几大图书馆给梁启超留下深刻印象,回国后便致力于图书馆建设,松坡图书馆正是他的实践成果之一,此外他还担任过北京图书馆馆长以及京师图书馆馆长。1925 年,梁启超被推选为中华图书馆协会第一任理事长,他在该协会的成立仪式上发表了《中华图书馆协会成立会演说辞》,以此阐明他的图书馆观念:"学问无国界……图书馆学的原则是世界共通的,中国诚不能有所立异。但中国书籍的历史甚长,书籍的性质极复杂,和近世欧美书籍有许多不相同之点。我们应用现代图书馆学的原则去整理它……从事整理之人,须要对于中国的目录学(广义的)和现代的图书馆学都有充分智识,且能神明变化之……这种学问,非经许多专门家继续的研究不可,研究的结果,一定能在图书馆学里头成为一独立学科无疑。所以,我们可以叫它做中国的图书馆学。"

经过一段时间的筹备,筹办委员会于 1918 年在上海购得徐家汇姚主教路转角处的余村园。该园是安徽商人 1909 年所建,筹委会购下后将此园改名为松社。1920 年 3 月,梁启超旅欧返国后,以"北京旅美同学会"的名义组织了一个图书俱乐部,该部搜集到 6000 多册外文书,而这批书全部都捐给了松坡图书馆。另外,尚志学会和亚洲学会搜集到了 2000 多册日文书,这些书也都捐赠给了松坡图书馆。

但是,当时松社的成员大多居住在北京,于是梁启超决定把松社和松坡图书馆搬迁到北京,同时把上海的房产等予以出售。到北京建松坡图书馆同样需要场地,梁启超找到了大总统黎元洪,黎元洪安排财政部拨给梁启超两块地。1922 年 10 月 16 日,财政部给梁启超回公函称:

> 来文称 : 拟设松坡图书馆蒙大总统准拨北海快雪堂一所,万不敷用,查西单牌楼石虎胡同第七号官房,现为财政金融学会呈准借用,拟恩拨给松坡图书馆,永远为业,呈恩鉴核批示,等因到部,查设立松坡图书馆,崇奉松坡先生果主遗像,并广储中西书籍,任人观览,予以仰企先哲,嘉惠后来,籍崇拜英雄之心,寓鼓励人才之意,本部深表赞成。所有西单牌楼石虎胡同第七号,财政金融学会借用官房一所,应即拨给松坡图书馆永远为业,以备收藏,而资建设。除由部填具部照,另行送达外,相应先行函达。

1922 年 12 月,松社成员在北京成立了"松坡图书馆干事会",共计 32 名干事,干事们公推梁启超为馆长。当时干事会把西单石虎胡同七号作为该馆的筹备处,推举蹇季常为筹备主任,王利民为助理馆务,蒋复璁负责外文编目,何澄一负责中文编目。

1923 年 11 月 4 日,北京松坡图书馆正式成立,梁启超写了篇《松坡

图书馆记》:

> 民国五年十一月七日蔡公薨,国人谋所以永其念者,则有松坡图
> 书馆之议。顾以时事多故,集资不易,久而未成。仅在上海置松社,以
> 时搜购图籍作先备。十二年春,所储中外书既逾十万卷,大总统黄陂
> 黎公命拨北海快雪堂为馆址。于是以后庑奉祀蔡公及护国之役死事
> 诸君子,扩前楹藏书,且供阅览。诗曰:"高山仰止,景行行止。"人斯
> 室者,百世之后,犹当想见蔡公为人也。民国十二年六月二十日,梁启
> 超记。

北京松坡图书馆终于建成,令梁启超颇为高兴,在开馆后的转天给长
女梁思顺所写之信中,谈到了自己当时的心情:

> 昨日松坡图书馆成立(馆在北海快雪堂,地方好极了。你还不
> 知道呢,我每来复四日住清华三日住城里,入城即住馆中),热闹了一
> 天。今天我一个人独住在馆里,天阴雨,我读了一天的书,晚间独酌醉了
> (好孩子别要着急,我并不怎么醉,酒亦不是常常多吃的),书也不读
> 了。

1925 年 5 月 28 日,梁启超拟定图书馆简章及第二馆阅览规则,同时
呈文内务部和教育部"呈请鉴核备案"。文中称:"现在北海公园第一馆书
目亦已编辑就绪,拟于十月一日开馆,供众阅览,所有松坡图书馆十三年报
告及第一馆阅览规则理合各检一份,呈请鉴核备案。"

由此可见,北海快雪堂成了松坡图书馆的第一分馆,西单石虎胡同七
号成为第二分馆。第一分馆藏古籍,第二分馆收藏外国图书。

那时的梁启超工作繁忙,无法将主要精力用在松坡图书馆的建设上,
故具体馆务主要是由几位干事负责,其中就有蹇季常及他的侄子蹇先艾。
清朝末期,蹇季常留学日本早稻田大学攻读法学,在日期间与梁启超交往
密切。蹇季常回国后,参加了梁启超领导的进步党,有一度可谓是梁启超
的左膀右臂,当时梁所谋划的很多行动都由蹇来做决断,时人有"梁谋蹇
断"的说法。故梁启超在北京建起松坡图书馆后,聘蹇氏叔侄在此任职,

而梁启超去世后，蹇季常感觉知交零落，整天以酒浇愁，最终于 1930 年仰药自尽。

1919 年，13 岁的蹇先艾由父亲送往北京求学，1925 年考取北京大学法学院，后来到松坡图书馆做编辑主任达六年之久，直到 1937 年日寇占领北京，他才返回家乡贵州。后来蹇先艾写过一篇名为《忆松坡图书馆》的文章，他在此文中说："梁先生当时仅仅负了一个馆长的名义，实际上馆务完全由叔父主持。第二馆设在北海公园内，专藏中文书籍。梁先生去世以后，便取消了馆长这个名称，由干事会负责来处理一切馆务，叔父当选为常务干事。叔父一死，便由丁文江先生继任。"

蹇先艾说他在松坡图书馆是做编纂，可见当时松坡图书馆办有刊物。对此，梁启超在 1924 年 6 月 7 日给蹇季常的信中谈及：

> 正欲函询开馆后情形，得书欢喜无量，相助之人一时固不易得（同人中即使有热心者，其不通欧文亦与吾两人同），但规模既定之后，只须监督着执笔人不乱不懈，便可日起有功，将来事业发展，再物色人才，此亦无办法之办法，公谓何如？旬日后当入京耳。照公所说一试（坐在阅览室一点钟，不许吃烟，却是酷刑），将来看准了那几位固定的阅览人，或尚可组织一真的读书俱乐部，乃至出一种印刷物（读书杂志的周刊单张），俟一两个月后看情形进行，我想把各杂志分类编起目录来（用杜威分类写片），试与蒋、耿两君商，不难办否？从初时办起，以后每月有新寄到者，即便续编，也不费力了。

图书馆是建起来了，但日常费用需要自己解决，蹇先艾说他当年的工作十分清闲："这个图书馆，因为坐落在公园里面，进门要买门票，所以读者便很寥落。"松坡图书馆还采取了收阅览券的办法来补贴经费，比如临时阅览券为每张铜钱两枚，半年票每张售银六角，全年票每张售银一元等，同时他们出版了蔡锷手辑的《曾胡治兵语录》，梁启超还亲自辑录了《松坡军中遗墨》。

但这些仍不能补足办公经费之缺，为此梁启超在 1925 年 4 月写了《松坡图书馆劝捐启》来募捐费用，该启谈到了蔡锷当年是为人格而战，以此讲明创建松坡图书馆的缘由，同时希望大家捐款出力，以便让图书馆长期办下去：

> 将军既没，国人思所以永其念者，于是有松坡图书馆之设，而委启超主其事，黾勉缔造，仅而获成。今在京师设立两馆，藏书及管理法，规模粗具，阅览者亦日起有功，惟是才力绵薄，所集基金，不足以资维持扩充之用，深惧基础不牢，有负委托，用敢将现在办理情形及将来计划，撮举涯略，敬告邦人诸友，庶仗群力，共襄厥成。

然而当时募捐到的款项并不多，当时蹇季常给梁启超的信中写道："前日总结本馆上半年各项经费，计用（经常临时）费二千三百余元，购书费三百五十余元，存三千三百余元，约计下半年费用，（如印刷、报告、修缮、购置冬季煤炭、祭祀等费。）月非五百元外不可，稍不搏节，或竟不敷，公鬻字所得，似应重在添基金、购图书两事，馆中杂费，不宜再事增加也。"

为了补贴馆里的日常开支，梁启超开始公开卖字，即使如此，馆费仍然不足，蹇季常劝梁启超不要给馆里再增加其他的事务。梁启超去世后，松坡图书馆不再设馆长，而由蹇季常以常务干事身份主持馆务。蹇季常自尽后，由丁文江继任。想来那时的经费更为困难，于是丁文江想出了其他办法。蹇先艾在《忆松坡图书馆》一文中写道："丁先生是个实事求是的学者，为了节省经费起见，便把第一馆的地址出售给蒙藏学校，全部合并到第二馆北海快雪堂去。把房价拿来做增加的基金和购书费。他的理由是这个图书馆的性质是纪念的，藏书不多，很难与国立北平图书馆之类争胜，倒不如完全设在一个名胜地方去供大众的瞻仰，一方面借此还可以补充一些图书。"

对于售卖后的石虎胡同分馆的情况，杨进铨在《蒙藏学校石虎胡同校址及其历史沿革考辨——兼考右翼宗学、松坡图书馆遗址》一文中称："1931 年 3 月 24 日，蒙藏学校与松坡图书馆正式立契，以现洋 9000 元买下这个宅院，扩充校舍。为了扩大操场，将中间的院墙拆除。"

1949 年春，由时任常务干事的叶景莘把该馆情况向当局汇报，经当时的高等教育委员会批准，松坡图书馆并入北平图书馆，至此，该馆前后存在了 26 年，为此，华北人民政府于 1949 年 9 月 15 日给该馆颁发了奖状，奖状原文如下：

华北人民政府奖状 奖字壹号

北海松坡图书馆干事会此次将全部藏书赠与国家,且该干事会继承创办人之志,二十年来经费虽不足,而图书不断增加,在国民党匪军盘据北平之时,该馆驻有匪军任意摧残,几付一炬,赖干事会百方维护乃得保全,此精神实堪褒扬,合行颁给奖状,以示嘉奖,而励来兹。

此状

右给松坡图书馆干事会收执

主　　席　董必武

副主席　薄一波

　　　　　兰公武

　　　　　杨秀峰

中华民国三十八年九月十五日

我年轻的时候,特别喜欢到北海去游玩,但那时并不知道有个松坡图书馆就在这公园里,一来北海公园的面积太大,二来快雪堂所处的区域是在公园的西北角,而我每次进公园都是从南边的正门,所以从来没有走到过这个区域来。而今为了探访松坡图书馆,我特意查看了地图,方知快雪堂离公园的北门最近,于是在 2015 年 7 月 24 日开车前往此地。

在门口花 10 元钱买了张票,我又进入了这个公园,距离上次至少隔了 20 年。因为从未来过这个区域,所以也无法唤起任何记忆,隔着宽阔的北海,远远看到了琼岛上的白塔,方有了瞬间的恍若隔世。至少在这个区域,公园内人潮如涌,每隔几十米,都有一群人在那里跳各式各样的集体舞。

我向围观者打听快雪堂的走法,问过几位观众,他们都沉浸在眼前的舞姿中,竟然连胡乱指一下的心情都没有。偶然看到旁边走过一位目不斜视的老大爷,于是跑过去向他问津。老人戴着助听器,所以说话很大声,他近乎命令式地和我说:"跟我走!"遇到这等好心者,让我很是快意。老人看到我上衣兜里插着门票,颇不解地问我为什么不买月票,因为月票跟日票价钱相同,也是 10 元钱。老人又告诉我,他就住在这附近,每天没事了就进入公园溜达,而他买的是年票:"我这一年才花 10 块钱,你算算,一个月才几块。听我的,赶快去办张年票。"我认真地谢过了老人的指教,老人又像是想起什么似的问我,去快雪堂是否已得到特约批准。我说在网上查过了，这里可以免费参观。老人冲着我一乐："网上的你也敢信!"

果如老人所言，快雪堂门口站着两位工作人员，不断地挡回准备进内参观的游客，看来我想进内拍照，不是件容易的事。如果我就在这个时候走上前，肯定命运会跟前面的几位游客一样，于是我决定讲策略，先在外围拍照。

快雪堂处在一片小高地上，高地上种满了树木，如果不是门前的台阶，很难发现这树林里面还有一片建筑。我边拍照边留意着门口的情形，看到那里暂时没了游客，于是赶快上前向那两位"门神"说明情况。我说自己并非随意浏览，而是因为这里曾是松坡图书馆的旧址，我入内拍照是为了写一本书来纪念这个图书馆。

其中一位听完我的解释，马上正色地对我说了一番道理，我再三解释，经过几个来回后，他们终于对我放行。

因为两位尽职的"门神"，这片区域里没有一位游客，整个三进院落，我仅在第一进遇到了一位正在拔草的女工，她告诉我，从右侧就可以一进一进穿过去。墙外的跳舞音乐声，更加映衬出这个院落里的宁静，而我尤其喜欢这种氛围，能够让自己的心境一直沉湎到逝去的古代。

前两进院落的正堂都锁着门，我在门口看到过告示牌，上面写着这里面在举行绘画展，而今这些殿堂锁着门，反而让我增加了几分安全感，因为这么大的院落中仅我一位游客，真丢了东西，我便成了唯一的怀疑对象。进入第三进院落时，我立刻高兴起来，这里就是快雪堂所在地，正堂的门楣上挂着乾隆皇帝所书的匾额，两边围廊里嵌着的就是《快雪时晴法帖》刻石，而这正是快雪堂名称的来由。

《快雪时晴法帖》原本是一部套帖的原石，此石并非乾隆皇帝所刻，而是明末的冯铨。冯铨在当年也是位大人物，他是明万历年间的进士，官至文渊阁大学士兼户部尚书，因为投靠魏忠贤，故在崇祯初年魏忠贤倒台之后，冯铨也被贬为庶民，可是到了清军入关之后，他又在清廷做到了礼部尚书。三年前，我曾到他的故乡河北涿县去寻找他的墓，那座大墓在"文革"期间被彻底拆除了，好在我找到了曾经见过那座墓的人，总算找到了墓址。但他为什么要刻这么一套法帖，我却没有查到相关的记载。

这套法帖很有名气，一者是帖中所收均为历代难得的书法珍品，比如开卷第一件就是王羲之的《快雪时晴帖》，正因为这个原因，冯铨给这套

第一进院落　　碑廊

法帖起名为《快雪堂法书》。这套法帖有名的第二个原因，是因为刻石者是当年有名的刻工刘光旸。这个刘光旸并非普通人物，连顺治皇帝都欣赏他的才能，封他为"鸿胪序班"，因此他有机会出入皇宫，看到很多宫里所藏的珍宝，眼界十分了得。

冯铨故去后，这套法帖几经流转，一度转卖到了福建，当时的闽浙总督杨景素听说手下黄可润藏有《快雪堂法书》的48块原石，于是就买下来运回北京，献给了乾隆皇帝。弘历见此当然很高兴，专门写了篇《快雪堂记》。弘历在这篇记里说，他已经刻了《三希堂法帖》，另外《淳化阁帖》内所收大部分跟《快雪堂法书》重复，所缺者就是王羲之的这篇《快雪时晴帖》，所以他觉得这套帖意义不大。

但是弘历又说："（虽然如此，但）欲却之则事已成，且举关翰墨，非贡谀逢恶之为，因受之。"弘历在此解释说，他并不觉得这是受贿，因为这是关于书法的事情，并且已经买来了，也就接受了下来。但是接受下来了，又没地方盛放，于是就建起了这个快雪堂，因此快雪堂这处建筑的来由，是先有石，后有房，此说以弘历所言为证："并筑堂为廊，以嵌石版，以淳化轩之例也。石版长短、宽窄不一，且有木刻三版，因命内府摹淳化之善手，重橅其迹而渤之石，俾长短宽窄较若划一，其木版仍置堂中，以纪数典。列观两廊，秩如彬如，弗啻黄氏所未营，而亦冯氏所未逮矣。夫快雪堂之建，因石刻，非因雪。"

而今我看到的快雪堂保护得十分完整，隔着玻璃向里面张望一番，因为没有光线，所以也没有看到任何的物体。我当然知道，里面已经不可能有书，因为当年松坡图书馆的旧藏后来全归了北京图书馆（今国家图书馆），但我站在这里，却有着一种本能的亲切，尤其是这个院落前方的那座假石山。假石山的体量很大，大到和院落及房屋的比例有些失调，而这个石山，也是大有来头。

对于这座假山，塞先艾有这样的描述："院中堆着一座石山，遍身的苔痕野草，据说这座石山中有两块是宋徽宗从太湖运到义南的花石岗，后来被金人当作胜利品又从开封搬到北平来的。穿过石山，才能到祠堂面前。两庑的石壁，便是有名的快雪堂法帖的石刻，用栏杆保护着。"而今我看到的这些石块，仍然跟塞先艾看到的一样，只是他没有说其中的一块儿石头上刻着的"云起"二字，是出自乾隆皇帝之手，并且弘历很喜欢这块

石头，为此专门写了首《云起峰歌》。这块石头据说是北京十大奇石之一，而另九大是哪些，我却没心思去了解，因为我惦记的还是这里的藏书，虽然已是书去楼空，但我认为，还是有瞻仰的必要，以这个行动来诠释"江山留胜迹，我辈复登临"。

关于当年松坡图书馆的布局，宋益民、吴景熙在《松坡图书馆始末》一文中说："北海快雪堂共有三排北屋，由南而北，第一排是澂观堂，第二排是谷兰轩，最后房屋和走廊，现在大部分都用作书库，屋内书架密集，放满了旧书。"

这里曾收藏着湖北大藏书家杨守敬的旧藏，其中古籍有两万四千多册。1915年杨守敬去世，北洋政府把他的藏书买了下来，后来将其中一部分拨给了松坡图书馆，还有一部分收藏于紫禁城内的寿安宫。抗战爆发后，藏于宫内的那批书一路南迁，最终成为台北故宫博物院的收藏。而原藏在松坡图书馆的那一批，已经成为北京图书馆也就是今日的国家图书馆所藏典籍的一部分。

亚洲文会北中国支会图书馆

西方人的汉学遗产

我偶然从资料上读到，亚洲文会大楼是上海图书馆（以下简称"上图"）的藏书处之一。看到这个消息，我马上给上图历史文献中心主任黄显功兄去电话，说自己想前往此楼拍照。黄主任告诉我，该楼的确曾经划归给上图，并且里面也藏着几万册西洋书和线装书，但后来这座大楼置换给了其他的单位，因此，这座楼如今已经不属于上图。黄主任知道我到处寻访藏书楼，又告诉我说，该楼虽然已经不属上图，但他跟管理此楼的相关部门仍然熟悉，可帮我联系拍照之事。我觉得这会给他增添额外的麻烦，于是准备自己前往一试，万一不能拍照，再托他找熟人不迟。

2015 年 11 月 28 日这天，我又来到了上海，打车前往虎丘路 20 号，然而出租车司机却不知这条路在哪里。我想起这栋楼现名"上海外滩美术馆"，于是告诉司机这个名称，他仍然不知道，并且说自己在上海开出租车超过了 20 年，很少有他不知道的地点。如此说来，这个虎丘路恐怕是一条小巷。于是我立即去电上海的朋友，请朋友跟司机讲述具体的地点。司机弄明白了大概的方向，又几经打听，终于来到了虎丘路和北京路的交叉口。付费的时候，司机不好意思地说，因为自己道路不熟绕了不少冤枉路，所以要少收我 10 元钱。我感谢了他的诚实，仍将足额的车资付给了他。我觉得这份诚实的意义，远不止这么一点点钱。

站在路口望去，虎丘路比我想象的要宽敞不少，但并不长，估计在二三百米之间。在这条路的入口处矗立着两栋洋楼，从北京路望过去，第二座就是上海外滩美术馆。此馆的外观是典型的西式洋楼，同时点缀着一些中国传统元素，比如楼的两侧有两个八卦形的窗户。侧墙上嵌有"优秀历史建筑"铭牌，铭牌下面标明着开放时间和票价，上面写明全价为 30 元。整栋楼大约分为六层，第一层为青石砌就，从正面看，有三个圆拱形的门洞。就拍摄而言，虎丘路很窄，我用上了广角镜头，还是难以把楼身全部收入，于是退到对面的一条窄巷内，总算勉强地拍下了此楼。

该楼二楼之上以红砖砌就，在二楼与三楼之间嵌有"亚洲文会"的石刻匾额。楼的左侧已经变成了一个大工地，正在挖坑打地基，建筑墙上列有外滩美术馆的展览计划。我走到门口，向门卫打听售票处在哪里，被告知今日免费参观。意外省下了这 30 元，我觉得应当是上天对我刚才多付 10 元车资给司机的一种奖励。

一楼的大厅被布置成了创意商店，里面所摆放的文创用品，我看不出为什么有着那么高的定价。我对大楼的楼梯更感兴趣,于是不乘电梯,沿着步行梯层层上行。按照文献记载,二层就是当年的图书馆所在地,而今这里变成了展厅,所展都是先锋派的超现实装置。以我的愚钝,解读不出这些装置所包含的微言大义,比如,一根桂花木上插着一块液晶屏,还有一个树瘤子被做成了胃的形状,而在另一侧的地上放着几个流星锤,我看了一圈儿,不得要领,于是回到厅房。

大厅摆着一个木架,从外观看上去跟古代的囚笼极其相像,而这辆囚笼的侧边,便是登楼的楼梯。楼梯所显现出的简洁明快,有如乐律般的美感,这种美感跟囚笼弥散出的粗野形成了一种对撞。无意间,我注意到囚笼的右手玻璃门可以打开,尤其那设计合理的把手让我有着芝麻开门般的冲动。我忍不住打开了玻璃门,门外是一个窄窄的楼台,楼台上的立柱柱头是典型的中国图案元素。这样的中西结合,并不产生视觉冲突,让我看上去心情舒坦,但显然,工作人员不愿意我以这种方式来欣赏美,他马上制止了我试图开门的行为。

上到三楼,这里的装置也颇为奇特,其中之一是用十几个单反镜头连接成一根金箍棒,然后由一条首尾相衔的蛇将其围绕在一起。我当然不奢望自己能够读懂这种语言,于是来到了四楼。四楼和五楼之间是上下连通的,正厅里摆放着一些洋伞状的装置,五楼上面则摆着两台电动缝纫机,缝纫机上放置着长长的蓝布。这个区域没有看到工作人员,让我又有了一试此机的冲动,但是刚想坐下,就发觉针上并没有纫线,看来只是个装置而已。

我来到了六楼,而今这里变成了咖啡厅。咖啡厅的两侧各有一个小楼台,我看这里的服务人员长得较为和善,于是问她可否进内拍照,得到了她的默许。站在露台之上,我可以清晰地看到楼顶上的装饰图案,到此时才看明白,这些图案不是大理石或者花岗岩,而是用水泥做出来的。我不知道近百年前水泥的价格是否贵过使用石材,但在这里我要真心地赞叹这些水泥质量之高,经历了百年的风风雨雨,仍然完好地屹立在这里,这本身就是一种奇迹。站在楼台上往下望,虎丘路的另一侧是一片红顶洋房,这应当就是上海老建筑中的石库门。我想,当年亚洲文会里面的工作人员,包括伟烈亚力在内,他们所看到的景致,跟我现在眼前看到的没有太大区别。

■ 亚洲文会大楼的侧面 　■ 二楼展厅

六楼咖啡厅的另一侧中厅位置被辟为了展厅,展品也是装置艺术。这些装置在我的眼中变成了不舒服的硬物,因为装置的制作方式是用一些鸟类的标本与一种面食结合在一起,然后穿成长长的一串,展眼望去,至少有上百只生灵来诠释"鸟为食亡"的真理。当然,"鸟为食亡"到底是不是真理,其实我也不确定,但这些鸟今日成了装置艺术,倒是确定无疑者。这件装置艺术的作者是捕猎了这么多鸟来创作自己的艺术,还是他买到了这么多的标本? 我未曾仔细地考察,但我觉得,艺术的第一功能是给人以美感,至少我此刻在这里未能读到美。也许作者想表现出一个深刻的主题,但是我看到的更多是残酷。

六楼的后方是一个面积较大的露台,站在这里可以看到外滩的水面,关于这一点,伟烈亚力跟我看到的不会有太大的区别。不同的是,他当年所在的这栋楼里面,有着他所捐赠的书籍,而今这栋楼仍在,却已书去楼空,让我站在这里又徒发感慨地遐思一番。

1823 年,英国伦敦成立了皇家亚洲文会,而后在印度孟买成立了支会,1847 年,在中国香港成立了中国支会。当时的亚洲文会是一个研究机构,主要是对亚洲的自然物产进行调查和收集。1843 年,中国上海对外开放,一些国家陆续在这里建租界地。当时的英国男爵尼柯逊和裨治文等人在上海组建了一个文理学会,此会的目的也是研究中国文化,同时收集相关的物产标本。到了清咸丰七年,也就是公元 1857 年,上海的文理学会与英国伦敦的亚洲文会合并,合并后的名称则是"英国亚洲文会北中国支会",但也有的文献上说,正式的名称应当是"皇家亚洲文会北华支会"。但无论哪种称呼,都是把建立在上海的这个支会称为"北中国",后来我读到了王毅所撰《皇家亚洲文会北中国支会研究》一书,方才明白这里所称的"北中国",是相对香港而言。

北中国支会成立之后,因为没有固定的场所,于是英国驻上海领事阿礼国向英国政府申请,把英租界工部局在圆明园路的一块空地划拨出来,当时的地产商汉璧礼捐银 500 两,同时向上海(西桥)体育基金会低息贷款 1500 两,余外的资金由英国政府拨付。在 1871 年,即清同治十年,亚洲文会北中国支会会馆落成。会馆建成之后,在里面又成立了亚洲文会博物院。此博物院成立于 1874 年,是上海最早的博物院,这个博物院系统地收集长江流域的动物、植物和矿物标本,同时聘请了大量专家来参与此事。

亚洲文会建立之初就有设立图书馆的打算，在 1857 年两会合并为亚洲文会北中国支会时，当时该会的首任会长裨治文在 10 月 16 日的开幕式上有个讲话，这段讲话表明了亚洲文会的收集范围，同时明确提出了要收集相关的书籍：

> 文学和科学是人类社会中仅次于宗教的最富足、最崇高、最睿智的标志。在这个古老的国家，虽然有大量的文学故事、深奥的知识体系和令人崇高的古风，然而也充斥着虚假的宗教、荒谬的医学和错误的国际、国内政治理论，对于这些必须予以揭露和芟除之，以便于人们掌握真理，并将基督教文明扩展到帝国境内最远的地方。为此，我们要对帝国境内的岩石、山岭、河谷、树林、动植物、物产做深入的调查和研究……我们要对中国的文献进行分类、统计和整理，所有的成员都应及早认真研究这些内容。我们还需要一些必备的工具，我们要有存放图书和贮藏科学标本的房屋。任何有价值的汉语书籍和关于中国的外文著作都要收集。

最初建成的亚洲文会北中国支会会馆馆舍仅有两层，几年之后就不再够用。1930 年，亚洲文会通过社会募捐，以及英国皇家的特别赞助，总计筹得 16 万两，于是在 1931 年将原有的两层楼拆除，在旧址上重新建起一栋新的大楼，就是我今天眼前看到的这一栋。眼前的这一条小路，原本叫"圆明园路"，正是由于亚洲文会北中国支会的建成，将其改名为"博物馆路"，到了 1943 年，又改名为"虎丘路"。

亚洲文会北中国支会早在 1858 年就开始搜集相关资料筹备图书馆，最初的藏书数量不多，主要是由裨治文捐赠的《中国丛报》和帅福守捐赠的个人藏书，当时这些书由合信负责管理，这个图书室最初只是亚洲文会北中国支会的一个阅览室。1866 年，理事会决定单独建立一个图书馆。1867 年 4 月，在上海的著名汉学家英国人伟烈亚力准备回国，于是他把自己用了 20 年时间收集起的相关图书，总计 718 册西文图书和 1023 册中文图书，以 1767.5 两白银的低价，卖给了亚洲文会北中国支会图书馆。这批书大多是西方人所论述的关于中国事迹的图书。伟烈亚力的捐赠很重要,自此之后,亚洲文会北中国支会图书馆就以收藏这方面的书作为该馆的藏书特色。

关于伟烈亚力的捐赠,1868年12月28日的《北华捷报》予以了报道,这篇报道对伟烈亚力的捐赠给予了高度的评价:

> 从公众的角度来讲,像伟烈亚力先生这样一位博大精深的汉学家退出他那长期的、有价值的、满是收获的和已臻成熟的劳动的舞台是一件不幸的事情。如果不尽全力把他的经过如此耐心收集西人论中国文献、如此详尽的图书馆留在上海而让它搬走的话,那就是双重的不幸。不可能有谁再去费力收集出这样一个关于中国和中国人著作的完备的图书馆,即使容易得到这些著作。而实际上许多珍本已不可再得,因此目前这一收藏具有极高的价值。亚洲文会同意以伟烈亚力所提出的低价购买该图书馆,乃是一件值得庆贺的事。

伟烈亚力出生于英国伦敦,原本学的是拉丁文和数学,1845年冬,他在一个旧书摊上买到了一本法国传教士马若瑟用拉丁文写的《汉文启蒙》,由此对汉语产生了兴趣。之后他又从大英圣书公会得到了一本中文翻译的《新约全书》,于是开始研习汉语,之后又开始编纂英汉词典。

1846年,伦敦会传教士里雅各因病从香港返回英国,他受麦都思委托,想从英国找一名合适人选前往上海经营墨海书馆。里雅各找到了伟烈亚力,于是伟烈亚力在1847年第一次乘船来到上海,在墨海书馆工作三年后返回英国,回国后他加入大英圣书公会。1863年,伟烈亚力作为大英圣书公会的代表第二次来到中国。1869年,他再次回国,但转年又第三次来华。可见他对中国有着深深的情感,直到1877年,他因患眼病双目失明而再次返回英国。

伟烈亚力在中国期间不仅学习汉语还学习了满语,他认为满文比汉文好学,于是把一些满文译成了英文。后来他通过研读四书五经来学习汉文,在此期间,他购买了大量的中文典籍。1869年,伟烈亚力被选为亚文会北中国支会荣誉会员,1871年被选为副会长,正是他的藏书构成了亚洲文会北中国支会图书馆的基础。

随着书籍的增多,必须通过编目才能方便读者查找和索书。1907年,该图书馆经过审慎的思考后，决定要编一本新的目录，胡道静的《上海图书馆史》中写道："（亚洲文会北中国支会）图书馆里所有的书籍，向来是分做'博物院组''中国组'等等的，现今包括在同一组目录之中；最后决定要采用一种最新式的分类法。经过美国波士顿鲍尔通君（Mr. Bolton of the Athenaen, Boston）有力的推荐，就决定制一个'字典式的目录'在卡片上，按照杜威十类分类法和索引，并用卡脱氏著者号码；1908年，这个目录编竣。"

为该馆编目作出贡献者，有法国汉学家高第（考狄），法国伯希和在《法国的百科全书式汉学家考狄》一文中说："1871年，也就是在他入华的两年之后，考狄成了皇家亚洲学会华北分会的荣誉图书馆长。1872年，他便以图书馆编目方法的课题而开始其科学生涯，他接受将其生活的余暇全部投入了图书编目的工作。此外，他从其出发赴华之前，然后在中国本土，陆续汇集了一批漂亮的图书。当他定居于法国时，便希望将它们自远东运回。但在1877年6月17日—18日夜间，在卡塔富伊角，其图书均毁在湄公河中了。考狄仍在不停地重建其藏书。他首先和主要是一名书目学爱好者，再加上是一位图书酷爱者。"

高第在中国居住了30多年，他利用亚洲文会北中国支会图书馆的藏书编纂出了《西人论中国书目》一书，此书几次再版及补遗，成了高第的代表作。该书目在学界很有影响力，陈潜在《西人译中国书籍及在中国发行之报章》一文中评价该书说："提要钩元，学者欲要阅何种（西人所著中国）书籍，按此书以求之，则十可得其八九矣。"

其实伟烈亚力也是一位著名的目录版本学家，他曾写过一部《中国文献记略》，此书在欧洲很有名气。伟烈亚力编此书的目的，是想让西方了解中国的传统文献，他的编写方式很独特，就是以《四库全书总目》为底本，也按照《四库全书》的四库分类法进行排列。他的这部书是提要式的写法，总计谈到了1745种中文古籍，但他的具体写法并不是把《四库全书总目》的提要做简单的翻译，而是根据自己的藏书另外撰写，因此这部《中国文献记略》中谈到的一些中文古籍，有些是《四库全书总目》未曾收录者。该书的第一版由上海美华书馆出版于1867年，而后美华书馆又两次再版此书，足见该书在社会上的影响，法国汉学家高第称赞此书说："（该书）实际上是西方有关全面介绍中国文献的唯一指导。"

■ 二楼露台上的饰物　　■ 成串的生物艺术品

伟烈亚力还有一部目录版本学方面的著作——《1867 年以前来华基督教传教士列传及著作目录》，此书共收录了 338 位传教士的中英文著述，成为研究这方面历史的重要资料。胡优静在《伟烈亚力的汉学成就述评》一文中，对伟烈亚力的汉学成就给出了三方面的评价："首先，中文文献的匮乏是那时西方汉学界普遍面临的棘手问题。伟烈亚力或赠送或出售，先后为牛津大学图书馆、皇家亚洲文会北华分会图书馆以及圣书公会提供了许多有价值的中文文献，在一定程度上缓解了这一压力。其次，这一时期的西方汉学比较关注中国与其周边地区的交往情况，成果也比较丰富，伟烈亚力 1874—1875 年从《汉书》和《后汉书》中翻译的有关匈奴的章节就是其中比较有代表性的作品。再次，工具书的编撰是这一时期的重要任务，后来也被证明了是最经得起时间考验的汉学成果。而伟烈亚力以《钦定四库全书总目》为底本编写的《中国文献记略》无疑是这一时期有关汉语书目的第一部全面系统的权威著作。伟烈亚力没有在大学里担任过汉语教授，但他众多出色的治学研究成果表明，他为英国汉学的勃兴作了大量基础性的累积和开拓，在 19 世纪英国汉学史上理应占有重要的一席之地。"

由此可见，伟烈亚力在目录版本学方面有着自己独特的贡献，同时他对亚洲文会北中国支会图书馆的建设也起到了至关重要的作用。在清同治十年（1871）十二月，北中国支会举办第一次年会时，伟烈亚力就被选为该会的副会长，故该馆的藏书观念受其影响很大。其实他并不只是对藏书有研究，他还跟中国的一些学者共同翻译过多部西方科学著作。

对于亚洲文会北中国支会图书馆的藏书特色，徐建华、陈林编著的《中国宗教藏书》给予了这样的评价："专收中西方出版的中国及远东的著述是亚洲文会图书馆馆藏最突然的特点。""它重视收集 16、17 世纪以来出版的那些记录有中国或远东地区的中、西文图书，也收藏一些原始的文件、档案和图片，它还是当时上海所有的图书馆中唯——个不收藏小说的图书馆。"而王毅在《皇家亚洲文会北中国支会研究》一书中也说："只要是关于中国及远东的中外文书籍、杂志、小册子、地图，以及未出版的手稿、私人的旅行日记、碑刻的拓片，甚至一份报纸，一张便笺都不拒绝。"

亚洲文会北中国支会图书馆最初主要服务于在上海的外国人，后来读者群迅速扩大，1917 年，理事会决定图书馆可以对公众开放，但同时规定对外收费,前来查阅的读者每年要交 16 块大洋,半年 9 元,每季 5 元,只要交钱,随时可以入会。当时借书的规定,是每人一次限借 4 本,期刊则每次只限借 1 本。有趣的是,该馆的藏书来源与其他的图书馆有着很大的不同,他们很少自己出资购买,主要是依靠捐赠,然后是用自己所办的刊物跟其他机构进行交换,王毅在文中称:"……截至 1915 年,共有 32 个国家的 204 个机构曾与文会交换出版物。"此外还有一个来源,则是作者本人将出版物赠送给该馆。对此,汪晓勤在《中西科学交流的功臣——伟烈亚力》一书中写道:

> 亚洲文会图书馆的图书来源由于资金短缺,购买的书籍很少,因此主要靠会员与上海外侨的捐赠,多年来"只要是关于中国及远东的中外文书籍、杂志、小册子、地图,以及未出版的手稿、私人的旅行日记、碑刻的拓片,甚至一份报纸、一张便笺都不拒绝"。其次是通过与其他文化机构交换刊物获得,也有作者本人和出版机构的赠送,1911 年金斯密(T. W. Kingsmill)就捐赠了 100 册私人藏书,1918 年南通气象台向图书馆捐赠气象观测资料,1928 年日本政府捐赠《1923 年日本大地震》。

1931 年 7 月,这座图书馆重新建成六层新厦,1933 年 11 月 15 日正式开放,一楼为演讲厅,二楼、三楼是图书馆及书库,四楼为标本陈列室,五楼是中国历史文物陈列室。最初该馆的服务对象主要是在华洋人,所以前来参观和阅读的人数不多,然在特殊时期,该馆也接纳中国人。李梅军编著的《图书馆印记》一书中有《中国最早使用西方分类法的图书馆——亚洲文会北中国支会图书馆》一文,该文中说:"更为难得的是,抗日战争爆发初期,该图书馆还接待了许多中国学者和流亡上海的学生,使他们能够继续从事研究和学习。"

在动荡的年月,该馆还曾保护过一些中国高校图书馆的藏书,王毅在《皇家亚洲文会北中国支会研究》中写道:"不仅如此,亚洲文会图书馆还保护了一批书籍文献,抗战期间之江大学(Hangchow Christian College)、沪江大学等学校的部分馆藏书籍因存放在亚洲文会图书馆而避免了战火的摧毁。"

此外，1940 年尚贤堂的藏书也曾经存放在亚洲文会北中国支会图书馆，对于他们的合作关系，王毅在《皇家亚洲文会北中国支会研究》中说："文会收藏尚贤堂的标本和书籍，为尚贤堂人员提供办公场所，双方共同管理文会的演讲活动，尚贤堂每月为这些活动支付经费，双方保持各自身份的独立性。"

1897 年，美国基督教传教士李佳白在李鸿章、翁同龢等人的支持下成立了中国国际学会（International Institute of China），此会以"崇尚贤士以治国"之义，取中文堂名为尚贤堂，该堂创建于北京，1900 年义和团运动中尚贤堂被焚毁，李佳白被迫滞留于上海。1903 年，李佳白得到了刘坤一、张之洞、盛宣怀等人的支持，在上海霞飞路购地重建尚贤堂。1927 年李佳白去世，尚贤堂由其子李约翰来管理，此后不久李约翰将尚贤堂房屋出售，而后尚贤堂租用亚洲文会北中国支会图书馆房屋办公。正因这个原因，使得尚贤堂的藏书也汇入了该馆之中。

1941 年，太平洋战争爆发，文会大楼被日军强占，里面的藏书及文物被运到了东京。1945 年之后，国民政府成立了"清理战时文物损失委员会"，此会的上海办事处由徐森玉担任主任，经过他的努力，当年被日本人抢走的亚洲文会北中国支会图书馆的部分藏书重新回归此馆。而后，图书馆重新对外开放。到了 50 年代初期，此会的经费来源断绝，会长黎照寰向上海市市政府提出接管要求，经上海市军管会批准，1952 年 6 月 27 日，亚洲文会北中国支会图书馆所剩余的藏品分别拨给了上海博物馆、上海自然博物馆和上海图书馆，而这栋大楼则由上海图书馆使用。

亚洲文会北中国支会图书馆藏书量最大的时候，有西文书 14 万册，中文书 1 万余册。就数量来论，亚洲文会北中国支会图书馆比不过上海徐家汇天主堂藏书，该堂的中文书库藏书量已达 12 万册，西文书藏书量也超过了 8 万册。然亚洲文会北中国支会图书馆的藏书数量虽少却自有其特色，1934 年冯陈祖怡编的《上海各图书馆概览》中提到该馆时称："藏书一万余册，以西文为主，中文约一百五十种，二千余册，余皆西文杂志，二百余种，全是西文，新闻纸数种，特藏中国古学、地质、史地、博物，均是孤本。"

对于这些藏书的价值，郑振铎曾在《谈分书》一文中这样写道："有的古代的藏书楼或图书馆，原是十分完整地，自有其历史的意义与作用的，保存在一起，那么，就会发挥其应有的很大的作用。一旦分散开了，就会碎

割零切，不成片段，起不了什么作用，除了毁灭了一个古老的好的图书馆之外，别无其他的好处。且举几个实际的例子。像宁波天一阁、上海徐家汇图书馆、上海中华书局图书馆、上海亚洲文会图书馆等等，都有相当悠久的历史（天一阁的历史是四百五十年，徐家汇图书馆的历史是四百年）。其藏书的性质也是各树一帜的。把他们完整地保存了下来，是有其必要的，也有其需要的。"

郑振铎在此文中，竟然将亚洲文会北中国支会图书馆所藏之书跟天一阁相提并论，他为何要给出这样的高度评价呢？郑先生在此文中做出了如下的解释："又像中华书局图书馆，搜罗清末以来的各级各种的教科书最多，是研究近百年的教育史的和从事教育工作的同志们所最需要的一个大的丰富的宝库。如果'分'散了，有何意义呢？又像亚洲文会图书馆里的藏书，以整套的有关东方学的书刊为主。如果中国科学院一旦成立'东方学研究所'（？）之类的机构，将它作为一个图书馆的基础，乃是一个十分合乎理想的，也是十分切合需要的事。如果把它'分'散了之后，再要建立起像那样规模的一个图书馆来，便非十年、八年不为功了。"

看来，郑振铎的着眼点在于藏品的完整性，而这也正是藏书家整份收藏的价值所在。虽然如今的亚洲文会北中国支会图书馆已经书去楼空，但好在这些书今日都完整地保留在上海图书馆的书库内，至少后世研究者还能得见这些原物，对于我而言，上海图书馆里有那么多的师友在，这更给我的看书带来了很大的便利。想到这一层，略显沉重的思绪也就变得轻松了起来。

绍兴古越藏书楼

至今仍在使用的古代书楼

古越藏书楼处在浙江绍兴，从名称上讲，这是传统称呼方式，但吴晞在《从藏书楼到图书馆》一书中认为：“徐树兰及其创办的古越藏书楼在我国近代图书馆史上有着特殊的地位和作用。”

对于这个结论，吴晞在书中总结出三点，首先是：“古越藏书楼是徐氏以私人之力创办的新型公共图书馆。这在中国图书馆史上是个创举，在世界上也不多见。”这句评语点明了该楼已具有近代图书馆性质。正因如此，许多文献在谈到图书馆起源时，都会提到古越藏书楼。

其实一座书楼命名为藏书楼还是图书馆，重要区别是在观念方面，从功用角度来说，在大多数情况下，藏书楼是为己，图书馆是为人，但在新旧交替时期，仅从名称上予以划分，显然有偏颇之处。

对于古越藏书楼的性质，可以通过徐树兰在光绪二十八年（1902）所撰《为呈明捐建绍郡古越藏书楼恳请奏咨立案事》予以分析，此文首先称：“窃维国势之强弱，系人才之盛衰；人才之盛衰，视学识之博陋。涉猎多则见理明，器识闳则处事审，是以环球各邦国势盛衰之故，每以识字人数多寡为衡。方今朝廷孜孜求治，迭奉谕旨，广设学校，此诚兴贤育材正本清源之至计也。”

徐树兰从大处着眼，认为人才之盛寡决定国势之强弱，读书多人才就会多，全球各国的盛衰均是此规律。晚清时朝廷把一些书院改为学堂，正说明了对教育的重视。接下来徐树兰谈到学堂与藏书的关系：“近来各省府县次第设立学堂，急公好义之士，亦多捐赀补助。职前于光绪二十三年筹办绍郡中西学堂，教授学生，每学不过数十人，或百数十人，额有限制，势难广被，而好学之士，半属寒畯，购书既苦于无赀，入学又格于定例，趋向虽殷，讲求无策，坐是孤陋寡闻，无所成就者，不知凡几。伏念高宗纯皇帝特设文宗、文汇、文澜三阁，备庋秘籍，津逮后学，由是江浙人文甲于天下，成效昭然。”

那时全国有不少有识之士捐资辅助办学，徐树兰顺应时代号召，在绍兴创办了中西学堂，但学堂规模有限，培养的人才也有限。更何况，喜好读书之人多半出身贫寒，无力购买书籍自学，学堂的容纳度也有限，无法吸纳更多的人来读书，这种现状让徐树兰想到当年乾隆皇帝在江南设置三座《四库全书》藏书阁，当地学子可以入内免费读书，这个措施使得江南一带文风大盛。

以上所言是国内情况,接下来徐树兰又讲到了国外:"泰西各国讲求教育,辄以藏书楼与学堂相辅而行。都会之地,学校既多,又必建楼藏书,资人观览。英、法、俄、德诸国收藏书籍之馆,均不下数百处。伦敦博物院之书楼,藏书之富,甲于环球。一切有用之图书报章,亦均分门藏弄。阅书者通年至十余万人。日本明治维新以来,以旧幕府之红叶山文库、昌平学文库初移为浅草文库,后集诸藩学校书,网罗内外物品,皆移之上野公园,称图书馆,听任众庶观览。其余官私书籍馆亦数十处,藏书皆数十万卷。一时文学蒸蒸日上,国势日强,良有以也。"

西方各国重视教育,因此并重藏书楼与学堂,这里徐树兰所说的藏书楼显然指的是图书馆,他谈到了大英图书馆藏书之富,说那里每年的读者量逾十万人,日本明治维新以后,更加重视图书搜集,他们将私家藏书楼之书汇集在一起建成图书馆,从而使得国势更为强盛。

而后徐树兰讲到了国内图书馆的建设和他本人的响应:"近来东南各省集赀建设藏书楼者亦复接踵而起。绍兴统辖八县,缀学之士,实繁有徒。当此科举更章之际,讲求实学,每苦无书。职不揣绵薄,谨捐银八千六百余两,于郡城西偏购地一亩六分,鸠工营造,名曰古越藏书楼,以为藏书之所。"

此时已有几地开始建造图书馆,而绍兴下辖八县,想读书的人很多,于是徐树兰捐银八千六百两,在绍兴城内购买了一亩六分地,而后建造起藏书楼。

从以上引文可知,徐树兰的古越藏书楼创建初衷就是为了对公众开放,并非是家庭藏书楼转而对外开放者。他意识到了国家强盛与否跟民众教育直接关联,而民众教育又与读书多少有直接关系。江南学风炽盛,但还是有大批学子上不了学,买不起书,致使一些人终身埋没乡间,不能成为可造之才,所以徐树兰要开办一所对民众开放的图书馆,无门槛地任由学子读书借阅,以此达到启迪民智的作用。

以今人的眼光来看,似乎徐树兰并无特别之处,但是谈论一个人要还原到他所处的时代及环境。明清时期,中国藏书的中心处在江南,按藏书性质来做划分,有官府藏书、书院藏书、寺院藏书和私人藏书。就规模论,私人藏书远超前三者,但如前所言,私人藏书主要是供自己或者供家族来使用。

早在唐代,藏书家杜暹在其藏书跋尾中写道:"清俸买来手自校,子孙读之知圣道,鬻及借人为不孝。"古时候书籍很贵,杜暹说他靠自己有限的薪水买书,自己读书的同时也希望可以用来教化后世子孙,希望子孙能够体谅他的这份不易。如果有人胆敢卖出家中藏书,或者把藏书借给别人,都将被视为不孝的行为。在儒家观念中,"不孝"是骂人很重的一句话。

中国古代藏书楼留存至今的以天一阁历史最为悠久,天一阁能够延续数百年,跟其严格的管理制度有直接关系,制度之一就是禁止将阁中书借与他人。对于违反者的惩罚措施,阮元在《宁波范氏天一阁书目序》中写道:"禁以书下阁梯,非各房子孙齐至,不开锁。子孙无故开门入阁者,罚不与祭三次;私领亲友入阁及擅开厨者,罚不与祭一年;擅将书借出者,罚不与祭三年;因而典鬻者,永摈遂不与祭。"

天一阁创始人范钦留下遗嘱:家中财产均分给几房,但是藏书楼和楼中书不分,后世子孙要入书楼读书,必须几房聚在一起共同打开书楼,但若有人私自开门,就会有一系列的惩罚。古人所说的"不与祭"可以理解为不承认其为家族成员之一,由此可知违反楼规所受到的惩罚之重。而另一方面,也由此说明了天一阁私人藏书楼的性质,为己为家族而不为他人。

在这样的传统观念与社会风气下,徐树兰能够建造一座开放的藏书楼,足以说明他具有超越时代的思想。为此,张謇在《古越藏书楼记》中夸赞说:

> 嗟乎! 世之号藏书者夥矣,要之琐琐,其贤者或仅著为簿录,以飨天下。下此者,则深键扃,得一善本,沾沾自喜,秘不使人知。其始也,以私其子孙,而终不能以再世。今先生独捐世舍故,不以所藏私子孙,而推惠于乡人,謇知其子孙必能嬗守而不失,亘千祀,历万劫而无已也。

对于古越藏书楼在中国图书馆史上的重要意义,陈源蒸、张树华、毕世栋合编的《中国图书馆百年纪事(1840—2000)》中总结说:"古越藏书楼以其公开阅览、公共使用为标志,孕育着近代图书馆的因素,因此在我国近代图书馆事业的发展中,起了承上启下的作用。"

能够兴建这样一所具有现代意识的图书馆,需要建造者具备三个先决条件,一是要有前瞻意识;二是具备相应实力;另外还需要有藏书、刻书之好。

徐树兰(1838—1902),字仲凡、号检庵。其父徐云泉善于做生意,故家境较为殷实。清咸丰八年(1858),太平军进犯浙江,当局向地方官绅筹饷,徐云泉因为捐饷不及时而获罪,于是他有了让子孙考取功名来护家的想法。光绪二年(1876),徐树兰中举,授兵部郎中,后又输资为候选知县,然其参加会试却屡试不第,于是返回家乡与胞弟徐友兰经营家族产业。

在那个时期,徐树兰经常往来于上海、杭州等地,接触到一些维新人士,故在经营上也有了新观念。光绪九年(1883),徐树兰协同绍兴府训导经元智在绍兴创办电报分局,使得该地成为全国较早通电报的地区之一。当时绍兴的第一份报纸《绍兴白话报》夸赞徐树兰是"绍兴头一个提倡维新的人"。

徐树兰意识到要想启迪民智,首先要办西式教育,于是他在光绪二十三年(1897)捐银一千两,又从山阴县沙租和绍郡茶叶公所得到捐款四千余元,仿盛宣怀所创的天津中西学堂,以二等学堂规制创办了绍郡中西学堂。学堂根据学生国学程度的高低分为三斋(相当于年级),分别教授不同程度的国学课程。在国文、经学、史学等传统科目外,学校还教授英语、法语、日语,并且开有体操课,有一度还曾开设了物理、化学和动物学。学生听课不受所在斋的限制,可以按照自己的兴趣和接受程度,到别的斋旁听。

对于他的超前所为,当地有很多人不能理解,鲁迅在《朝花夕拾》的《琐记》一文提到:

> 那时为全城所笑骂的是一个开得不久的学校,叫作中西学堂,汉文之外,又教些洋文和算学。然而已经成为众矢之的了;熟读圣贤书的秀才们,还集了"四书"的句子,做一篇八股来嘲讽它,这名文便即传遍了全城,人人当作有趣的话柄。我只记得那"起讲"的开头是:"徐子以告夷子曰:吾闻用夏变夷者,未闻变于夷者也。今也不然:鴃舌之音,闻其声,皆雅言也……"

此文中提到"徐子"就是徐树兰,可见他当时开办学堂遭受了怎样的冷嘲热讽,然而徐树兰并不为所动,继续努力办学。光绪二十四年(1898)末,戊戌变法失败,蔡元培返回绍兴,徐树兰延聘他为学堂监督。蔡元培到任后，学堂面貌为之一新，转年他为学堂创建了藏书室，命名为"养新书藏"。

"书藏"一词虽然早在北宋就已有之，但因为阮元创建了"灵隐书藏"和"焦山书藏"，此词才渐广为流传。阮元所建的这两处书藏都是对公众开放，此后凡建书藏者也延续了这个观念。蔡元培将藏书室命名为"书藏"，也缘于此。他制定了《养新书藏略例》十五条，第一条就表达了这种观念："藏书之室，名曰'养新书藏'（书藏之义，本阮文达《灵隐书藏记》）。"

《略例》的第三条则体现出了养新书藏乃是有限度的公共图书馆性质："凡学堂教习及肄业生，不论助银与否，皆得借书。"本校教师和学生无论是否提供过赞助，都可以到书藏内去借书读书。但是校外之人要来读书，就需要有一定的条件：

第四条，凡不但学堂者，助银十圆以上，皆得借书。

第五条，凡助银五十圆以上者，得援引同学二人，百圆以上者四人，其余以是为差，皆不必助银可以借书。

第六条，凡助书者，以其直为援引多寡之差；如其书非要，或与已藏之书复重者，当卖之，而以其直购有用之书。先事声明，庶无骇怪。

第七条，凡助银助书者，自书姓名、字号、职衔、出身，及书银之数，投于学堂，由学堂检校，出收单一纸，以资综核。

以上条款主要是为了解决购书经费不足的问题，这些措施给之后创建古越藏书楼提供了借鉴。《略例》中还提到了刻书之事："第十五条，购书之余，如尚有巨款，则推广三事：一刻书。凡切要之书未刻者，刻而已毁者，在丛书中无单行本者，刻之。一译书。凡东西文书，精者译之。一编书。凡书之博而寡要者，散而无纪者，难读而无门经者，各为条例编之。"

徐家原本就富藏书。光绪十二年（1886），蔡元培应徐友兰之聘，为其长子徐维则伴读，因此他在徐家看到不少的藏书，蔡元培在《自写年谱》中写道："田氏、徐氏，藏书都很多。我到徐氏后，不但有读书之乐，亦且有求友的方便……以荪之伯父仲凡先生（名树兰）搜罗碑版甚富。那时候，年辈相同的朋友，如薛君朗轩、马君湄莼、何君阆仙等，都时来徐氏，看书谈天。"

徐家的刻书事业主要是由徐树兰的弟弟徐友兰来操持,薛炳在《徐友兰传》中称:"至于为学,无书不窥,旁及书画,性好收藏,凡旧钞精刻、石墨古金、法帖名画,有所见辄购庋八杉斋中,如是者数十年。"

徐友兰从他的藏书中挑选出重要和罕传之本,刊刻了一系列丛书,如《融经馆丛书》《会稽徐氏述史楼丛书》《绍兴先正遗书》《会稽徐氏铸学斋丛书》等等。徐树兰刻书方面投入的精力不如友兰,但也有积极参与,如光绪十九年(1893),他曾买下散落民间的《章氏遗书》贵阳雕版,重新予以刷印。徐树兰在跋语中称:"先生(章学诚)曾孙小同乃梓是本于贵阳,而大梁之本旋为浙江书局所得。大荒壮月,有以是本相鬻者,树兰以乡先遗著不欲沦于外方,遂得而庋之。"

正因为有如此开放的理念和情怀,使得徐树兰决定创建一座开放的藏书楼,他从光绪二十六年(1900)开始筹办古越藏书楼,历时二年,可惜楼还没有彻底完工,徐树兰就因病去世了,次子徐尔谷恪守父命,接续事业,终于建完了书楼,并于光绪三十年(1904)向公众开放。

对于徐树兰创建公共藏书楼的贡献,浙江巡抚任道镕特意给朝廷上奏折,希望能奖赏徐树兰父子:

徐树兰,前于二十一年捐款倡设绍郡中西学堂,至上年遵旨改设中学堂,因即归并办理,事半功倍,士论翕然。复以寒畯无力购书,于府城西偏建立藏书楼,捐置经籍史部及近日译本新书、中外图书报章,凡七万数千卷,以备士子观览,并拟置产取息,以为常年经费。会事未成而殁,其子直隶补用道徐尔谷,踵继前规,竭力经理,计建屋、购书、置器共用银三万三千余两,又每年认捐洋一千元,以资应用……徐尔谷,不惜巨资,成就后学,尤与寻常善举不同,应如何量予奖叙之处,出自圣裁。除咨部查照外,谨附片具陈,伏乞圣鉴训示,谨奏。

奏折中提到的徐尔谷是徐树兰次子,皇帝接到奏折后朱批:"着户部核给奖叙。"皇帝命户部核实后,予以奖励和提拔。为此,徐尔谷写了一篇《丁忧直隶补用道徐尔谷禀文》:

敬禀者:窃职道接准两浙黄运司照会奉护抚宪诚札行。任前部院附片具奏，绍郡绅士徐尔谷，仰承先志，独力建屋购藏书籍，稗益地方，请旨奖叙一片，奉朱批：着户部核给奖叙，钦此。恭录札知转行，钦遵查照等因。伏读之下，感激涕零。惟查故父徐树兰，创建古越藏书楼，购储书籍七万数千卷，合捐银三万二千九百余两，均系故父在日一手经理，已于告成后自行呈明在案。职道仰承遗命，认捐常年经费洋银一千元，原期历久弗替，何敢仰邀奖叙？既据绅士翰林院编修马传煦等呈请奏，蒙天恩，饬部给奖，合无仰恳大人俯赐奏咨请为故父徐树兰核给奖叙，以资观感，俾职道为人子者亦可心安理得，不失尊亲之义，则仰戴逾格慈施，殁存同深衔结。谨沥陈下情，吁恳恩准施行，不胜屏营悚切之至，专肃恭请钧安。伏乞垂鉴，职道尔谷谨禀。

此文一是表达对皇帝的感激之情，二是请求皇帝改奖其父徐树兰。徐尔谷表示建楼之举均系父亲徐树兰在世一手完成，其父创建书楼及购买书籍花费了近三万三千两白银，而自己不过是每年捐一千元大洋作为经营费用，以保证书楼的日常开放，意思是说父亲的贡献最大，希望朝廷能够予以表彰。

以上这些都说明了古越藏书楼不仅在民间有着重要影响，甚至浙江巡抚也了解此事，并且将此事禀报给朝廷，以此说明了古越藏书楼在晚清时的影响力。

对于该楼藏书的来由，王以俭、唐微所撰《古越藏书楼藏书聚散考》一文予以了详细梳理，该文提到古越藏书楼的藏本大致有五个来源，一是徐氏家族藏书捐入，书楼建成后，徐树兰"以家藏经史大部及一切有用之书，悉数捐入"（冯一梅《古越藏书楼书目》）。但王以俭、唐微认为该楼创办之初，所捐藏书不仅仅是徐树兰个人收藏，也包括了家族其他成员的藏书，文中重点提到了徐友兰，比如绍兴图书馆现存古越藏书楼旧藏中就有钤盖"会稽徐氏铸学斋藏书印"的藏品。

二是徐树兰及后人所采购的大量新学类藏书，另外还有他人寄存和转赠之书，比如钱塘寄寓人士唐风的旧藏。"绍兴图书馆至今收藏钤有'健伯捐'章的唐氏旧藏百余种，除书籍、个人稿抄本外，还包括碑拓和信札，价值不菲。唐氏旧藏均经墨笔题签，内封钤'唐健伯存'印，后'存'字被圈去，以墨笔改'捐'字；另有一印，为交付书楼时所钤：'本楼新设存书之例,如欲取还此书,缴回本楼收据,即可发还';封底钤'散'字印,盖因书籍特殊,插架位置之印记。"

古越藏书楼同时还向社会公开征书,《古越藏书楼章程》第六章《杂规》中提出:"此楼系仲凡先生徐公独立捐助,以限于贳力,未能完备。有愿出贳助益及助益书籍者,均拜嘉惠。"

徐树兰去世后,书楼由长子徐元钊和次子徐尔谷继续管理,家族成员每年认捐出资,提供营运经费。到 1911 年时,因辛亥革命书楼暂时停办。1916 年徐尔谷向民国政府教育部申请续办,得到批准。1924 年书楼因故停办,1926 年徐尔谷去世,书楼由徐尔谷三子徐世南接管。

对于此事,朱允坚在《古越藏书楼与县立图书馆》一文中写道:"徐树兰不久去世,由其子尔谷继续主持。尔谷死后,长子世大(康候)席丰履厚,纨绔习气深,人人称为'康大',就是好做大老倌,性格又有点怪僻,与钱玄同郎舅二人,可称一对很爱戏弄人、玩世不恭的人物,有徐文长再世之称。有一次送幛吊丧,大书'硕德乃仰'四字,至今传为笑谈。他无意继承父业,藏书楼才由三子世南(星门)接管。北伐以后,徐氏家道中落,经费无从支付,因既已捐献给国家,才呈报县政府接收。至一九三二年,改为绍兴县立图书馆,正式成为县属文化机构,增置新书,继续开放。绍兴沦陷时期,一度停馆,后由县政府派人接办。此时图书有损无添,形同虚设,兵荒马乱,谁有心情读书? 抗战胜利后复馆,稍稍恢复。解放后并入鲁迅图书馆,使该馆藏书在全省来说是最丰富的一家。"

1930 年书楼再次停办,因为每次停办时疏于管理,书楼内的藏书都有所失散,按照《古越藏书楼书目》所载,原书楼内藏书有 9150 种,七万余卷,然到 1937 年统计时,剩余两万余册,如果按平均两卷一册来计算的话,书楼内损失了一万多册书。1941 年 4 月 17 日,日军侵占绍兴,县立图书馆将馆藏古籍打包后转运他地,转运之书总计分为三批,关于第一批的情况,朱允坚在文中写道:

> 藏书楼古籍珍本不多,据说原有四、五部宋版书,后来仅剩一部,到图书馆接收时,已一本不见,想是徐氏变卖截留。但善本却不少,明版累累,《册府元龟》即其中之一,其他或是高丽纸朝鲜、日本版的,或是官书局版的,纸质印刷都很精美,作为第一批移运,共装十五大箱,均

由笔者亲自押运，先运藏袍渎敬敷小学，后转移汤浦小学。绍兴、上虞沦陷后，又转至上灶，后来听说在国民党军队过境驻扎时，因天寒作为取暖烧毁。第二批，第三批，分藏在小皋埠，上灶民家大屋，除古籍善本外，也有新版《图书集成》等整部书（线装），各计十箱，以后片纸不归，连优质书柜一去未回。抗战胜利后，当局不予重视，并未追查散失，价值不赀，损失浩大，可谓文化浩劫。

古越藏书楼藏本散失的另一个原因是机构濒变，《古越藏书楼藏书聚散考》一文中写道："1949 年 5 月 7 日，绍兴解放。1949 年 6 月 11 日，绍兴军事管制委员会接管绍兴县立图书馆，制成《绍兴县立图书馆概况表》，馆址改设新建路 47 号，藏书楼原址用作驻军营房，包括旧藏在内的书籍，受命迁出该楼。据原文化馆馆长寿静涛先生回忆，当时图书搬运，雇用的是手拉车，不少书籍沿途散落。因找不到合适场所，藏书被安排在鲁迅纪念馆的阁楼，胡乱堆放；1949 年 9 月，绍兴市人民文化馆图书室成立，这批藏书受命移交。现著名书法家沈定庵先生当时曾在文化馆工作，眼看着大批古籍无人管理，很是心痛，主动加班加点，花费一年多时间，进行了初步整理和清点；1950 年，文化馆改称省立鲁迅文化馆；1956 年 12 月，绍兴县图书馆成立，馆址调整到市区新建路 93 号土谷寺对面；1958 年 4 月，绍兴市县合并，绍兴文化馆并入绍兴县文化馆；1958 年 6 月，绍兴县鲁迅图书馆成立，馆址先后设在前街、后观巷；1960 年移至都昌坊口周家老台门；1961 年迁至百岁堂；1964 年又回迁周家老台门。"

大概在 1997 年，我第一次前往绍兴参观了古越藏书楼，那时书楼已经仅剩最前面的一进院落，因为各种原因，未能看到内部细节。2013 年 1 月 3 日，我再次来到绍兴，此次在绍兴的寻访点大约有六七处，在寻找完祁彪佳墓之后，我接着再去瞻仰古越藏书楼。乘上出租车，让司机把我送到胜利西路 503 号。司机听我报出这个地点，马上说："你要去古越藏书楼吧？这个地点我可是经常去。"他的这句话瞬间拉近了我们之间的距离，其实这是我的一大毛病，凡是喜欢跟书有关事物的人，我都会本能地将其引为同道。绍兴城区的面积确实不大，转了两道弯儿，就远远地看到了古越藏书楼的靓影。

建筑仍是当年建筑。门楣上题有"古越藏书楼"，大门左边新挂了"绍

≡ 古越藏书楼正门　　≡ 由藏书楼内望出去

兴图书馆分馆"的牌子,跟我当年看到的情形几乎没变化,唯一感觉不同的,是二楼木窗上的玻璃擦得极亮。进入大门后,左边的门口挂着"阅览室",右边门口挂着"外借室",我正打算好好拍照,一位大妈迎面走来,大声说:"下午才开的,你下午再来吧。"

真遗憾,二次前来还是没能入楼一探究竟,但至少让我知道藏书楼至今仍在使用中,这个发现令我倍感高兴。十几年前,这座楼还在封闭之中,像一座静静的化石标本,而今它有了读者,又有了人气,我本能地对如今在这里阅览借书的人感到好奇。

如果翻阅《古越藏书楼修订章程》,就能看出书楼当年的开放观念,《章程》第二章为"宗旨",明确写明该楼创设之宗旨有二:一曰存古,二曰开新。对此,文中有"释义":"学问必求贯通。何以谓之贯通?博求之古今中外是也。往者士大夫之弊,在详古略今。现在士夫之弊,渐趋于尚今蔑古。其实不谈古籍,无从考政治学术之沿革;不得今籍,无以启借鉴变通之途径。故本楼特阐明此旨,务归乎平等,而杜偏驳之弊。"

可见做学问要达古通今,但那时的读书人对于古代了解较多,对当世知识却了解甚少,所以书楼主人认为既要读古书也要读今书,故在"藏书"一节中写明:"凡已译、未译、东西书籍,一律收藏。"而吴晞认为"其实,'存古'只是幌子,'开新'才是实质"。可见当年书楼主人观念何等之新潮。但是按照《章程》规定,那时的读者也不允许登楼:"楼上藏书,楼下观书,各分地段,以清界限。取书必由监督与司书经手。凡观书者皆不得登楼。"

如此说来,今天这位管理者不允许我登楼,似乎也符合该书楼的传统。

除了古越藏书楼,徐树兰对文献史还有另外一大贡献,那就是他写过一本《种烟叶法》。这部书是不是中国第一部介绍烟叶种植方法的专著,我不敢妄下定语,但至少是较早的一部系统著作。此书从名字上解读,似乎是实用性手册,里面的有些说法很有趣:"欲制纸烟、雪茄,必先求种烟叶之法。古巴烟叶为天下第一,各处之仿制古巴烟者,已占十分之九,即小吕宋烟叶,每年出口实亦甚夥。中国能种烟叶之处岂止新昌一隅?果能刻竟讲求,参用西法培植,以备仿制纸烟、雪茄烟之用,将来外销之广,能不驾小吕宋而上之?吾不信也。"

徐树兰说古巴烟叶天下第一,因为名气大,到处都有仿冒品,他认为既然如此,那么我们也可以制作雪茄。这种民族情绪以及大张旗鼓地宣传烟叶,不知道质检局或者专利局的官员们听到会作何感想?徐树兰对烟叶的质量很内行,他接着说:"烟叶之用甚广,种之处亦甚多,而浙江新昌县所种颇著名,与广丰相等埒。广丰叶不善灼,和以新昌叶,则易灼而气愈香,故烟商争购之。顾仅销内地,无有远往外洋者。如拣选佳叶,参酌纸烟、吕宋烟之法,制为洋烟,其销用不减葡萄酒、咖啡、茶之属,亦中国一利也。"

徐树兰用类比法讲解了种烟叶对中国的好处,尤其是文中还生动比较了哪种烟叶味道纯正,由此看来,他应该是个老烟枪,并且懂得经济基础决定上层建筑,挣钱才是硬道理。而今全世界都在提倡戒烟,民众普遍意识到了抽烟对身体的危害,但俗话又说读书使人明智,这样问题就来了,第一个提倡开放藏书楼的开明人士,又同样是第一个大力提倡种植烟叶的人,前者启迪民智,后者伤害身体,这物质和意识的关系问题,不知道徐树兰先生如何解决两者之间的矛盾与统一。当然,我们不能苛求古人,让一百多年前的人明白吸烟的危害,可为什么也是在一百多年前,他就懂得藏书楼开放的好处呢?

2017年10月31日,我再次来到绍兴寻访,此次在绍兴图书馆王以俭馆长和古籍部唐微老师的带领下,再一次来到古越藏书楼。这次终于能够入内一探究竟,一同前来的还有绍兴地方史研究专家方俞明先生及报社记者王敏霞老师。

再次来到古越藏书楼门前,真有老朋友相见的感觉。我们没有先上楼,而是跟着唐微来到后院,那里堆放着一些材料,正在进行施工建设。后院的顶端是一栋楼房,我一直搞不清楚该楼跟古越藏书楼之间的关系,只是从文献上得知,当年的古越藏书楼有四进院落。而我总觉得,如今所见的藏书楼应当只是当年的门楼。唐老师印证了我的判断,她让我注意后院地面的条石,当年院落的规模一直延伸到了后方。她说天井的地面上都铺装了平坦宽阔的石板,而今这些石板虽然有些残破,却从当年一直使用到了今天。当今的柏油路面每过几年都会重新铺装,为什么古代的建筑材料上百年还能使用呢?真想听听建筑学家怎么解释。

唐微说以前在后院还能找到房屋拆掉后的地基,如今都被施工的遮挡板封在了里面,无法看到究竟。故我只好跟随唐微登上古越藏书楼现

= 书楼后院 = 古越藏书楼内景

存部分的二楼。狭窄的楼道口陈列着几块展板，是一些关于该楼历史的简单文字介绍，其中有一幅是徐树兰的画像。像中人有着坚毅的眼神，透出这位前清举人做事的果敢。为什么这样一位人物能够对近代图书馆有着如此大的贡献？可惜我找不到探求他心路历程的研究文章。

如今的古越藏书楼是作为绍兴图书馆的报刊阅览室对外开放的。一座古代的书楼百年之后依然鲜活地使用，这在其他地方颇为罕见，而这正是该楼的难得之处。几位老人坐在书楼上翻阅报纸，神态祥和，看上去是这里的常客，我们为了不打扰他们，说话压低了嗓子。这时，王馆长带着两位工作人员拾阶来到了楼上。

我向王馆长请教书楼的方方面面，他告诉我说，此楼虽然归绍兴图书馆使用，但产权却在别处，而他们正在与有关部门交涉，希望能将此楼的产权归还过来，毕竟这里是绍兴图书馆的发源地。

听闻王馆长所言，让我有些兴奋，如果这座书楼能够恢复，尤其将后院拆掉的三进一并重建，那将是一件了不起的功德。盛世修典，近年来人们对历史遗迹的保护越发重视，但很多说法还停留在口号的层面。而绍兴图书馆却能脚踏实地做一些实事，这令人欢欣鼓舞。我希望王馆长能够早日办成这件事，如果能将古越藏书楼恢复原貌，那我再登此楼多少次都会有常看常新的兴奋。

正当我沉浸在自己的兴奋中时，阅览室里的一位读者向我招手。定睛细看，此人有些面熟，却想不起在哪里见过。而后我走上前与之握手，猛然想起自己在诸暨开会时，某天晚上在当地的读书会上遇到过一位老先生，于是立即问他，是否就是那次见面的。老先生很儒雅地修正了我的记忆，他说我们在诸暨相见不假，但却不是在读书会。无论怎样，能够在他乡遇故交，也算是人生四喜之一，于是彼此攀谈一番后作别。后来我才了解到，这位先生乃是南京的杨靖华，他曾经给我刻过闲章，因为一座书楼，能与远方的朋友在此邂逅，可见书楼魅力之大。

其实不仅如此，前人在此的际遇比我等更令人羡慕。据说钱玄同曾经在古越藏书楼读书数年，徐明浩在关于徐树兰的介绍文章中写道："钱玄同先生，也曾在古越藏书楼闭户读书达数年之久，并由此而奠定了学业基础。据父辈传说，钱先生之与徐家联姻的缘由，是因为他在藏书楼用功苦读，被祖父徐元钊和二祖父徐尔谷看中了，认为钱先生少年好学而有为，遂

■ 书楼仍然在使用中

将大姑母许配与他。"

在古越藏书楼读书还能抱得美人归,这样的福分怎能不令人艳羡。我跟方俞明悄悄交流这方面的心得,他很认真地回答:"现在这样的机会很少了。"看了看老方一脸的正经,我哈哈大笑起来,笑声引来了几位读报老人的侧目。

上海徐家汇藏书楼

南方保护最完好的教会书楼

1999 年,中华书局出版了黄建国、高跃新主编的《中国古代藏书楼研究》一书,当时正是我起劲儿寻访藏书楼的阶段,购得此书大为欢喜,日夜研读,得到不少信息。这本书中收录了几十位专家所写关于古代藏书楼的研究文章,虽然谈及的书楼大多已经没有了遗迹,但还是能得到一些现存书楼的资讯,比如王世伟先生所写的《论徐家汇藏书楼的创建及其变迁》一文,该文的副题是"纪念徐家汇藏书楼创建 150 周年暨徐家汇藏书楼落成 100 周年",该文第一段为:

> 徐家汇藏书楼从 1847 年创建至今,已经整整 150 周年了,从现存的徐家汇藏书楼自 1897 年落成至今,也已经整整 100 周年了。作为上海近代史上最早的图书馆,作为中国近代图书馆发展史的重要标志,作为天主教在中国传播的重要产物,作为中国近代史上西学东渐的结晶,徐家汇藏书楼在中国藏书楼发展史上颇具特色并占有重要的地位。

这座书楼至今仍然屹立于原地,但当时我了解到书楼因地铁施工,从 1991 年后就关闭了,何时能入内一探究竟,只能耐心等待。在此过程中我翻阅了一些史料,对该楼的历史有了更多的了解。

徐家汇藏书楼原本属于当地的天主教堂,而该教堂的来由首先跟徐光启有直接的关系。《法华乡志》记载:"徐家汇在法华东南二里许,向为沪西荒地。清道光二十七年,法人建一天主堂,堂西即明相国徐光启故居,其裔孙聚族于斯。初名徐家库。"《徐汇纪略》又称:"徐家汇者,系明徐文定公之故乡也。公之子孙世居其地,又以肇嘉浜及法华泾二水汇为合流,因名曰徐家汇。"

徐光启是上海县人,幼年时接受的是儒家教育,万历十年(1582)考中秀才,万历二十五年(1597)中举,之后在广东韶州一带坐馆谋生。在此他认识了西方传教士,读到了利玛窦的《山海舆地图》,对西方科学文化稍有了解。万历二十八年(1600)春,徐光启在南京见到了意大利传教士利玛窦,他听闻到利玛窦的所讲后大受触动。万历三十一年(1603)末,徐光启由葡萄牙耶稣会士罗如望洗礼,取洗名为"保禄"。转年他入京参加会试,考中进士,之后入朝为官,一路做到了礼部尚书兼文渊阁大学士。

徐光启在京期间,跟随利玛窦学习天算、火器等,并从万历三十四年

（1606）开始跟利玛窦合作翻译《几何原本》前六卷，由此学得了严谨的逻辑推理思维。万历三十五年（1607），徐光启之父徐思诚病故，他返回家乡守制三年。在此期间，他在法华南面建起农庄别业，搞起了农业实验，并著书立说。万历三十六年（1608），郭居静来上海传教，他是上海第一位天主教传教士，徐光启在住宅西侧建起了上海第一座天主教堂，其家人、亲友计有50余人受洗。

明崇祯六年（1633），徐光启去世于北京，皇帝追赠他为少保，谥文定，之后被葬回了家乡。其后人为他守墓，墓区附近渐渐形成了村落，这就是徐家汇一名的来由，而今这里成了上海的徐汇区。

17世纪天主教各主要修会先后派人到中国传教，各修会之间对儒家文化的宗教性在认识上产生了分歧，为此发生了激烈的争辩，这就是有名的"中国礼仪之争"。清康熙四十三年（1704），罗马教皇下令禁止中国教徒祭祖、祭孔、祭天等七条禁令。康熙皇帝为之震怒，禁止天主教在中国传播，自康熙五十九年（1720）开始，传教士被勒令返国，教堂充公，改为公所，天主教在华势力受到沉重打击。此后雍正到道光各朝继续实行禁教政策。

乾隆三十八年（1773），教皇克雷芒十四世颁布通谕，解散耶稣会。嘉庆十九年（1814），耶稣会在欧洲又得到了恢复。道光二十六年（1846），朝廷颁布弛禁谕旨，法国耶稣会士南格禄立即派梅德尔与中国官员交涉，要求发还上海的教产和城内的老天主堂，但因一些教堂已经改为了民居和关帝庙，上海道台咸龄拒绝发还，另外拨给小南门外董家渡、新北门外的洋泾浜来建教堂，另外返还了城厢的天主堂。当时南京教区的主教罗伯济在董家渡已经建起了主教座堂，而上海耶稣会会长南格禄和罗伯济在争夺人事和财务的领导权，罗伯济禁止耶稣会在上海城内另找地方建教堂，最后耶稣会选址在徐家汇建造会院，以此缅怀徐光启。道光二十七年（1847），新教堂建成，耶稣会在徐家汇设立总院，南格禄担任第一任会长。

对于新建教堂藏书的来源情况，朱新轩、王顺义、陈敬全编的《见证历史　见证奇迹：上海科学技术发展史上的百项第一》一书中有《上海最早的近代图书馆——徐家汇藏书楼》一文，此文称：

1844年《中法黄埔条约》签订后，天主教法国巴黎耶稣会传教士南格禄（P.Claudius Gotteland）于当年7月来到上海，在青浦横塘

■ 徐家汇藏书楼外观

传教。他在驻地专门用三间平房储存他带来的天主教典籍。1847 年
4 月,耶稣会的另一位传教士梅德尔(Matharinle Maitre)在徐家汇购
置了一块地产,建了一座耶稣会修院新院,把青浦的藏书也迁至此。梅
德尔在徐光启墓地(今南丹路 17 号)北侧的内院辟置了 3 间房间作
为西文藏书室,供传教士阅览。这 3 间房间便是徐家汇藏书楼的前
身……由于各项业务增加,所藏书籍扩展,原藏书室已不敷使用,因此
教会于 1860 年在肇嘉浜新建藏书楼。现在的藏书楼是 1897 年建成的,
1905 年正式定名为徐家汇藏书楼(Bibliotheca Zi·Ka·Wei),原南
丹路的藏书亦随迁至此。

由此可见,徐家汇藏书楼前身是仅有三间房屋的藏书室,关于书楼
名称的确定,王世伟在文中提及:"徐家汇藏书楼从其创建之日起,一直到
1957 年为止,始终没有正式挂牌,故名称使用不一。"为此,他在文中谈到
1957 年 10 月 3 日上海图书馆曾就挂牌名称问题给市文化局写过请示报
告:"徐家汇藏书楼对外已开放阅览,据读者反映说,'因无牌子标明,寻找
颇难',为便利读者起见,拟备制'上海图书馆徐家汇藏书楼'牌子一块,
故特报请审核批示。"对于此后的情况,王世伟接着写道:"当时文化局对
此报告曾予以同意,于是从 1957 年起,藏书楼便挂起'上海图书馆徐家汇
藏书楼'的牌子,至 1966 年'文化大革命'爆发,此牌子又拿了下来,一直
到现在为止,藏书楼就再没有挂过牌子。"

如此说来,该楼到 1957 年方有正式名称,但王世伟在文中谈到该楼
老管理员葛伯熙通过藏书中的印鉴,发现书楼有七种不同的称呼方式,王
世伟将其归为三类,其第三种就是"上海图书馆徐家汇藏书楼"。

其实该书楼的藏书肇始时间远在道光之前,王世伟在文中转录了南
京教区惠大司牧所撰的《徐汇纪略》一书中的所载:"明末清初,天主教传
入中国后,利玛窦等研究中国文化,对于中国书籍,即已注意,逐渐收集,便
为教士研究之需。惟当时传教士,聚在北平者多,而文化事业,亦以北平为
中心点,故藏书楼自然成立于北平。惟耶稣会传教士在第十八世纪时中断,
故书籍不免损失,此藏书楼负有盛名,至今犹存。1842 年耶稣会传教士重
来中国,其文化重心,移至上海徐家汇……"

原本教会藏书的中心在北京,随着形势的变化,藏书中心转移到了上

海，但当时的藏书楼仅供耶稣会士研究参考之用，不对外开放，此后有所松动，凡教会中人，或者由教会中人介绍，经藏书楼主管司铎同意后，也可入内阅览。对此，胡道静在《我读书在上海的图书馆里》一文中有如下描述：

> 这所藏书楼，当年门禁森严，教外人进不去，教内人很少去，由于做学问的屈指可数，因之门可罗雀。我通过了一项特殊的关系，被允许进去瞧一次——讲清楚了下不为例。由于那时我的工作需要看地方志，看陈年的宿报纸。这两类东西只有这块地方贮藏得最多，所以得进去摸摸情况。当然不是一次就能够摸得清底细，但能进去一次总比关在门墙外好。碰巧馆长是位中国神甫徐宗泽，字曰若瑟（是从他的教名 Joseph 的法语读音得来），是明朝大科学家上海人徐光启的后裔，很有学问，正在重编他祖先名公的集子——《徐文定公集》，而我在读大学的时候，对徐光启的科学名著《农政全书》用过一点功夫，一下子同这位老神父谈得投了机。有道是一见如故，就结了教内、教外的忘年交。修士院前面有一道隘关，看上去是个小小的成衣铺，那几名长年坐镇在内的手工操作的裁缝师傅实际上兼任把关大将军。由于他们已得到了"指示"，以后我来到关上时，店旁进修士院的那扇门就被拨动机栝自行启开。

看来没有特殊的关系，根本不可能入楼内读书。而另一个有机会进入藏书楼大量翻阅史料的人，则是中国报学史专家戈公振。戈公振原本在狄平子的报馆工作，1925 年应邀为上海国民大学报学系的学生教授中国报学史，为此开始整理自己积累的材料，并着手撰写《中国报学史》。戈公振听闻到徐家汇藏书楼内藏有丰富的中外文报刊，故欲入内一探究竟，恰好徐宗泽是他以往就认识的朋友，所以能够入楼翻阅大量报刊。

1935 年戈公振因病去世，年仅 45 岁。对于他的藏书及所藏报刊，1935 年 10 月 24 日《时代日报》刊发的《闻戈公振逝世敬告全国报业》一文中称："戈氏三年中在外所搜寻之新闻事业书籍，闻有一千余种多，将来或拟赠图书馆。愚意此图书馆当与寻常有别，地址宜在戈氏服务最久之上海。宜勿附属于任何图书馆，而特创一全国新闻事业专设之图书馆，以纪念戈氏。"

可惜后来的抗战使得此事耽搁了下来,1941 年日军侵入上海租界,戈家人先是将这些书报藏在了徐汇中学,后来又将这些书报捐给了徐家汇藏书楼。张伟所著《纸边闲草》中有《戈氏叔侄的图书馆情缘》一文,该文称:"上世纪 50 年代,一代名报人戈公振的藏书由其侄子、翻译家戈宝权捐赠给上海图书馆,入藏徐家汇藏书楼。这批藏书内容非常丰富,经整理编目共有 1533 册之多,其中有一册名为《中国报学史》的稿本,十分引人瞩目。"为此,徐家汇藏书楼辟有戈公振赠书专室。

徐家汇藏书楼内确实藏有大量的报纸,朱庆祚主编的《上海图书馆事业志》中提到该楼所藏西方报刊一般都很齐全,尤其是外国人在中国办的大报更为完整:"道光三十年创刊的《北华捷报》,以后又改为《字林西报》(1951 年停刊,历时 101 年)基本不缺。还有清咸丰八年(1858 年)创刊的《亚洲文会北中国支会会报》,同治十一年(1872 年)在香港创刊的《中国评论》等都是了解中国近代史实的珍贵资料。创刊较晚的中文报刊,收藏更为丰富。如《上海新报》,创刊于清咸丰十一年,是上海第一份中文报纸,已是海内孤本。同治十一年创刊的《申报》也以藏书楼的收藏最为完整。上海地区中国人自办的早期报纸,如《汇报》(1874 年)《益报》(1875 年)《新报》(1876 年)等也有完整收藏,其他凡近代以来国内稍有影响的报刊,藏书楼均有系统的集藏。"

当然藏书楼内主要藏的还是书籍,对于这里的藏书数量及藏书特色,《上海图书馆事业志》中简述说:"藏书楼累计收藏图书 20 多万册,其中中文图书 12 万册,西文图书 9 万余册。另有大量近现代期刊、报纸。所藏西文图书涉及许多语种,拉丁文、法文书籍较多,还有希腊文、英文、德文等共 10 余种文字的著作。这部分图书大多由历代各国传教士随携来华,另有一部分是在华传教士的著作,最著名的是高龙鞶的《江南传教史》,以及教会在华的各种出版物,内有南怀仁运用西方近代科技绘制的《坤舆全图》,该图的全图的印刷件已为世所罕见。宗教类图书占西文图书的绝大部分,分为圣经学、教父学、天主教会法典、礼仪等 37 类,欧美各国出版的百科全书、辞典收藏较为齐全。"

对于书楼内所藏有文献价值的西书,马少甫在《徐家汇藏书楼清代英文珍本述要》一文中点出数种,比如英文原版的书籍《从圣彼得堡到亚洲各地行记》,作者是英国医生约翰·贝尔,此人曾为俄国使团随团医生,先后出使伊朗、中国、君士坦丁堡等地。该书乃是作者随团出使的见闻录,书中记载了北京圆明园的情况,以及觐见清帝的场景。《中华帝国通史》一书,作者曾德昭,是葡萄牙来华耶稣会士,书中记载了鞑靼入侵中国的经过,均为很有价值的史料书。

藏书楼内所藏旧抄本的《古新圣经》也很有价值,于颖在《徐家汇藏书楼探秘》一文中写道:"贺清泰为清宫画师,历经多年翻译完成中文本《古新圣经》,是现存最早的白话文汉译本《圣经》。第一位来华的新教传教士马礼逊翻译的《圣经》译本,就有参考贺清泰的本子。'藏书楼所藏抄本的问世,对于马礼逊译本与《古新圣经》之间的关系可以有更好的比较研究。现在已经有学者开展这方面的工作了。'"该文又转述了徐家汇藏书楼馆员徐锦华的进一步说明:"比如有学者发现,《启示录》的第12章第3节,说到天上有一个异象,原文拉丁文本是Draco,英文本是Dragon,贺清泰将其译为'蟒',马礼逊译为'龙',而'龙'是在中国被广泛使用的正面形象,将其和恶魔化身的Draco/Dragon对译,在文化上会产生冲突。这里可以看出在华多年的天主教耶稣会士和初到中国的新教传教士对于中国文化的不同认识。"

有意思的是,徐家汇藏书楼内还藏有大量的中国地方志,于颖在其文中称:"他曾不惜高价征集方志,使藏书楼方志规模达到2000种,东方图书馆在战火中遭毁后,藏书楼名列全国方志收藏之首。"对于该楼内所藏方志的具体数量,《见证历史　见证奇迹：上海科学技术发展史上的百项第一》一书中写道:"中文书籍则按中国传统的经、史、子、集分类。其中地方志的搜集为徐家汇藏书楼最有成就者,共计1615部、4226卷、19489册,列全国第五位。较为罕见的是少量边疆地区的地方志。"

李天纲在《徐家汇藏书楼与明清天主教史研究》中谈及该楼所藏最珍贵的方志:"至1930年,徐家汇藏书楼的方志收藏量共有2531种,其中孤本98种,最珍贵的是元至顺《镇江志》。在上海,藏书楼的方志收藏未必最精,但是最全。"

另外书楼内还藏有一些有重要价值的碑帖,卓新平所撰《中华文化通志·基督教犹太教志》谈到中国犹太教碑,此碑即开封犹太教寺中的汉文碑铭,已知该碑有四块,分别是弘治二年(1489)碑、正德四年(1509)碑、康熙二年(1663)碑和康熙十八年(1679)碑。

■ 徐家汇藏书楼院落内的花园

关于康熙二年（1663）碑，文中写道："明崇祯十五年（1642 年）黄河水淹开封，当地犹太教寺废经散。为求'经之所以不失'、'教之所以永传'，开封犹太人于清初重返家园，不仅谋取遗经缮修一新，而且又集资重建其犹太教清真寺，并立这一石碑。"对于此碑的下落，该文称："康熙二年碑原碑已无存，其去向一说已被运至罗马教廷，一说已被开封犹太教人售给回民。但该碑拓片现存有两份，分存罗马教廷和上海徐家汇藏书楼。"

看来原碑已无存，而今仅存两张拓片，其中之一就在徐家汇藏书楼内。1920 年陈垣在《开封一赐乐业教考》中也谈到了此事："碑名《重建清真寺记》，与弘治碑同，原碑今不知所在。此据罗马教士拓本，今藏徐家汇藏书楼。"

正因为该书楼内藏有很多难得的史料，使得一些学者都想尽办法通过各种关系来查阅这些史料，比如胡适当年研究逻辑学，他打听到该书楼内藏有李之藻翻译的《名理探》，又通过陈垣和英敛之打听到马相伯曾从徐家汇藏书楼内抄出此书，于是他和章士钊都转录了一本。徐宗泽在《名理探》跋中载有此事："徐汇书楼有抄本《名理探》首论五卷，上已言之。马公相伯前年曾经抄去。英敛之先生亦录抄副本。陈援庵先生由英先生处亦录得副本。嗣后章行严、胡适之二先生亦转向陈先生借抄。民国十五年，陈先生由北平公教大学辅仁社影印，装订三册。二十年由徐汇光启社重刻，用保版本。"

对于该书的重要性，李天纲在文中写道："胡适的关心，果然能够引起学界对本书的重视。1926 年陈垣帮助刊出《名理探》的前五卷。此后，学术界请法国汉学家伯希和在法国国家图书馆查找是否有全译本，果然发现李之藻所译后五卷。1935 年，胡适的老熟人特请当时藏书楼管理员徐宗泽将全书移交商务印书馆出版。正是由于商务印书馆的介入，和胡适的提倡，《名理探》成为世俗学者研究最多，影响最大的'西学'名著。"

书楼内藏有如此多的重要典籍，因此有人很关心它的价值，柳和城所著《百年书人书楼随笔》中有《徐家汇藏书楼的变迁》一文，文中写道："上海解放前夕，美国驻华官员曾想用一亿美元的代价，买下徐家汇天主堂藏书楼的全部藏书，因人民解放军进军神速，此交易才未成功。1955 年该书楼收归国有，成为上海图书馆的一部分。"

1955 年 11 月 14 日，陈毅、粟裕签发了上海市军事管制委员会的命令,授权上海市文化局:"为了保护国家历史文献,适应国家文化工作上的需要,兹决定将徐家汇耶稣会神学院藏书楼全部图书文物及专用器具予以征用,并决定由你局负责会同有关单位组织工作组,立即执行。"1956年11月12日,中共上海市委发文上海市文化局、宗教局等单位:"同意将原徐家汇藏书楼作为上海图书馆分馆,对外仍用徐家汇藏书楼名义。"至此,徐家汇藏书楼成了上海图书馆的一部分。

此后仍有多家图书馆的旧藏并入了徐家汇藏书楼,比如有亚洲文会图书馆、尚贤堂、上海市报刊图书馆、上海市历史文献图书馆、海光图书馆、耶稣会文学院图书馆、耶稣会神学院图书馆等等,使得徐家汇藏书楼藏书数量大增,王世伟统计出到1995年,该处藏书量已达107万册。

对于并入藏书楼的图书馆,于为刚在《我的一段回忆》中写道:"1960年陈光普创办的海光图书馆藏书也搬至徐家汇藏书楼,陈光普原为上海商业储蓄银行董事长兼总经理,于1948年创办海光图书馆,原址番禺路209弄16号,全名为'海光西方思想图书馆',藏书约一万册,以外文为主,约六千余册,以哲学、文学、历史类图书为多。1953年银行将该馆捐献给文化局,由市人民图书馆接管,1958年移交给上海图书馆,搬至藏书楼的是海光原外文图书。"

2014年12月9日,我前往上海图书馆查阅一些史料,办完此事后,我向上海图书馆历史文献中心主任黄显功请教,能否到徐家汇藏书楼内去拍照,他说没问题,因为这个楼就归上海图书馆的特藏部管辖,并且告诉我那里已经修缮完毕。我闻听此言大喜,马上提出要前往此楼拍照,显功兄安排好之后,请工作人员带我前往。站在上海图书馆门口等出租车时,竟然还遇到了一位相熟的朋友,他也很惊奇能在这个地方碰到我,问我为什么一脸幸福的模样,我说自己要去参观徐家汇藏书楼,他疑惑地看了我两眼,没再说什么。

徐家汇藏书楼距上海图书馆约有20分钟的车程,如今这一带已经是繁华的商业街区。站在马路边就看到了有一座中西结合式的洋楼,矗立在一片高楼大厦之中,看上去像个受气包样矮矮地蹲在这些水泥森林里。我在马路边上看到了一块黑色的铭牌,上面刻着"上海图书馆徐家汇藏书楼",以此标明着该楼的属性。从外观看,这个楼是个"L"形,但一边是三层,另一边则是两层,墙体和廊柱全是白色。进入院门,走到楼的近前,能够清楚地看到这些廊柱全是钢筋水泥所制,从下面望上去,可以见到上下楼之间的地板,是用侧放的木条做龙骨支撑的,楼体上所有的窗户都是木制的百叶窗,统一涂成了浅灰色。

对于藏书楼的外观,李天纲在文中介绍中说:"藏书楼是上海和国内惟一按教廷风格建造的图书馆建筑,因此在 60 年代被上海建筑界列为'优秀保留建筑',予以保护。藏书楼用木质的百叶窗避阳通风。楼层很高,有利空气流动。"

在楼的侧墙上,上下排列着三块不同材质的铭牌。最上面的一块,是上海市政府 1994 年颁发的"优秀历史建筑",这个铭牌的第一句话就写明"原为徐家汇天主教藏书楼",第二句话则是"上海现存的最早藏书楼"。第二块铭牌是上海市徐汇区文物管理委员会颁发的区级文保单位铭牌,这块铭牌介绍了这座楼的来由,上面说徐家汇藏书楼是由南楼和北楼两部分组成,南楼原是"神父楼",建于 19 世纪 60 年代,而北楼才是藏书楼,建于 19 世纪末。如此说来,那它就更算不上上海现存最早的藏书楼了。上海的郁松年曾经建有宜稼堂藏书楼,他可是道光时候的人,虽然他的生卒年难以确定,但是郁松年在道光二十年至二十二年(1840—1842)间刊刻过《宜稼堂丛书》,这部丛书就是用他自己的藏书做底本而刊刻的,如此说来,宜稼堂在道光年间就已建成。就在几天前,我在上海的老区内寻找到了它,楼体依然保持完整,这样算来,宜稼堂至少比徐家汇藏书楼建成的时代要早几十年。

第三块铭牌同样是徐汇区政府颁布的文保牌,这个牌子上面没有说明文字,只是颜色跟上一块不同而已。

工作人员带我从侧边进入楼内,在一楼遭到了里面管理人员的阻拦,那位老大爷很有意思,看我拎着相机进来,认定我是游客,他可能见到了这个姿态的游客千千万,已经累得他或者说烦得他懒得说话,只是伸开一只胳膊做阻拦状,然后用手指头点一点墙上的电视屏幕示意我去观看,我顺着他的手指头看过去,原来那里面正在介绍徐家汇藏书楼的历史。我明白了他的意思:不要让我张口问,也不要往里走,看看这个电视介绍就什么都有了。带我前来的工作人员马上跟他解释,于是我被放行,沿着木楼梯来到了二楼。

二楼上开放的部分是一间敞开的大厅,厅的面积在一百平方米以上,进门处在这个大厅的中段,向左右两边望去基本对称。楼里面虽然开着灯,但光线较暗。向左手望去,宽阔的大厅内摆着几排不及一人高的大书架,这种书架的高度可能是为了取放方便。我看了看上面插架的书,全是外文精装本,从纸张的泛黄程度以及封皮的老化程度看,这些书都有了些年头。

对于书库内的结构,李天纲在文中称:"藏书楼共二层。上层是西文书库,下层是中文书库。书库都是沿壁顶天而立。西文书库每排书架的中间用腰层楼梯回廊隔成上下,上下书架各为 6 格。取用上层图书时,可攀援而上。中文书库的书架有 100 多架,同样顶天立地,但中间不设回廊。12格书架,下面 3 格较宽,上面 9 格较窄。顶部有铁杆横通,有梯子挂在铁杆上,以便取用顶部的图书。中文书库按中国古典风格装潢,线装书平躺置放,与欧洲纹饰的西文书库堪称中西合璧。"

这间阅览大厅的亮点是左右两边墙上各嵌着的一块两三米高的木制浮雕,里面的图案是天主教题材,其中一块壁画像有着中英文的说明牌,上面写着"耶稣会士在首任会长前发愿像",底下另有几行字对此图做了注释:"此图为耶稣会士在首任会长前发愿场景,为桂木雕像,由范廷佐(1817—1856)制作于 1852 年。"桂木是什么木,我以前没有听说过,不知道是不是指的桂花树,但这么大的雕像,所用木材似乎仅是由两块木板拼合而成,有这么大的桂花树吗?我胡乱地猜测着,感觉这种木料的颜色有点近似于柚木,但是这幅壁画雕刻得确实是精美,160 多年后的今天,仍然能够完好地保留如初,真是太难得。

大厅另一侧的阅览区摆着一些看书的桌椅,我喜欢上面欧式的仿古台灯,阅览区内没有读者,仅在侧边的一个小桌子上有两位工作人员正在翻拍这些外文书,我没有问翻拍这些做什么用。

带我前来的工作人员找来了藏书楼的负责人,这位负责人看了我一眼,就带我穿过阅览大堂,走上了从外面看到的木廊之上,通过木廊来到了侧面的藏书楼,进楼的一瞬间,顿时让我感到了震撼。"震撼"这个词都快让我用烂了,只要看到大堆的书,我好像只能想到这两个字,无奈,只好请看官原谅。

整个书楼是连通的一大间,一眼望去,感觉有上千平方米,让我感觉到新奇的是,这一排排书架全部做成了上下两层,从设计方式上看,我感觉

是因为每一排的书架高度太高,顶天立地的感觉在四米以上,但是上层书架的取放肯定不方便,于是就在书架的中间位置另外用木板和浮梯搭出来了一个走廊,这些走廊之间相互连通,看上去就像在屋中架起了室内的楼梯,这种方法让我豁然开朗,因为我自己的藏书也困惑于此事。我在设计自己的藏书楼时,当然希望房屋更高一些,因为这样可以在同样的面积内盛放下更多的书,但面临的问题是,如果把书架做得顶天立地,上层书的取放则较为费力,虽然可以搬凳架梯,但毕竟没那么从容。长期以来,我一直纠结于未来新的书楼怎样装修,今天在这里终于找到了标准答案,这就不单单是震撼,而多了一层豁然开朗的惊喜。

藏书楼内,沿着过道铺了一些红地毯,红地毯的两侧又用蓝线隔了起来,我猜测这是划出了参观的路线,但这个路线只能沿着书楼的侧边行走,走马观花地景仰上几眼,完全不能跟这些书有实质的接触,这对我这个爱书入骨髓的人自然不能接受,于是沿着过道拍了几张照片之后,我鼓起勇气提出能不能撤掉栏杆,自己想进去摸一摸书。管事者不太高兴,但也没再吭声,我把它理解为默许,于是拍出了这张清晰的图片。

从书楼里出来,我再次踏上那宽阔的回廊,无意中看到回廊的地板是灰黑色的,而垂直望下去则是褐色,细看之下,这种地板又不像是刷了油漆,一木而两色,不明白这是什么木头,再想到刚才的桂木,看来这里建楼的材料都跟其他地方完全不同。书楼的管理者问我,是不是研究天主教的,看来他以前接待的客人都是这一类的,我马上告诉他自己不是,只是来访古代的藏书楼,他说这样的客人他倒真是第一次接待,很希望看到我这个非天主教徒的写法,于是给我留下地址,我答应成文之后给他呈上,请其斧正。

从书楼出来,我打车准备再回上海图书馆,在上车之处看到徐家汇藏书楼的旁边就是上海市气象局,陪我前来的兄弟跟我说,气象局招工极难,这跟我的理解有了较大的偏差,因为在我的印象中,中国最不靠谱的部门之一就是气象局,因为他们预报天气情况准确的时候不是太多,这种吃闲饭的地方为什么招工还难呢? 这位兄弟告诉我,其实天气预报极难,而它要求的条件又很高,必须要数学和逻辑学都极好的人才能从事预报工作,因为需要用到各种公式来推论出天气的变化,因此工作压力极大,而收入又不高,所以留不住人。

　　这几句话颠覆了我对气象局的偏见,看来很多事情都是自己想当然,而与事实有着极大的出入。就像这座藏书楼,它的历史、它的神秘、它所经历的磨难,我只知道零星的一点,然而我却用这有限的信息来给这个书楼做出这样那样的判断,这些就跟我所想象的天气预报一样,恐怕没有多少是正确的。但这并不妨碍我对书楼的崇敬之情,我觉得它今天能够依然屹立在这里,就无言地证明了——在这个社会上仍然有很多的有识之士知道什么是文化的精髓。正因为他们的努力,才能让我这个后来者看到这样一座伟大的书楼。

武汉文华公书林

绽放的异域之花

文华公书林的创始人是韦棣华。我不知道韦棣华这个中文名字是谁给她起的，因为她名字的英文全称是 Wood Mary Elizabeth，如果按照现在惯例式的音译，她应当把名字翻译成"伍德·玛丽·伊丽莎白"，但我还是觉得叫韦棣华更有亲切感，除了"韦"这个姓氏，"棣华"二字出自"棠棣之花"，当然是美好的事物。但韦棣华更重要的是心灵美，她为了中国的图书馆事业，不仅投入大量钱财，还终身未婚全身心投入其中直至离世。这样一个令人感佩的人，我无论如何也要想办法找到遗迹来纪念她。

来武汉之前，我几次给陈琦先生去电话，告诉他我的寻访名单，并且向他强调其中的重点就有文华公书林。陈先生是个认真的人，他为了让我的寻访能够顺利完成，竟然提前去把那些寻访点探看了一番，关于其中的重点文华公书林，他告诉我而今已经没有了痕迹。这让我听来很是失望，但还是不死心，告诉他即便如此，也要领到我那个原址去祭奠一番。

2015 年 6 月 21 日，我仍在武汉寻访，这天正赶上大雨，这场雨忽大忽小，至少让我这个北方人找不出什么规律，但这样等下去，总不是个办法，于是索性跟陈琦先生走入了雨中。同去的朋友还有两位，一位先生名叫陈勇，他是武汉市政府参事室的参事。陈琦边开车边介绍着陈勇的简历，他说陈勇是参加考试考上的现在这个职位，他是那场社会招聘的第一名。陈勇说，他对武汉的历史最感兴趣，正在广泛搜集这方面的资料，并且也到实地去探访，经过他的探访，一些早已被人淡忘的遗迹都被他找了出来。

我对陈勇的这句话最感兴趣，因为自己长年寻访，所以我知道探访一个未确定的遗迹是何等之难。陈勇说，他曾帮助一位古代名人的后人找到了先祖的墓址，那处遗址几乎已经没有了痕迹，但陈先生能够找到，重要的原因是他曾经在部队里当过侦察兵，所以能从地形上分析出别人所不注意的痕迹，再通过各种资料的佐证来确定此处遗址所在。这个本事让我听来，只能是羡慕，而不可能学得到。

另一位同来的朋友是武汉大藏书家柯逢时的五世孙柯立志先生。柯立志先生不善言谈，坐在车内不发一声，因为今天的寻访目标之一是柯逢时藏书楼旧址，因此他也一并同来。有他二人的陪伴，我感觉今日的寻访之旅定会大为顺利。

陈勇做事极为认真，陈琦告诉他我的寻访计划之后，他提前做了相关的功课。他的网络搜索功夫十分了得,他说自己找到许多资料,今天还特意打印了几份关于韦棣华和文华公书林的照片。他把这些提供给我,让我很是感动。在车上,他又向我讲述着武汉文物古迹的变迁史,同时向我解释,为什么有些古迹被毁坏得很厉害。有这样的朋友陪同,不自觉间就消去了雨中堵车的岑寂。

开到一个路口时,不知何故竟然整条路被隔离墩封了起来。这时候,雨渐渐小了下来,陈琦准备停车下去将隔离墩拿开,以便驶入。他刚走到近前,就从旁边的一个店铺里冲出一位警察,立即制止了他的行为。警察说里面正在中考,只可驶出,不可驶入。无奈,我们只好把车停在路边。但陈琦刚学车不久,因为下雨而让倒车雷达变得失效,我于是站在侧边指挥他尽量地贴近马路牙子,一不小心让自己踏入了水中。其实,在前一程的寻访中,我膝盖之下基本已经湿透,这时也就懒得顾这些细节了。

沿街向内行走,在入口处看到了几处仿古建筑,我本以为这就是。陈琦告诉我,这只是个美术学校。步行300米的样子,迎面看到一处像办公楼式的建筑,陈琦说这就是文华公书林。虽然我有心理准备,但还是有些诧异。陈琦说,文华公书林一直保留到了20世纪90年代,虽然早已被列为文保单位,但最终还是被拆掉了,就盖起了这样一座大楼。眼前的这座楼,是水泥外立面,因为没有阳台,所以我不知道里面是住人还是办公。乍看过去,每一层的防盗窗制式都不同,感觉这里面应当是宿舍楼。

这座楼的正对面是武汉市第十四中学的大门,因为中考,门口拉着警戒线,旁边还停着一辆警车,里面坐着几位警察正在说笑,看我举起相机要拍照,马上予以制止。大门的旁边是一个自动借书亭,这个小亭子被称为"自助图书馆",因为亭子上面有雨搭,几位考生的家长坐在下面避雨。陈勇笑着说,你可以选一个角度把这个小书亭跟书楼一同拍进去,这是一个强烈的对比,因为拆掉了那么一座大的图书馆,而后在它旁边建了这么一个小的所谓图书馆。我注意到这个书亭的门牌号是"武昌昙华林117号"。

关于韦棣华的历史,很多相关的书都曾提到过,她的经历也有些传奇。她是美国人,出生于纽约州埃尔巴城,她虽未系统接受过学校教育,但通过自学等方式广泛涉猎,掌握了许多知识,故1889年纽约州的巴塔维亚市成立里奇蒙德纪念图书馆(Richmond Memorial Library)时,她当上了此馆的首任馆长,而那年,她仅28岁。

≡ 我以为这是文华公书林 ≡ 文华公书林旧址就在这座楼下

韦棣华来到中国,也是一个偶然。她有个弟弟名叫韦德生,韦德生是一位牧师,对基督教很是虔诚,来到了中国的武昌传教。到武昌的当年,中国就发生了义和团运动,开始与洋人发生激烈冲突。这件事情传回美国之后,韦棣华十分担心弟弟的安危,写信劝弟弟回国,韦德生拒绝了姐姐的要求,这让韦棣华很不安,于是她在 1899 年 11 月 9 日从旧金山乘轮船前往中国,先到上海,然后乘江轮溯长江而上,于 12 月 15 日到达武昌(参见郑锦怀著《"中国现代图书馆运动之皇后"韦棣华研究》)。

韦棣华见到弟弟之后,看到弟弟生活的情况比她想象的要好许多,这让她放下心来。在陪弟弟居住的一段时间里,韦德生告诉她,美国圣公会创办的文华中学和文华书院特别缺英文老师,他希望姐姐能在那里工作一段时间,为此,韦棣华留了下来。

从查到的早期资料看,对于韦棣华留在武汉的动机有着另外的解读,认为韦棣华是想以办图书馆的名义来传教。比如马启在《评韦棣华》一文中称:"(韦棣华)来到中国,其时正值义和团运动轰轰烈烈地展开,八国联军正在组织并继而向天津、北京进军,她是跟着侵略者的大炮一起开到中国土地上的,这难道是偶然的巧合吗? 从她来中国前后与美国圣公会的紧密联系来看,很可能带有宗教任务。"(转自周洪宇著《不朽的文华——从文华公书林到文华图书馆学专科学校》)

但周洪宇在其专著中称:"上述看法显然过于主观。韦棣华是基督徒,但此时并不是传教士。"按照《私立武昌图书馆学专科学校概况》中所言,到 1904 年时,韦棣华因为工作出色,圣公会才任命她为世俗传教士。韦棣华是 1899 年底来中国,几年后才成为传教士,因此韦棣华来华的目的应该与宗教无关。

对于韦棣华来华的动机,《文华图书馆学专科学校季刊》1931 年第 3卷第 3 期记载:"(因义和团运动),华北骚然,风声所播,海外震惊,女士只身来华探视其弟,遂留任武昌文华大学教职。"

韦棣华任职的学校原名文华书院,创建人是美国圣公会的主教韦廉臣,他为了纪念其兄长美国圣公会首位来华主教文惠廉,于 1871 年,在武昌创办了"文氏学堂",两年后该学堂改名为文华书院。1901 年,美国人詹姆斯·杰克逊(中文名瞿雅各)继任文华校长,他对文华书院进行了扩建。1903 年时,将书院改为正馆、备馆两部分,正馆为大学部,备馆为中学部。1909 年，文华书院在美国哥伦比亚特区注册，改名为文华大学校，该校毕业生无须考试，即可直接升入美国注册州立大学。中学部后来改名为文华中学，韦棣华正是在中学部教英语。

韦棣华在当英文教师期间，发现中国特别缺乏真正的公共图书馆，因为她有图书馆工作的经验，知道图书馆的发展是启迪民智的最好手段，韦棣华认为图书馆"在学校则为学校之心神，在社会则为社会之骨髓"，因此决定在文华校园内开办一所图书馆。但是开办图书馆首先要有书，于是韦棣华写信给美国的"妇女辅助会"和"教会期刊俱乐部"，请他们捐赠图书馆，等收到这些书后，她在文华校园东区的八角亭内创办了一所小型图书阅览室。

1920 年的《文华评论》中有一篇译为《文华大学图书馆过去、现在和将来》的文章，该文讲到了那个阅览室的情形：

> 它追溯于 1894 年，当时的八角亭阅读室，也就是现在被用作文华合唱团俱乐部大厅，曾被使用过的人叫做八角形图书馆。大部分的书被分类成为宗教主题，另外有一些少量的书被分类成五花八门，有一些外国传教士和少量的神学学生去这里。在 1901 年末，瞿雅各博士负责管理文华学校，他意识到了学校图书馆的需要，为了这个目标应立马修建一间房屋。不久以后，1903 年随着学院的成立，对图书馆的需求显得更加明显。幸运的是，这种需求创造了一位热心、热诚的图书馆员来解答这个吁求。这个图书馆员正是文华大学图书馆的发起人与创办者伍德小姐。

当时八角亭阅读室有各种书约 3000 册供人免费阅览，韦棣华觉得八角亭面积有限，她想筹建真正的图书馆，但是文华资金紧张，没有建馆费用，她捐出了自己的积蓄，但这笔钱与建图书馆所需的费用相去甚远。1906 年，她趁回美国度假之机，用一年半的时间到处讲演，拉赞助，并且做专题报告来讲解在中国设立图书馆的重要性。经过她的一番努力，最终筹得 1 万美元和 3000 册图书。

1910 年 5 月 16 日，韦棣华在武昌建起了中国第一个美式公共图书馆——文华公书林。据说，建造此馆花了 10 万美元，在那个时代，这是很

大的一个数目。当时建图书馆所用之地也是用韦棣华募捐的钱款购买的:
"文华公书林的地皮,乃是韦棣华从募款中拨款自购后的地皮,而不是用
文华书院的教会地皮。"(董铸仁《韦棣华女士追悼大会纪略》)

楼虽然建成了,但韦棣华仍然缺少必要的资金支持,为了能够让文华
公书林有造血机能地运行下去,她觉得有必要想出更好的解决方案。那
时候,国内外对于庚子赔款的问题有着许多讨论,她觉得利用这笔赔款来
建设图书馆是一件再好不过的事。

1923 年,韦棣华代表文华大学图书科联手国内图书馆界、教育界名
流,积极争取庚子赔款的一部分用于图书馆建设。当年 8 月,中华教育改
进社北平年会通过了"呈请中华教育改进社转请美国政府以其将要退还
之庚子赔款三分之一作为扩充中国图书馆案"。此案的通过令韦棣华很
高兴,于是她以议案为蓝本,撰写了一份请求书,之后来到北京拜见美国驻
华大使舒尔曼博士,说服大使支持她的请求书。在京期间,韦棣华拜访了
当时的中华民国总统黎元洪、外交部长顾维钧、内阁总理颜惠庆等人,向他
们讲述用庚子赔款在中国建图书馆的重要意义。最终,她争取到 150 位
中国朝野人士及 65 名在华美侨的签名支持。

此后,韦棣华带着两百余人签名的请愿书于 1923 年又返回美国,她首
先把请愿书递交给美国总统和国会。美国图书馆协会会长鲍士伟博士告
诉她,要想办成此事,必须按照次序拜访每一位议员,于是韦棣华在此后
的四五个月内,不仅拜见了总统,同时还见到了 82 位参议员和 420 位众议
员。有段时间,她几乎每天都坐在国会会客厅里等候,以便一位一位地说
服那些议员。为了不错过机会,据说她每天都不出外去吃午饭,而是带几
个面包来作自己的午餐。经过她的努力,她见到了参众两院的大多数议员,
那些议员经她的说服,同意了她的申请。

1924 年 6 月底,韦棣华参加了美国图书馆协会第 46 届年会,她在第
二次全体会议上宣讲论文《中国近代图书馆的发展》。此文讲述了新式
图书馆对中国的重要性,并提到了退还的庚子赔款用于图书馆建设的意
义所在,她同时提出希望协会派一位图书馆专家到中国去做相应的调查,
以便了解实际情况。于是该协会聘请圣路易斯公共图书馆馆长、美国图书
馆协会鲍士伟博士前往中国考察。最后韦棣华返回中国,负责安排鲍士
伟来访之事,1925 年 4 月 26 日至 6 月 16 日期间,鲍士伟在北京、上海、杭

州等地调查了各级图书馆 50 多所，并且举办了 50 多场讲演，还放映了关于图书馆的影片。6 月 2 日，中国第一个国家性质的图书馆学术组织——中华图书馆协会在北京成立，鲍士伟作为特邀嘉宾参加了成立大会。

1924 年 5 月 1 日，美国参、众两院联席会议通过了退还第二批庚子赔款议案，并明确写明其中一部分用于图书馆建设，这与韦棣华的争取有着重要关系。对于韦棣华的所为，后世有着不同看法，有人夸赞也有人质疑，周洪宇在其专著中转引了鲍士伟对韦棣华的评价之语：

> 余之赴中国尚有一种职务为中美两国所当注意者，即经国会通过之庚款余额支配问题也。此议案之提议应作图书馆教育用途最力之人，厥为韦棣华女士。

在鲍士伟看来，能够把庚款余额拿出一部分来用作中国的图书馆建设，韦棣华出力最大。但也有人认为此事能够办成另有原因，比如李甲芹、张海齐《关于中国现代图书馆事业各评价上的一个重要问题》一文中的所言："用中国人民的钱收买中国人是美国政府的本意，他们希图通过教育进行文化侵略，从知识与精神上支配中国，倘若没有这个前提，韦棣华愿望再好，神通再大恐怕也是无济于事的。"

韦棣华当然不可能决定庚子赔款是否退还中国的问题，但是她争取其中一部分退款用于图书馆建设，这是实实在在的事情。她为此所付出的努力，为人所称道，徐仲迪等译的《美国退还庚子赔款余额经过情形》中转述了美国众议院外资委员会委员林锡庆对她的评价之语："众议院议员所以能对这个议案如此明了洞悉，而特别使我们这个委员会，对于这个议案能如此熟悉，都是因为韦棣华女士向各议员所做的坚忍不懈的工作。"

为了图书馆建设，韦棣华生活十分简朴，毛坤在《悼韦棣华女士》一文中说："余随女士五年，未见其御一新衣、着一新鞋。死后四壁萧然，一无长物。"她在美国争取庚子赔款时，依然每天穿着旧衣服，以至于她的朋友开玩笑说："下次谒见美国总统，不要再穿着旧的服装和帽子。"（转自周洪宇著《不朽的文华——从文华公书林到文华图书馆学专科学校》）

在韦棣华的不断努力下，终于建成了一所名为文华公书林的图书馆，而公书林乃是那时对公共图书馆的一种称呼方式。韦棣华担任了文华公书林的第一任馆长,此后她继续努力地扩大该馆规模,捐出自己的收入对馆舍进行扩充,为此她几乎没有任何的积蓄,并且终生未嫁。有人问到她这个问题时,她的回答是自己已经嫁给了中国。想到这一层,我真心觉得韦棣华令人钦佩。

韦棣华的另一大贡献,就是在文华大学内开设了图书科。她认为,中国仅仅有书还不行,还要有真正懂书的管理人员。这个图书科所培养的人才,对中国图书馆事业影响至深,她所开设的文华大学图书科一直延续到了今天,当今的武汉大学信息管理学院就是由当年的图书科递延而来,因此,这个图书科堪称中国近现代第一个图书馆学专业教育机构。周洪宇在其专著中评价说:"1920 年 3 月,在韦棣华、沈祖荣、胡庆生的努力下,我国第一所美国式的图书馆学教育机构——文华大学图书科在武昌文华大学内成立。文华大学图书科是我国培育图书馆专业人员之始,开创了中国现代图书馆学教育的先河。"

直到今天,在全国各大图书馆工作的专家们,其中有不少都毕业于武汉大学,武汉大学的图书馆学专业一直是国内相关专业中的翘楚。

由此可见,当年的文华公书林对中国图书馆业是何等的重要,而这样一个重要的标志性建筑已被拆毁,建成了如今的这座宿舍楼。我站在雨中,看着这座现代建筑,心情极为复杂。我的不善掩饰让陈琦颇为不安,他说这几天下来,没能让我找到更多的寻访目标,他也感到内疚。其实这几天来,陈琦为了我的寻访付出了很多心血,我很感念朋友为我的寻访提供的便利,而眼前所见的情形,不是谁能决定得了的状况。陈勇开解说,陈琦的内疚不是因为没有给我安排好,他是觉得遗憾。

好在周洪宇的大作中有一段话描述了公书林当年的外观,此书中引用了唐月萱的一篇研究文章,唐文中有这样一段话:

> 公书林以书库为中心,居大厅中央。长长的大厅内一排排双面架上陈列着按杜威法分编的精装图书;侧面靠窗设有阅览座,读者座厢前后也是靠背双面书架,排列成套的《永乐大典》《古今图书集成》等经典巨著,琳琅满目,书背上的金字从窗玻璃上透过的阳光下闪烁可见,给人一种宁静之感。

周文中对公书林也有如下的描写：

> 公书林内设编目室、参考室、阅览室、报纸杂志室、书库、孙公纪念室（专藏商学书籍）、罗瑟纪念室（专藏西文书籍，以捐款人罗瑟博士命名）、博物古物陈列室、实习室、图书馆学研究室和斯托克斯大厅（以捐款人纽约慈善家 O. P. 斯托克斯小姐命名）。

我通过这些描述，想象着文华公书林的壮美，再加上陈勇赠送给我的照片复印件，两相对照，让我更加佩服韦棣华女士。同时我也在想，她当年是出于怎样的一种动机，为了一个异国他乡的图书馆，奉献出了自己的一生，因为她最终就是在武汉去世的。韦棣华在武汉工作了 30 年，在文华公书林工作了 20 年，她却在 1931 年即将庆贺 70 寿辰的前一个月去世了。她将自己的生命奉献给了这个她所热爱的事业。

蔡元培在《裨补学界 潜滋暗助——纪念美国友人韦棣华女士》一文中夸赞她说：

> 韦棣华女士远道而来，不辞劳瘁，居武汉中心，实施实际工作，尤致力于图书馆。余曾作韵语颂赞之，用志钦仰……而韦女士之创办公书林，恰当其时。以多量之热心，作相当之助力，购置中外书笺，部居分别，灿然秩然，招引观众，予以阅读便利，及鼓励其兴趣。又以图书馆为专门之学，设科讲习，远道之来请益者日众。此其裨补学界，有潜滋暗助之功，正吾人所当感谢者。学术本无国界，求知人性所同，故办理教育，为积极有趣之事，终身由之，可以忘疲。韦女士来华服务已三十年，阅时不可谓不久，然其精心毅力，实视三十年如一日。倘再阅多时，亦无丝毫倦怠，可以断言。

对于韦棣华所创文华公书林的意义，周洪宇在其专著中给出的评价是："文华公书林面向社会开放，开架借阅，送书上门，定期换书，这种以最大可能为公众服务的经营方针和科学的管理方式，无论从哪个方面看，都体现出文华公书林是一座真正意义上的新式公共图书馆，是中国近代新式公共图书馆的开端。"

　　无锡荣氏是中国近代极具名气的民族企业家族,对于荣氏在业界的地位,孙德先在《荣德生绑架案》中总结说:"它经过 20 多年的苦心经营,到 1921 年,荣氏集团所属 16 个企业资本共计 1043 万元,及至 1925 年,荣氏集团一跃而成为中国第一大商业集团,终于执中国实业界之牛耳。荣氏兄弟也为此而声名显赫,富甲天下,成为当时中国最大的民族资本家。"无锡荣氏踏入商界是从荣锡畴开始,荣锡畴最初做运输生意,用今天的话来说就是从事物流业,因为本钱小,他只有一条小船,帮人将货物从太湖运到上海等地。后来遇上太平天国运动,荣家的人大多数死难于此,战争结束后,荣锡畴家族中的男丁仅有荣熙泰活了下来,荣熙泰有两个儿子,分别是荣宗敬和荣德生,正是这兄弟二人用自己的智慧和经营本领,打造了荣氏家族的工商帝国。

　　荣宗敬比荣德生大两岁,兄弟俩十几岁就来到了上海,先是在钱庄里做学徒,几年之后有了点积累,于是就跟父亲一起在上海开了家很小的钱庄,由荣宗敬当经理,荣德生任管账,经营了几年之后,虽然有些起色,却因合伙人生意失败受到牵连,这家钱庄也倒闭了。后来荣德生一人前往广东经商,他在那里发现,进口物资中面粉占的比例很大,经过一番了解,他继而发现面粉大量进口的原因是国内仅有四家面粉厂。荣德生觉得这是一个商机,于是就跟哥哥商议,决定要开一家面粉厂。他们回到了无锡,跟人合资建立起了当地第一家面粉厂,此后的八年他们不断扩张,最终有了 14 家面粉厂,成了这个行业里实力最大的一家。在鼎盛时期,荣家出产的面粉竟然占到了全国总产量的 29%,兄弟二人也因此有了"面粉大王"的称号。

　　为什么能在这么短的时间内,把企业建设得如此之成功呢? 当然时机最为重要,因为那个时段正赶上爆发第一次世界大战,面粉成了极其重要的战略物资。在这种大的历史背景下,能够看出这是个商机的,应该不只有荣氏兄弟二人,别人当然也能够看到,但为什么成功的却是荣氏兄弟呢? 虽然说"谋事在人,成事在天",但经营手段的正确,也是成功的必要条件,比如他们为了提高面粉的质量,会提前抢购下大量的新麦,同时为了让面粉看上去漂亮,在生产的过程中往里加入漂白剂。虽然这种添加剂让今天的人听来很反感,但在一百年前并没有相关的食品标准,也没有人知道添加剂会对健康产生哪些不良的影响。而最为奇特者,是荣氏兄弟所出的面粉袋中,经常能够发现铜元,也就是他们会在面粉里面放入钱币,这种促销手段很受人民群众的欢迎。

荣氏兄弟把生意做得红火的同时,没有忘记"兴学以教化民众",用通俗的话来说,就是致富不忘乡亲,他们开始用赚来的钱在家乡兴办教育。从1906年开始,此后用了10年左右时间,他们在无锡办起了4所公益小学和4所竞化女子小学,后来又办起了几所公益中学,影响力最大的则是1947年荣氏创办的江南大学。虽然这是一所私立大学,却是包含文理、工农多种学科的综合性大学,该校聘请吴稚晖为董事长,戴季陶和荣德生分别为副董事长,并且聘请了钱穆为文学院院长,唐君毅为教务长,这些人都是一时俊彦,可见荣德生在办学方面下了很大的气力。1952年院系调整时,江南大学的不同科系被分别合并进了其他的大学,学校也随之解散,到了1985年得到恢复,并且由荣德生的儿子荣毅仁为该校的荣誉董事长,而荣毅仁后来当上了国家的副主席。

荣德生何以花这么大气力来办学,他在《乐农自订行年纪事续编》中说:"余一生行事,创业发展,悉照父训。"对于父训的内容,他在《乐农自订行年纪事》中写道:"治家立身,有余顾族及乡,如有能力,即尽力社会。以一身之余,即顾一家;一家之余,顾一族一乡,推而一县一府,皆所应为。"可见荣德生致力于社会公益事业,致力于人才培养,乃是受到父亲的影响。而荣德生认为,启迪民智的方式重在读书:"人才之兴,良师、益友、书籍,三者不可或缺。余有鉴于斯,缘吾乡僻处农村,贫寒子弟纵有天才,无良师授业,所以兴办学校;无图籍参考,故建立图书馆。"出于这种思想,荣德生想创办一所对公众开放的图书馆,以此让贫寒之子能够饱读诗书。在此同时,他看到社会变革期间西学兴盛,汉学衰微,传统典籍少有人阅读,这也是他办图书馆的另一个原因。荣棣辉在《思庵行年随录》中讲道:"回溯六、七年来,德生先生为本乡社会教育计,已设男女高小学凡八处,相聚仍窃窃议社会之不良,而忧无以教育之,民国四年春乃定筑一小小图书馆。"荣德生在《叙文汇编·序》中亦谈到设立图书馆的缘起:

溯自逊清既覆,风尚丕变。青年盛气,顶礼欧化,高唱廓清陈旧,建设维新,高文典策几乎再罹秦火之劫。予于是大惧古籍沦亡,斯文中断,因广收他人之所遗弃,设馆藏之,都十余万卷,取名曰"大公图书馆"。"大公"云者,示不私天下文化利器,愿以公之大众也。

荣氏兄弟在兴办教育的同时,意识到公共图书馆对启迪民智至关重要,于是从1912年开始筹办图书馆。对于创办该馆的最初想法,荣德生的族叔荣吉人在代拟的《创办大公图书馆缘起》一文中,以荣德生的口吻谈及他从小忙于经商,无暇读书,并以此为恨,故有了一定的经济实力后谨遵父训,幼吾幼以及人之幼,开始创办学校,在办校之时又想到读书之难,"读书种子固未易成,而十步之内必有芳草。彼具善读之资,而苦于无书可读,因等于不见。可欲遂无所学者,何可胜道? 始基不固,易入歧趋。补救之方,舍图书馆其奚属乎"! 于是荣德生创办了图书馆:

> 顾公家事赜,待举百端,近计岁时,断无余力可以办此,用是不揣谫陋,谬事经营。三年冬杪,先行购备图书,更承大雅不遗,时惠以家藏珍本。客秋,乃复建筑馆舍,迁延迄于今日,楼楹之屋,粗已落成。书籍储藏,卷盈十万,以急欲公诸同好,因预定开幕日期,乘双十国庆之良辰,作永远珍藏之纪念。

图书馆不仅要有馆舍,更重要的是要有藏书。然而那个时候买书须懂版本,如果盲目购书,馆藏就会显得杂乱无章,荣德生得到行家指点,刚开始买书不久就懂得了目录版本之学,他在《乐农自订行年纪事》中写道:

> 图书馆已首开买书,先在上海买《图书集成》一部,一万卷:各种诗文集,约万余卷。以后无法下手,邓君傅若由湖北张望屺处回来,略明目录之学,为余云:"先看《书目答问》,即明经、史、子、集,依目购办,自有头绪。"余即从此旨办书,鄂生先生在城看收,吉人先生在校收理。如此者三年,收集已五万卷,并联络书店,如遇未有藏本者,必购之。于是书贩陆续取来。然外人不明此意,以为粉厂要如许书籍何用,不知购存为大众计也。时县图书馆亦发其创办。

荣德生从上海购买了一部《古今图书集成》,资料上没有说这部书是什么版本,以我的猜测,应当是同文书局的石印本,不过即便是石印本,也同样难得,因为这部一万卷的大书,同文书局原样原大仅印了100部,其中的一半还因意外失火而烧成了灰。之后他开始研读张之洞的《书目答问》,以此书作为购书指南。然而,《书目答问》虽然著录的书籍涵盖面很广,但此书目的是指导读书门径,而非藏书指南,书中所列均为寻常易得之本,以此推论起来,荣德生所购之书虽然品种齐全,但在版本方面,应该并无讲求。

显然,荣德生创建大公图书馆的目的是让更多的人能够读到书,纯粹是为了他人而办,这与传统藏书家所创办的私家藏书楼不同,后者乃是为己,更多的是讲求版本珍稀。这也说明了,大公图书馆虽然是私人创办,却是公共图书馆的性质。这正如1929年钱基博在为《大公图书馆藏书目录》所作序言中的总结:"大公图书馆者,邑人荣君德生之所创辟。而弁之曰大公者,无我之旨也,不私所有之意也。往者余撰《无锡图书馆碑记》,尝谓,书公诸人人,贤于私之一己。"

对于大公图书馆的性质,李茂如所编《历代史志书目著录医籍汇考》在著录《大公图书馆藏书目录》时称:

> 大公图书馆,在江苏无锡之西乡,馆主荣德生,凤以昌扬文教为怀,尝于民国初年兴办学校数所,更思促进文明启迪风化,于民国五年,仿西欧图书普及之制,输资广购图书,在本乡创立图书馆,以供公众阅读。特以"大公"命名者,以昭志在公众,不私所有也。数载经营规模粗具,我国乡村之有图书馆,此其始焉。

除了这段客观叙述,李茂如在目录后还写下了这样一段按语:"我国自清末以降,西风东渐,社会风气大开,一改既往图书自秘之陋俗。不少先进人士,率先输资兴办学校,创立图书馆,以求诱进劝学,启迪民智。荣氏大公图书馆之创建其一端也。"

大实业家开始买书,当然能引起书界的敏感关注,于是很多书商主动往荣家送书求售,而只要是自己没有的书,荣德生都会一律买下,到了1914年,购得之书已经超过了5万卷。然而荣德生忙于实业,实在无暇一一鉴定版本,于是聘人来负责收书之事,并定下了大致的收购方向。比如他十分注重乡贤著述,凡是无锡名人所撰之书一律购进。于是有些不法书商用瞒天过海之法，伪造了一些书拿来冒充，比如宋王称所撰《东都事略》，造假书商将作者名称改为宋代梁溪尤袤著，将明代宋濂所撰《宋学士文集》改名为无锡人张筹所著《新刊梁溪张太师文集》等等，使得大公图书馆买入不少改头换面之本。

但是从无锡图书馆整理的目录来看，当年大公图书馆以及荣德生的旧藏中，亦有不少难得一见的善本。自 2008 年开始，国家开始组织《国家珍贵古籍名录》的评选活动，当年 3 月，国务院公布了《第一批国家珍贵古籍名录》，其中无锡市图书馆入选 48 部，而这 48 部中，竟然有 45 部都是当年荣德生大公图书馆的旧藏。我看到有资料说，此馆还藏有一部元版的《范文正公文集》，这部书在今天也是难得之物。

然而这个图书馆建立起来之后，前来看书的人却很少，按照当时的资料记载，大公图书馆开馆的第一年，平均每天来看书的读者大概有三四位，接下来的几年，有时一整天一位读者都没有。前面我们说过，荣德生建起的是私立公共图书馆，并非他个人的藏书楼，他办图书馆的目的，就是想在家乡普及文化，而他看到这样的结果，自然颇感失望。为什么会产生这样一个局面？荣德生跟图书馆的同仁们进行了多次探讨后，想出了一个吸引读者前来看书的办法。

这个办法很是奇特。从 1932 年开始，荣德生命朱梦华、殷彦恂做主持人，由他们组织一批学生共同来完成一件事，那就是从大公图书馆所藏的典籍里，把书中有价值的序跋抄录下来，用了三年多的时间，总计抄录下 2500 多篇，200 多万字，而后将这些序跋按照四部分类法编为七十二卷，于 1936 年以荣氏大公图书馆的名义，用木活字排印出版了《叙文汇编》，书名签请吴稚晖来题写。当时这部书仅印刷了 100 部，出版之后，一部分放在馆内，以便于读者翻阅，剩余的部分则寄赠给国内的一些公共图书馆。

1937 年，日军占领了无锡，大公图书馆的藏书受到很大的损失。1945 年抗战胜利后，荣德生返回无锡，看到自己建起的工厂和图书馆满目疮痍，尤其是图书馆令人痛心疾首："大公图书馆内书柜只只翻乱，抛掷满地，少去若干，未及查点，价高稀见及书品较为整齐者，大都已无，损失之重，以此为最。此馆创办以来，二十余年，逐年添购物色，颇费一番心血，尤其孤本绝版之书，更为难得。"可见当时的馆藏受到了重大损失，也说明了今日所知大公图书馆的旧藏，只是遭此劫难后的第二次购置之书，而该馆原藏中的善本,基本上流落他处了。荣德生面对此况并没有心灰意冷,而是说出了这样的话:"(图书馆)被损毁至此,可恨可痛! 由予观之,毁去有用之书,等于摧残人才,即置之重典,亦不为过,此种文化上之损失,实较企业上之损失更严重也。"(《乐农自订行年纪事续编》)

在荣德生看来,毁坏藏书就等于摧残人才,这与他的理念相背。于是他开始再一次大量购书,然未承想到的是,在 1946 年,他以 72 岁高龄被人绑架了。

孙德先在《荣德生绑架案》文中详细讲述了荣德生被绑的经历,他被劫匪运到一小屋内禁锢 32 天,绑匪提出了高额赎金,荣德生却跟他们说:"我是一个实业家,我所有的钱全在事业上面,经常要养活数十万人,如果事业一日停止,数十万人的生活就要发生影响。所谓资本家,是将金钱放在家里,绝对不想做事业。据我所知,有人家里藏有金条 2700 余根,他绝不想投资到社会上面去,这是实业家和资本家的分别。本人是以事业作为救济,诸位这次把我弄来,实在是找错了人,不信你们去调查。"之后他向绑匪索要纸笔,立下遗嘱:"(一)叙述个人和荣宗敬先生艰难困苦创业的经过;(二)匪徒要他 50 万美金,这笔钱如果照他所办的事业论,本无所谓,但流动金额占绝少数,如果拿出了这笔钱,将影响整个生产,使大批工人失业,所以宁可牺牲个人而保全事业;(三)告诫子弟要绝对重视先人所创的事业;(四)是嘱咐家庭琐事。"

孙德先在文中没有讲述荣德生家人是否支付了赎金,只是提到家人报警后,上海军警当局出动大量警探进行破案,迫于形势紧张,绑匪将荣德生释放了。然而,杨云在中国第二历史档案馆中查到了两则关于荣德生被绑架的史料,其中一则是 1946 年 7 月 8 日汤恩伯致宣铁吾电。汤恩伯电中讲到了绑匪为何人:"盖本案由于上海帮匪首骆大庆、嵊县帮匪袁仲杼合作,骆匪先得同伙郑连棠告以有荣德生者,巨富,绑架甚易,乃筹之于袁仲杼。熟商之余,遂即由荣宅素稔之徐梦麟带往窥探门径及荣之面貌。"该电中同时写到了所付赎金的数额:"计共得赎价美金三十万五千,按十六股半分配,上海帮得八股,嵊县帮得八股半,嗣乃释荣。"

此案最终被破,款项也追了回来,重要的绑匪一一落网。可见在那个时代,做实业家乃是高危行业。然荣德生的超人之处,乃是并没有受此影响,此后他仍然在购买典籍,希望恢复大公图书馆。

荣氏昆仲当年为了办图书馆以及学校,投入了巨额的资金,陆续加起来,总计花费了超过 100 万以上的银元,并且为了能让图书馆长期维持下去,他们把面粉厂的下脚料卖出之后,所得之钱作为图书馆的经费。直到今天,私人办馆同样困扰于经费的不足,能够得到长年固定的资金支持,这对私人所办图书馆或博物馆都是极其重要的一件事。

1952 年,荣德生去世了。而在他生前,就已经打算将大公图书馆藏书全部捐出,1950 年 3 月 23 日,郑振铎在给徐鸿宝、唐弢的信中写道此事:

> 无锡荣德生先生拟将大公图书馆藏书全部及所藏字画、碑刻、铜器、矿石捐献中央。请您们两位和上海江西路、四二一号申新纱厂朱敬圃先生接洽具体接收办法为荷。荣先生意,欲针所藏公之全国,成为永久性的展览、陈列。朱先生曾提出四个问题 :(一)希望保持完整,不拆散 ;(二)如何纪念荣先生? (三)怎样接收、整理? (四)原有的大公图书馆的职员们如何处理? 这批东西,数量很大,如存在无锡,不发生作用。敝意可由华东代表中央接收,即拨交上海市图书馆、博物馆,不知你们的意见如何?

不知什么原因,那次的捐赠未能实施,待他去世后,由其子荣毅仁完成了这个遗愿。1955 年,荣毅仁遵照父亲的遗命,给无锡市政府写信,提出把大公图书馆和藏书全部捐献给政府:"先父德生先生,生前在无锡荣巷创设大公图书馆一所,藏书近二十万卷,遗志愿将全部馆所及图籍捐献锡市,公诸人民。"荣德生费尽心血收来的这些书,就这样全部化私为公了,连同大公图书馆里特制的 71 个木制大书柜也一并捐给了无锡市图书馆。

其实荣德生捐赠的这些藏书除了大公图书馆所藏外,还有一部分藏书归他个人,对于这部分藏书的归属,赵长海在《荣氏家族与大公图书馆》一文中写道:"荣德生在上海寓所乐农精舍亦有数量可观的藏书和文物,以医学、风水、易经类藏书为主,大多捐赠给了上海市文管会。"

大公图书馆的旧藏捐赠给无锡市图书馆后,对于提高该馆馆藏的质量起到了至关重要的作用,殷洪在《荣氏文库藏书价值及地位之新认识》一文中提到,无锡市图书馆对荣氏旧藏作了彻底清理,殷洪通过书中所钤的藏书章"大公图书馆""荣德生先生遗命捐赠"等印章,来推论哪些是大公图书馆旧藏,哪些是荣德生私人藏书,但无论哪一种,都是与荣德生有关。殷洪对总数量作了如下统计:"两者相加,荣氏文库的实际藏书总量应为8434部116280册(部分虫蛀书尚未包含在内),几近馆藏古籍总量的40%。"这个数量对于一个市级图书馆来说,极其重要,殷洪在文中给出了如下数据:"无锡市图书馆现有线装古籍30万册左右,其藏量在国内同等规模公共图书馆中属名列前茅。荣氏赠书近12万册,占该馆线装古籍总数的40%,已近半壁江山;其中,最有版本价值的荣氏善本共有1051部,19957册,占善本总数的93%。换言之,无锡市图书馆馆藏古籍精华部分即善本书库的藏书主要是由荣氏赠书构成的。由此可见荣氏赠书在无锡市图书馆藏中之重要地位。"

1949年后,荣氏旧居及大公图书馆为无锡某部驻军所使用。由于建筑物处在军队的营区之内,轻易不能入内。军队有保密要求,这点我当然能够理解,但事实上却给我的拍照带来了很多困难。此次来到无锡,当然想到大公图书馆一看,缅怀一番。我知道荣氏旧居改为了荣毅仁纪念馆,但我无法确定这个纪念馆是否跟大公图书馆为一体。我打车来到这里,眼前所见是面积很大的停车场,也有可能这里不是停车场,而是纪念馆的广场,因为在广场的最前方立有新做的石牌坊,广场之上空空荡荡,既无车,也无遮阴之处。

此时正是八月中旬,猛烈的阳光照射在广场的石棉地上,由此产生的热辐射,蒸得人有些恍惚。站在广场之上,远远就看到了荣毅仁纪念馆的匾额,让我感到奇怪的是,这处旧居本为荣德生所建,为何却以他儿子的名字来命名,但马上,我就反应过来了其中的缘由。1956年,荣毅仁把荣氏家族企业在大陆的部分全部无偿捐献给了国家,为了表彰他所做出的贡献,1957年后,荣毅仁当上了上海市副市长,后来又到北京出任了纺织工业部副部长,到了1979年,在邓小平的支持下,他创办了国务院直属的投资机构——中国国际信托投资公司,这就是今日在国际商界很有影响力的中信集团。可能正是因为荣毅仁所创造的这些辉煌业绩,当地政府为他建起了纪念馆吧。

纪念馆的大门却紧闭着,我透过玻璃向内张望,看到了荣毅仁的塑像以及馆两侧墙壁上所悬挂的大照片,照片的内容都是荣毅仁与党和国家领导人的合影。看着看着,我才注意到旁边的告示牌上写明了开馆时间,

荣毅仁纪念馆外观   荣毅仁纪念馆内

这里跟国内的很多馆一样都是每周一闭馆,而今天正好是周一。我感到有些沮丧,看来只能明日再来了。但明天我已经买好前往上海的车票,如果一大早前来参观,时间上就没有那么从容,更何况,我不能确认大公图书馆是否就在这个纪念馆的后院,如果是两处,我匆忙赶来岂不是白费气力。

于是我想先查看一下地形。荣毅仁纪念馆的侧边有一条窄而深的小巷,就是那著名的荣家巷,此巷的另一侧建起了仿古的民居,看来当地政府有意要把这里建成文化游览区,只是这些建起的仿古商铺大多都关着门,看来招商的结果并不理想。沿着小路一直向前走,左侧是纪念馆高高的围墙,从围墙的上方望过去,里面是青砖灰瓦的建筑,看到这些让我心下一喜,看来荣氏旧居很可能就在那个新建纪念馆的后面。我沿着侧墙继续向前走,有一个大铁门,铁门上写明是军队的家属院,想来军队已经将荣氏旧居腾了出来,单独辟为纪念馆,而把军队使用的部分又另外开了这个侧门。

看来大公图书馆很有可能就在这个院内,我还是要想办法进去看一看,猛然间,我想起了蔡馆长,他在无锡博物院工作,我不能确认荣毅仁纪念馆是否跟蔡馆属于同一个系统,但我总觉得能够搭上边,于是给他拨通了电话,提出了我的不情之请。蔡馆让我稍候,他打电话问下。听到他这句话,我有些兴奋,于是又重新回到纪念馆的正门口,因为只有在这里才能略微躲避烈日的暴晒。纪念馆门前没有可坐之处,于是我在这里徘徊又徘徊。

正徘徊间,我看到纪念馆侧面的一间小屋里坐着一个人在吃快餐面,从衣着上看,这应当是一位保安,他边吃面边向外看着我的动向。从他的眼神中,我看出了警惕,于是隔着玻璃向他解释:自己知道今日闭馆,但因为情况特殊,已经联系朋友,也许可以入内参观一小会儿。保安的眼神流露出了明显的不信任,看来闭馆时间进内参观,这种做法成功的概率不高。

几分钟过后,这位保安突然打开了纪念馆的大门,询问我是不是姓韦。我愉快地回答他:"正是在下。"保安瞥了我一眼说:"你现在不是'在下',而是'在上'了,进来吧。"

穿过纪念馆,我眼前是一个面积不小的花园,花园进行了整修,有着江南特有的别致。保安带着我从水塘的右侧绕过去,前行不远,就看到了

■ 大公图书馆整体外观 　■ 进入书楼第一眼

一座灰色的二层建筑。保安指着这座楼告诉我,这就是大公图书馆。然而我眼前看到的这个馆,却跟在老照片上看到的略有不同。我的印象中,此馆大门的上方嵌着块很大的图书馆馆名,这个楼上却完全看不到。这位兄弟告诉我,我们所进的是后门,等我从前门出去的时候,就能看到。

一楼大厅很是敞阔,几面墙上除了有窗户的地方,余外都是专制的书架,尤让人可喜者,这些书架上竟然还有些线装书,我本能地想翻开看看,又想到了身边的保安,于是我开始在一楼磨蹭,翻来覆去地拍来拍去。果真这个小伎俩起了作用,保安让我慢慢地拍,他还要回到大门口去坚守岗位。他的离开让我自如了很多,第一件事就是打开一个函套来看,里面的确是一册册的线装书,然而打开书的封皮,里面却全变成了白纸。这当然令我有点儿失落,但也是意料之中的结果 :60 多年前,书和楼就已经分离,怎么可能这里还有书呢,更何况,这里已经是对外开放的旅游点,即便后来办馆者能够收到古书,也不太可能陈列在这里。

一楼还有一些旧家具,我不能确定是否为当年楼内的原物。在中厅的位置,有登上二楼的楼梯,但入口处被拦了起来,并且挂着“游人止步”的警示牌,这更加激发了我的好奇心。四处张望一番,我确认没有探头,于是把拦着的绳子挪开,轻手轻脚地登上了二楼。

二楼的面积跟楼下相同,格局上略有区别,正中的位置有一个方形的孔洞,此洞与楼下相通,我感觉可能是将楼上的书由此系下,拿给楼下的读者。二楼的中厅位置也摆放着一些阅读的桌椅,如果这是当年原有的格局,那就没必要再把书运到一楼,或许那个孔洞只是作为采光之用。站在这个静静的楼内,我在脑海中勾勒出了当年书楼里的情形,如果书和楼能够完整一体地保留到今天,那这座书楼就会显现出内在的灵性。

从书楼里出来,我又参观了旁边的荣氏故居,这里虽然人去楼空,但保留得很是完整,想一想,如果这个旧居分给了不同的居民,这里定然会变成大杂院,之后再被这些住户们将原建筑格局拆得乱七八糟,也许被部队占用也是一种幸运,能够保持完整而不被分割。看来“塞翁失马”的确是有几分道理,想到这个词,又突然觉得荣家的结局不也正应了这句熟语吗?

■ 大公图书馆二楼全景　　■ 荣氏居住区的转盘楼

温州籀园图书馆

我固不欲为一家之储也

清光绪三十四年（1908），被誉为清代朴学殿军的孙诒让去世了。孙诒让在国内学界享有极高声誉，因此在他的家乡温州地区，一些文化名人及乡绅决定给他建造一座祠堂。这些乡贤公推六位当地名人组建筹委会，由他们负责筹集资金，到了1913年，建起了一座专为纪念孙诒让的祠堂，因为孙诒让号籀廎，故这座祠堂起名为籀祠。

籀祠建在这些乡绅集资买下的依绿园之上，建祠的同时，还在此建造了庭院，因此籀祠又被称为籀园，而籀园里面还建造起了藏书楼。

对于负责建造籀园的六位乡绅的名称，凌一鸣在其所撰《近代地方文化权力格局变迁中的纪念性图书馆——以温州籀园图书馆为例》一文中写道："籀园藏书楼在筹备与创立阶段具有鲜明的民间公益设施性质。温州所属六县各推举知名士绅一人为经理员，分别为永嘉叶寿桐、乐清张侯佐、平阳王宗尧、泰顺林宗强、玉环陈保厘及瑞安郭凤诰。由于筹建阶段时逾两年，及藏书楼建成时，郭凤诰已经去世，故由洪炳锵经士绅推举继其任，充为瑞安经理员。在此过程中，官方并未直接参与，是典型的绅权引导地方文化教育事业的模式。"

凌一鸣的这段论述，意在说明籀园内所设藏书楼乃是民间集资项目。这六位乡绅中，郭凤诰虽然去世最早，然而他对籀园的建造起到了重要的作用。曾任籀园图书馆馆长的刘绍宽曾写过一篇名为《籀园笔记》的长文，其在文中谈及：

> 旧温属图书馆创建于民国二年，其时瑞安郭君小梅为永嘉教育科长，购得曾氏依绿园故址，为孙籀廎先生建纪念祠，而苦乏创造及常年维持经费。适因六属人士佥议温属公产之处置，有公立图书馆之成议，乃于祠旁别筑六县公共藏书室数楹。

这段话中所说的"旧温属图书馆"其实就是籀园图书馆，而这座图书馆能够建成，多亏了郭凤诰买下了曾氏依绿园。因为有了地，所以才能够建起籀祠和图书馆，但郭凤诰感觉到没有持续的经费维持，籀园难以长久地保存下去，于是他组织了另外一位乡绅共同筹集款项。刘绍宽在笔记中写道："迨余来继郭君为教育科长，时值温州师范学校奉改省立，当为处分旧有学款。除酌助建筑经费外，特划戏捐千金及府学田租，为公共藏书室之常年经费。是时尚以籀祠为主体,以公共图书室为附属品也。"

郭凤诰利用自己的公权,给这座图书馆找到了一些常年的费用。在募集费用之时,郭凤诰还写了篇《募建孙籀颐纪念祠启》,郭在《祠启》中说道:"瑞安孙籀颐先生殁后之翌年,吾瓯学界人士追念先生曩时提倡全郡教育之力,议筑祠堂崇祀,以报先生。奄忽六载,始于永嘉生姜门内觅地一区,暂由凤诰发起,筹钱一千四百缗购为基兆,即曾氏依绿园故址也。其地南挹松台,东拱积谷,西北可以眺翠微之顶,而又有落霞潭水夹绕其左右。风景天然,清丽卓绝。建祠以外,同人拟别筑六县公共藏书室数楹,并附缀亭沼台榭,以为文人游览宴序之所。"

看来籀园虽然是六位乡绅共同组织筹建而成,但真正主持此事者乃是郭凤诰,而其建造祠堂的同时,还附建了一座藏书楼。为了能够将祠堂与藏书楼长期地维持下去,郭凤诰除了集资,同时也用职权给籀园争取来了一些公款。可惜的是,他未曾看到自己的成果就离世了。可能是因为这个原因,当他们共同推举永嘉王毓英任馆长时,这位王馆长却有着另外的主张,刘绍宽在《籀园笔记》中说道:

> 迨祠成,奉籀颐先生栗主入祠,则郭君已殁矣。同人以主持祠馆诸事不可无人顾,皆彼此推让,不肯相就,乃决议举王君隽颐主持之。王君以祠馆虽为公建,而孤悬无薄,恐难持久保存也,乃以旧温属图书馆名义,正其名为馆长,呈请永嘉县署存案。其戏捐千金,亦请由永嘉县署经收支发。迨瓯海道尹复设,乃复以旧温属名义上隶于道署。而常年经费之支领,则仍由县署焉。盖自王君正任馆长后,复于张通州所书"籀园"石刻之上,横加"旧温属公立图书馆"八字。于是图书馆为主体,而籀祠若为附属品矣。

籀祠建成后,孙诒让的牌位也放入了祠堂,可惜主持人郭凤诰去世了,另外几位乡绅谁也不愿意来挑头主持这件事,于是经过一番推选,他们共同推举王毓英来主持此事。然而王毓英认为籀园乃是集资创办而成,从性质上来说不属于公共设施,故难以得到固定的政府经费,于是他将籀园改名为"旧温属图书馆",至少在名称上有了公共设施的意味,而后他以此名义向永嘉县署备案。可是在此之前,六位乡绅已经请张謇书写了籀园的匾额,并且此匾额已经刻石嵌在了籀园的门楣上，于是王毓英另刻了一块匾额，内容正是"旧温属公立图书馆"。

对于籀园藏书楼改名籀园图书馆这件事，凌一鸣在其文中有如下分析："'籀园图书馆'作为士绅倡议之初的拟名，仅作为别称或俗称，不在正式场合使用。'籀园藏书楼'的拟名被'旧温属公立图书馆'取代，究其原因，一方面'旧温属公立图书馆'淡化了'籀园藏书楼'与孙氏家族之间的关系；另一方面，特名'公立'，弃用个人色彩强烈的'籀园'，意在突出图书馆的公益性质。"

王毓英一定要强调"公立"二字，以此来争取官中费用。但这么做的结果则将籀园图书馆与籀祠的从属关系颠倒了过来，原本乡绅们建造籀祠是为了纪念孙诒让，因为孙诒让是位大藏书家，所以在籀园内又建起了藏书楼，因此说籀园藏书楼最初乃是籀祠的附属。但是经过王毓英的这番操作，籀园变成了公立图书馆，籀祠反而成了从属建筑。对于这样的变化，王毓英还写了篇碑文，刻石后立在籀园里面。其在该文中称：

> 昔吾瓯创有永嘉图书新社，先生同吕君文起各捐巨册助之。一时东山之壁，恍闻丝竹之声。今虽邺架尘封，而东洛之钟有响必应，安知他日不顿复旧观乎？此吾温属图书馆之设中必附以籀园者也。民国三年秋，郭君凤诰集六邑士绅择地于曾氏依绿园故址，辟为藏书室，拨中师两校旧款一千八百圆以资建筑。又拨旧府学涂租一项，作为藏书室常费。明年工竣，费银二千一百五十圆，不敷三百五十圆，由郭君募建籀祠外以足之。吕君文起复与温属诸绅禀省请费，仍饬由中师旧款拨戏捐一项千圆，充为斯馆常年经费，至戊午秋而馆事成矣。

王毓英在此文中先追溯了温州当地曾经建过的公有性质图书馆，而后他明确地说，旧温属公立图书馆中附设有籀园。对于这样的说法，刘绍宽大为不满，他在《籀园笔记》中指出了王毓英这篇碑文的五处错误说法：

> 按王君此碑文，与郭君募建籀祠启所言，差殊之点甚多，郭君谓建祠以外别筑六县公共藏书室数楹，王君谓温属图书馆之设中附以籀园。主宾互易，其差一矣。孙籀颐殁于光绪三十四年，郭君谓奄忽六

载始觅地购基,实为民国二年。王君谓三年秋始购地辟建,其差二矣。郭启谓拨学款二千数百元为建筑倡,而王君谓拨师中两校款一千八百元,其差三矣。郭称觅地生姜门内,发起筹钱一千四百缗购为基兆,此钱实出自瑞安孙氏,连图书馆所建基地在内。即其建筑祠馆诸费,皆以籀祠名义捐募于人。而王君则谓费银二千一百五十圆外,不敷三百五十圆,由郭君拨籀祠余款以足之,此尤大反事实,其差四矣。至于戏捐之指拨,乃余在永嘉教育科时,与府学田租同时拨定,永嘉县署中有案可稽。盖旧温属学款,除此两宗外,余皆为商业、蚕桑及永嘉第一高小同时分拨而去,岂尚有余款待省令指拨者乎,其差五矣。

应当如何评价刘绍宽的反击呢? 其实从历史事实角度来看,刘绍宽说得没错,无论怎样改名称,籀园内所设的藏书室原本就是籀祠的附属建筑。然而整个籀园并不属于私家建造的祠堂,因此没有人愿意长期地出钱来维护一间不属于本族的祠堂。王毓英清楚地看到了这个问题,他为了能让籀园长期地维持下去,必须争取得到政府部门的资金支持,而籀园属于私人集资创办的纪念性建筑,政府部门无法列支费用,于是王毓英将之改头换面,成功地让有关部门认可籀园的官方属性,由此而予以拨款,这样籀园才有了长期的经费维持,渐渐得以壮大,并且楼中的藏书量也快速增加。

看来,有些事对与不对,确实难以给出非黑即白的评价,如果还原历史,似乎大家都有道理。

籀园陆续接收到了很多藏书家的捐赠。对于这些捐赠的细目,章亦倩编了一部《籀园受赠书目汇编》。翻阅此书,可以看到仅列出捐赠姓名者就有 20 多位,凡担任过籀园图书馆馆长之职的人物,基本上都对该馆藏书的征集做出过一定贡献。

梅冷生曾任籀园图书馆馆长,他对于该馆藏书的贡献,可由其所写的《我与籀园图书馆》略窥一二。该文中提到:"一件是王俊卿先生任内接受瑞安黄氏蓼绥阁书籍,是我极力怂恿王先生去商洽的,这是黄仲弢先生藏书,共有九千余册,虽然没有宋元旧籍在内,可是清代精刻实在不少。"

黄绍箕乃是瑞安著名的藏书家,其蓼绥阁所藏无论规模还是质量仅次于当地的玉海楼,正是在梅冷生的怂恿下,黄绍箕的藏书得以部分归了籀园。而《籀园受赠书目汇编》中所列第一份捐赠书目就是蓼绥阁书目,该目中先有这样一句话："此阁善本多检出送归杭州兰孙收藏。其余书籍送入永嘉图书馆，王俊卿馆长自能善为保护，不致放失。书目行将辑刻矣。刚识语。"

这段话印证了梅冷生所言，他说籀园得到的九千多册黄绍箕藏书，其中没有宋元珍本，清代精刻本较多，这并不能说明蓼绥阁藏书不注重善本，而是因为该阁中的善本已经运到了黄绍箕长子黄曾延在杭州的家中。

翻看本书目，里面有不少的明刻本，比如明嘉靖所刻《宋史》。但也不是绝对没有善本，书目中的《稽古录》就明确著录为宋刊本。也许是黄家人未曾将其捡出，而一并捐给了籀园图书馆。由此捐赠可知，籀园确实藏有宋本。

对于蓼绥阁旧藏捐到籀园后的情景，张棡在其 1921 年 3 月 13 日的日记中写道："游毕，循路赴籀园藏书楼访王隽卿先生，时先生已七十矣，面晤时言黄仲弢太史遗书已经捐藏此处，计一千五百余部，其宋元版本则仍邮寄沪黄家住宅收藏之。予上楼阅之，书版均宽大可喜，然书面大半蠹蚀，且轶缺者亦不少，俟另日暇再细阅之。"

此日记中谈到的王隽卿就是王毓英，张棡在籀园找到他，而后一同上楼翻看蓼绥阁所捐之物。看来张棡也是位懂书之人，他说蓼绥阁旧藏书品十分宽大，遗憾的是这些书的封面有虫蛀。以此来猜测，这可能是蓼绥阁所藏之书都换了统一的封面，而这些封面曾经用浆糊裱贴过，所以才有虫蛀的问题。

蓼绥阁所捐之书因为各种原因有些已经不全，为了能将这些书补配齐全，籀园下了不小的工夫。刘绍宽在《籀园笔记（续）》中写道："蓼绥阁书捐入图书馆者，颇有残缺。王益吾所编《续皇清经解》中缺十七种。闻原板藏在江阴南菁书院。适永嘉董君伯豪自江阴来，始知书院改为南菁大学，董任校长已历三年。因问《经解》等书板尚完否，能否补印。董君以为可得。遂开所缺书托为补印，董君乃来阅原书纸样及书本大小，以便照补。不数月书即寄来，遂成完璧。"他们为了补全所得之书，竟然通过关系找到旧版，将此重新刷印。以这种方式将残书补配完整，可想而知其中的周折与艰辛。

除了玉海楼和蓼绥阁之外，温州地区还有不少的藏书家，梅冷生希望他们的书都能够归到籀园，可惜未能全部如愿，其在《我与籀园图书馆》

文中写道："可惜当时尚有瑞安项氏、乐清徐氏、永嘉曾氏诸家藏书散出,地方上没有人注意,都入书贩手里,化整为零,散售出去,本馆困于经费,没有给价搜集,确实是大大憾事。"

梅冷生为了籀园图书馆的建设,耗费了不少的心力。在温州地区之外,他也想办法征集书籍,除了征集藏书家的旧藏,一些大家所刻之书也在他们的征书范围之内:"一件是刘次饶先生任内征集吴兴刘翰怡、张石铭、周梦坡,海盐张菊生,杭县徐仲可诸先生的家刻,亦是由我发起,来一次行征书运动。夏瞿禅先生做好一篇《征书通启》,而请海宁张冷僧道尹去介绍的,难得他们惠然慨允,把大批书籍凑集送来;梦坡先生还在上海为催促装运;而翰怡先生嘉业楼历年辑刻群书,送给本馆较别处尤为完备。"

正是经过他们的努力与提倡,使得当地一些藏书家开始踊跃给该馆捐书。比如黄溯初的敬乡楼,就将其全部藏书运到了籀园。原本敬乡楼藏书是以寄存的方式来到籀园,两年之后,这些书又全部改为了捐献。章亦倩在《籀园受赠书目汇编》的小注中讲道:"1945 年 11 月 1 日,黄溯初夫人沙氏将敬乡楼烬余藏书 38 箱 6446 册并散帙四部寄存籀园图书馆,双方订立合同,见议人刘贞晦、汪惺时。馆方为此编缮书目。1947 年,黄达权委托父执陈守庸将寄存图书全部捐赠。馆长梅雨清复函,表示将就馆中建筑'敬乡楼'三楹,悬像藏书,以资纪念,并专案报请教育部颁发褒状。"

敬乡楼捐赠之时,正是梅冷生任馆长,于是他跟敬乡楼藏书继承人黄沙氏签订了一份合同。该合同首先称:"今因甲方主人黄溯初先生逝世,藏书管理烦难,情愿全部寄存乙方,供应公览,藉广黄先生生前刊书流布之盛心。双方商洽同意,议订条款于左,以资信守。"(《我与籀园图书馆》)

看来黄溯初的夫人黄沙氏无力管理图书,所以将藏书寄存到了籀园,而后签署协议,该协议总共列了八条内容,前五条对藏书的寄存有着细节上的明确约定,而这些约定对当下藏书家的寄存也有启迪作用,我将这五条摘引如下:

（一）甲方即日将藏书三十八箱并散帙四部,连同木箱、夹板寄存乙方。除遇天灾地变及不可抗力之损失外,由乙方负完全保管责任。

（二）寄存期限定为三年。在期限内,甲方本人不得藉词收回;

但本人有特别意外事故不在此限。

（三）藏书运到乙方后，双方各派一人会同开箱检理，制成详细目录，缮写六份，双方及见议人各存一份备查，二份呈报浙江省教育厅及浙江省第八区行政督察专员公署备案。

（四）乙方付出藏书保证金法币五万元。一次交与甲方，不计利息。由甲方出具收据，将来收回时，照数归还乙方。

（五）藏书寄存运费归乙方负担，收回运费归甲方负担。

翻看敬乡楼寄存书目，里面也有一些难得之本，最让人眼亮者，应当是汲古阁的影宋抄本《六书故》二十册。汲古阁影抄之物最受藏书家追捧，被后世视为下真迹一等的尤物，这样的书能够最终捐赠给籀园，由此也足见籀园所藏之本中确实有不少难得之物。

梅冷生对籀园的贡献很大，他不但到处征集藏书，还"自掏腰包"为籀园图书馆筹集经费，并将个人藏书捐给籀园。对于这份捐赠，梅冷生写了这样一段话："雨清主持籀园图书馆务，行将十载。去岁以馆费支绌，适我先考秀芝府君百年诞辰，敬节祭筵之资，捐馆中购书费二千金（初期的金圆券），以为纪念。复思先考生前勖雨清承学，节衣缩食，恣雨清蓄书无所惜。因是劲风阁藏书，亦为地方人士所珍视。兹就籀馆所未备者，完全检出补充，不复为一家之储，亦借以流衍先考手泽于无穷。爰尽三日之暇，写成一目，惟分别部居。移交在即，编次未尽完善，俟他日更定焉。"（梅冷生《永嘉梅氏劲风阁藏书捐赠籀园书目序》）

梅冷生任籀园图书馆馆长时，因为该馆费用来源少，于是他将原本准备用于祭奠父亲百年诞辰的资金总计两千元捐给了籀园图书馆，以此作为购书经费，而后当该馆还有一些应备之书没能够买到时，他又将个人的藏书捐出，这份义举足令后人铭记。

关于籀园经费紧张之事，1946 年 7 月 20 日的《地方新闻》乡音副刊上载有言若所撰《籀园种种》一文。此文首先称："籀园图书馆在永嘉有二十多年的历史了。从筚路蓝缕，而至于发扬蹈厉，其间经过不少前辈先生的心血汗滴，如今已庋收藏相近到八万册的图书了。每天平均拥有六七十左右的读者，尤其门前的阅报室终日有人满之患，可见人们求知的迫切。"

可见当时前往籀园读书的人不少，但他们并不了解籀园在经费上面的捉襟见肘："自今年二月以后，经常的收入只有永嘉县政府二万元补助费，乐清吴天五先生在商高任课所得的薪俸，悉数捐给籀园，这种对文化事业的热忱，真是难得。籀园虽有旧府学涂田一百余亩，因坐落七都乡，滨江受潮，靠天种田，丰歉无定，而田租又较高，田几乎少一半，到了收获期，还清旧债，不得不为了在新谷登场时便卖了。"

看来政府拨付的补助费用很少，以至于有些人捐出个人的讲课费用。即使这样，籀园工作人员的待遇依然很低："说起籀园职员的待遇，恐怕鬼也不相信，五个人，最多的连伙食在内只一万元，其余九千，八千五百元。说句迂腐的话，他们最是讲礼让的人，从不埋怨，依然站住自己的岗位。馆长去年支五百元草鞋钱，今年一文也不拿了。"

我不清楚 1946 年的一万元能够折合今天多少钱，但是买双草鞋需要花五百元，这样推论起来，这一万元确实没有多少。而政府的补贴每月仅两万元，如此困难的情况下，还有这么多的读者，可见这份公益事业办得何等之成功。

其实在此前的几年，正值抗战期间，籀园在十分困难的情况下，还在举办有一定影响力的展览。潘国存在《抗战前夕及抗战时期的温州籀园图书馆》一文中写道："抗战前期，担任馆长的仍是孙延钊先生。当时籀园图书馆先后举办三次战时文物展览。一次是战时参改图书展览；而规模最大、影响最深的，要算是一九四〇年十一月间举办的抗战木刻漫画展览。这个展览于九月间向外征求展品。中学组、小学组由籀园图书馆通函温属各校征求；民众组则登报征求。同时聘请金逢孙、陈振龙、张明曹、朱夷白、朱君爽、郑胜孚等人担任评判委员。到展览时，共收到木刻漫画作品一千三百余件。"

在抗战期间竟然还能举行这样大型的展览，可见籀园的管理者是何等之用心。然而接下来的战火烧到了温州："一九四一年春，孙延钊先生调任浙江省图书馆馆长，籀园图书馆馆长由梅冷生担任。这时抗战面临最艰苦的关头。一九四一年四月十九日黎明，日本侵略军侵占温州城。籀园的古籍珍本一时来不及转移疏散。于是便临时采取伪装隐蔽的办法，将其打包，藏到暗僻的房间。爱书如命的梅馆长终日心情沉重，坐卧不安。所幸者不到半月，日寇撤退，避过了灾难。"

馆中所得之书来之不易，梅冷生为了让这些书不受损伤，想尽了各种办法予以保存。后来日军又两次占领温州，梅冷生每一次都费了很大心血，才让籀园之书躲过浩劫："一九四二年七月十一日，日本侵略军第二次侵占温州城。图书馆因为已有前车之鉴，在日寇未入侵之前，便将古籍善本、珍本等装箱，运出，分散藏在梅馆长的亲戚、朋友的阁楼里，使它们在劫火中免受损失。一九四四年四月九日，日本侵略军第三次侵占温州城，战局较前两次更为紧迫。梅馆长于前一日雇了几名粗工，将古籍善本、珍本以及板刻较为上乘的图书，连书籍书橱扎捆装钉（订），雇了数只大木船运出温州城。时已傍晚，温州已象（像）一座死城。他带着这批古书，翻山涉水，碾转运到文成县的龙川山村，安置在当地文昌阁楼里，由我去管理。直至次年日寇投降后，才运回温州城。抗战时期，籀园的数万册古籍图书安然无恙，首先应归功于梅冷生先生。"

像梅冷生这样的爱书人真的令人尊敬，而他对籀园图书馆的贡献，还不仅仅是以上这些，后来玉海楼的藏书也大多归了籀园，同样是梅冷生的功劳。张宪文所著《仰云楼文录》中有一篇文章名为《泽被上庠 惠及乡里——记玉海楼捐书浙大和籀园图书馆事》。该文中讲到玉海楼时称："八年战火，楼藏虽免遭兵燹，而孟晋先生已心力交瘁。胜利后，他移家杭州，任职浙江省通志馆。为图楼藏安全，他曾于1946年8月间同浙大文学院教授夏承焘瞿禅访乡人教育厅长李超英，商议改籀园图书馆为省立，将玉海楼藏书全部移贮籀园。终因经费问题，议而未果。"

这段话中所提到的孟晋先生乃是孙诒让之子孙延钊，玉海楼藏书由他来继承，而他也曾担任过籀园图书馆馆长。抗战期间，孙延钊为了保护玉海楼藏书费尽心力，后来他移家杭州后，曾经想把玉海楼之书捐给籀园图书馆，因为籀园原本就是为了纪念他父亲孙诒让而建造。孙延钊民国初年毕业于国立北京法政专门学校，是政治经济科学士，又在北洋政府财政任过职，故而有着比较开明的思想，因此，他想把玉海楼之书并入籀园，而后将籀园改为省立公共图书馆。可惜这个愿望未能实现。

但是玉海楼想捐书的消息，被一位有心人听到了，张宪文在文中写道："1947年，浙大文学院购得吴兴刘氏嘉业堂的部分善本。为充实图书以便办文学院研究所，任心叔（铭善）教授看中了玉海楼。十月十九日，他专为此事，跟业师夏瞿禅先生恳谈。"

任铭善找到老师夏承焘，而后称孙诒让的许多遗著没有整理出版，而他的儿子孙延钊已经50多岁了,估计也没工夫对此做整理,所以想请老师跟孙延钊商量,能否将玉海楼的藏书转给浙江大学文学院。夏承焘认为任铭善的建议很好,当天下午就到通志馆见到了孙延钊。孙听到夏的所言后,立即表示赞同:"我往年曾与浙江图书馆陈博文馆长谈及拟将楼藏移至浙馆,博文漠然无意,前月赵斐云过杭问及此事,我表示浙江如无可托付,我打算将藏书赠给南京或北京图书馆,现浙大此意甚好,如能转请政府褒扬,并负责保管整理,我愿不受浙大一钱,尽数捐赠,惟此事须由浙大以征求全省藏家文物为名,使我好对族人说话。"

其实夏承焘最初的意思,是希望孙延钊能够把玉海楼所藏的孙诒让的手稿及批校本转让给文学院,没想到孙延钊却愿意全部捐赠。这个好结果当然令任铭善和夏承焘很高兴,于是他们第二天就请文学院院长张其昀和中文系主任郑奠一同前往通志馆拜访孙延钊。见面时,张其昀给出了如下承诺:

一、藏书移杭,暂存罗苑(原湖滨哈同别墅,时为浙大教授宿舍),即榜玉海楼之名,将来新图书馆落成,仍称玉海楼;

二、藏书到杭,即开展览会;

三、浙大1948年第一期学报作纪念孙仲容先生专号;

四、请国民政府褒扬;

五、聘孟晋先生来浙大主图书馆,可为终身职,孙氏子孙,考入浙大,给公费一名。

孙延钊看来是认可了张其昀的承诺,而后浙大校长竺可桢为此专门请孙延钊吃饭,以此来表达谢意。这件事经杭州和上海的几家报纸报道之后,在社会上引起了不小的轰动。

可是这个消息传到温州时,时任籀园图书馆馆长的梅冷生却很不乐意,他觉得玉海楼的藏书如果要捐赠归公,只有捐赠给籀园图书馆才最合适。为什么这样说呢? 梅冷生列出了三条理由:"一、1946年已有移置玉海楼全藏于籀园,改籀园图书馆为省立的拟议;二、籀馆追本溯源,是为纪念籀公(孙诒让号籀庼),由籀馆接受玉海楼书是名正言顺;三、孙衣言创玉海楼时,作《玉海楼藏书记》曾言:'乡里后生,有读书之才、读书之志,而能

无谬我约,皆可以就我庐,读我书。天下之宝,我固不欲为一家之储也',今移书远置浙大,既无益乡里读书之人,又有违先哲嘉惠桑梓之志。"

梅冷生竭力阻止玉海楼之书离开温州,这件事令孙延钊左右为难,因为他已经跟浙江大学签了协议,并且各方面报道已经散了出去。如果悔捐显然难以下台,但他也认为梅冷生的所言很有道理,在这种情况下,他只好又请夏承焘出面来从中协调。于是夏承焘给梅冷生写了封信,婉转解释这件事情的来龙去脉,最终往返商讨,采取了折中的办法,那就是回到夏承焘和任铭善最初的想法,浙江大学只要孙诒让的遗著和批校本以及其中一部分善本,剩下的部分则全部归籀园图书馆。这场纠纷总算尘埃落定了。

关于玉海楼捐赠给籀园之书的具体情况,《籀园受赠书目汇编》中当然有记载。对于捐赠数量,章亦倩在《收存玉海楼书目》的小注中给出了如下的准确数字:"1951年,收受玉海楼藏书共约22000册,计丛书137部5075册、经部235部3562册、史部439部7860册、子部127部863册、类书10部603册,以上共948部17963册;集部约四五千册。"

翻阅此书目,我所翻到者以明正德万历间递修的《玉海》为最佳。该书虽然不全,但存一百一十九册,这也算是大部头之书,《玉海》的书版是从元代一路补版到清初,故玉海楼捐赠的这部《玉海》,应当算是元刻递修本,只是因为玉海楼还有更初印的《玉海》一书,所以这一部没有受到孙家的重视。

由以上这些故事可以看出,籀园的管理者大多极为重视该馆的藏书建设,正是他们的努力,才使得籀园成了一座著名的藏书楼,而最终此楼所藏之书在1949年之后全部归了温州市图书馆。而籀园,依然屹立在那里,成了爱书人的凭吊之处。

去温州之前,我先将自己的行程告诉了方绍毅先生,方绍毅问及我的打算,我告诉他自己的寻访目标之一就是籀园。在到达温州的第二天上午,我先到方绍毅的办公室拍照,而后他带我打车前往籀园。

汽车行驶在温州的老城区内,而后行驶到窄窄的湖边道路。眼前所见青山绿水,正是风景绝佳之处。因为行人较多的原因,车开得很慢,方绍毅就在车内向我讲解着哪栋旧屋曾经住过哪位名人。看来,美景人人爱,所以他们都选择住在这里,然而从那些名人的文章中,我却常常读到生活是如何之苦,把文学作品当实况来看,很容易让人上当。

出租司机并不知籀园在哪里，开到籀园附近时，方绍毅立即让其停车。而我在停车处看到一条静谧的河流，方先生称，河的左岸就是籀园。当年籀园沿河建有水榭，后来因为飓风倒塌了，如今所见只是一堵粗糙的红砖墙。

这条河的尽头就是眼前的一片湖水，湖边有很多大树，树影映照在水面上形成了魔幻般的波动，这很让人有跳入水中的幻觉。湖的岸边有一个院门被封堵了起来，方绍毅说这就是籀园的旧门。果真此门的门楣上刻着张謇所书的"籀园"二字，上方则是王毓英的"旧温属图书馆"的字样，这正是刘绍宽大为不满之处，因为他在文中用了"横加"二字。然而刘绍宽说此匾上刻着"旧温属公立图书馆"八个字，我的所见却没有"公立"二字，不知道为什么会出这样的小差池。

如今的籀园在原门的右侧另开一门，匾额则写着"温州教育史馆"。门旁有温州市级文保单位铭牌，文保的内容也是籀园。该馆免费开放，然走入院中参观者却仅我二人。

籀园占地面积也算不小，呈窄长形，左侧建起了现代化的楼房，楼房的底商辟为籀园的展厅。沿着路径一直向内走，其顶端乃是一栋白色的洋楼。方绍毅说，这就是当年的籀园图书馆。

走到图书馆的门前，看到有一组雕像立在花园中，其中坐在太师椅上的那位应当就是孙诒让，站在左右两旁的中年人一位穿着列宁服，另一位身着西装，看上去都是现代人物，可惜这组雕像未列说明牌，我难以确知他们的身份。

走入藏书楼内，里面布置成了展厅的模样。根据展板上的介绍，介绍的都是近代温州文化名人。这里的展板及照片能够忠实地讲述百年来的风云变幻，这样的真实可谓难得。然而藏书楼的二楼却关闭着，无法看到上面的情形。

我从藏书楼走出，转到了前方的籀公祠。这是一栋翻建的仿古建筑，走进室内，迎面的影壁墙上用线描的形式刻着孙诒让像，上方的匾额则是"怀籀"二字。穿过影壁走入内室，里面的布置依然是现代化的展厅。通过展板的介绍，可以了解到许多以往未曾留意的细节。而介绍文字中，孙诒让的头衔除了经学大师，又多了个教育家的称呼，这也正是教育史馆的贴题之处吧。

教育史馆外观 ■ 制作精良

最为难得者是这里的展柜,里面摆放着不少孙诒让著作的稿本。细看之下,虽然是复制本,但制作得颇为用心。

入口附近楼房下的底商也作了仿古的屋檐,走进里面参观,最先看到的是孔子像。看来这里才符合"温州教育史馆"的名称。该馆的布置也很用心,这里展示的一些科举参考书居然都是原书,而非复制本,不过想一想,这类线装书到今天依然价钱便宜,估计复制费用比原本还要贵。近几年有些地方搞起了科举博物馆,这些馆也开始收购此类线装书,但毕竟未能在市场上掀起大的波澜。这正像如今的籀园,它静静地矗立在这里,并没有多少人来光顾它,然而少有人光顾,难道就降低其固有的价值吗?至少有识之士都不这么认为。这又让我想起了郭凤诰给籀园所撰的长联:

　　吾乡文物,以南宋为最隆,迄今日横塘烟锁,潜室尘封,世历几沧桑,欲访八百年前哲故居,仅留浮沚林泉,去斯不远;

　　别墅经营,承先生之素志,况是间潭绕落霞,峰临积谷,天然好山水,偶供三五辈游人闲眺,试问颐园风月,比此何如?

■ 如今的馆名及入口　■ 教育史馆的大匾刻在了墙上

镇江绍宗国学藏书楼

藏书家捐赠的公共图书馆

《四库全书》分为北四阁和南三阁，乾隆皇帝规定南三阁可以对士子开放，北四阁则属于皇家图书馆，故南三阁乃是中国公共图书馆之先声。南三阁中的文宗阁处在江苏镇江，成为当地文化人的骄傲，可惜毁于太平天国战火，令当地人士深为惋惜。20 世纪 30 年代，镇江建起一座绍宗国学藏书楼，楼名"绍宗"就是表明绍绪文宗阁。

对于该楼的创建情况，明光在《绍宗藏书楼和省立镇江图书馆》一文中写道："但镇江人民是有志气的，1933 年邑人吴寄尘先生在云台山上的伯先公园内建起了一幢绍宗国学藏书楼，将家藏图书二万册运藏其中，以示继承文宗阁藏书之志。吴先生的壮举，得到邑商丁子盈先生等人的热心赞助。从此，这座位于环境清静、风景秀丽的云台山顶的书楼，成为镇江有名的文化事业之一。"

吴寄尘是晚清民国间著名的经济人才，其主要业绩是协助张謇发展大生集团。吴寄尘原名兆曾，字缙云，镇江人，清光绪二十一年（1895）考中秀才，与柳诒徵同案，此后清朝废科举，他前往上海随兄吴季农经商，并改字寄尘。

吴寄尘在上海期间常去张謇所创大生纱厂驻沪事务所，他的舅舅林兰荪在此任职所长。大生纱厂于光绪二十三年（1897）在上海设账房，光绪三十三年（1907）第一次股东大会将驻沪账房地位提高，名为"大生沪事务所"，事实上林兰荪成了大生集团的财务总管。王钰在《张謇与吴寄尘——大生发展史上的忘年交》一文中说："事实上大生沪事务所已成为大生集团在上海设立的与外界交往的联络站、采办购运物资的业务中心、南通实业方面人员往来的驿站和办理张氏私人事务的机构，成为大生集团的'神经中枢'。"

林兰荪能在此出任所长，足见张謇对其是何等之倚重。吴寄尘在该事务所当舅舅的副手，显示出的才干受到张謇欣赏，1912 年林兰荪病重时，张謇前往探视，他问林兰荪："万一不讳，谁为代者？"林兰荪提出由吴寄尘接替。于是吴寄尘在舅舅去世后成了大生沪事务所所长，他在此任上一做就是 22 年，经历了大生集团的发展、兴盛和中衰。1926 年夏，张謇因病去世，吴寄尘协助张家办理丧事，辅助张謇之子张孝若继任大生董事长，其努力协调各方面关系导致积劳成疾，于 1935 年 3 月因肺病咳血复发，于是他返回镇江，住在绍宗国学藏书楼冷烟阁内休养，不久就去世于此。

吴寄尘的藏书之好本自其父吴石君,他本人也喜好搜罗历代名刻,尤其关注于精校影抄,藏书量达数万卷之多。其母林太夫人曾教导他发达之后要多帮助家乡子弟读书,"因而先生早存在家乡建图书馆之念,但苦于甚少积蓄。后得镇江籍商人丁子盈之助,始委上海扬子建业公司建藏书楼于云台山伯先公园内。民国21年(1932)3月竣工,取名绍宗国学藏书楼,以示继承文宗阁之意。先生将家藏古籍图书连同书箱悉数运至绍宗楼珍藏。这对邑人是一大精神财富,可惜抗战时损失殆尽"(周韵飞《吴寄尘事略》)。

吴寄尘不但捐款修建了绍宗国学藏书楼,还将自己的藏书捐入楼中,柳诒徵在《吴寄尘墓志跋》中称:"晚益皈依佛陀,持大悲心应世,斥所藏书构绍宗藏书楼于江上。"关于他为什么得病后,要到绍宗国学藏书楼来休养,周韵飞在文中总结为三点:"一是山上清静空气好,有利于养病;二是绍宗藏书楼是他心血的结晶,想乘养病之机来看看书;三有落叶归根之意。"可惜,他付出心血建起的藏书楼并未延长他的生命:"先生在山上病势稍退,即看书作诗,审阅藏书编目,思考藏书楼长久计划。先生于1935年3月上山,延至农历7月,病笃。各界名流如陈陶遗、张孝若、柳诒徵、冷御秋、陆小波等前往探视者络绎不绝。其侄吴蕴斋则多次从上海请来名医为其诊治,无效。农历7月20日酉时,不幸逝世,终年63岁。"

其实,绍宗国学藏书楼并非吴寄尘一人所建,在此楼重建的过程中,冷御秋、丁传科和赵蜀琴等人都出了不小的气力。对于该楼的建筑费用,任罡在《镇江藏书事业概述》中称:"主楼的建筑经费由吴寄尘承担大半,余数由冷御秋、丁传科、赵蜀琴分担。丁传科还捐款14000元,另赠大丰垦田2000亩,以其年息作为藏书楼的常年经费。"吴寄尘去世后,该楼由筹委会人员共同管理。任罡写道:"绍宗国学藏书楼落成后,吴寄尘首先将自己的藏书全部捐出,同时发起成立绍宗国学藏书楼筹备委员会。筹备委员会成员有吴寄尘、冷御秋、丁传科、柳诒徵、尹石公、陆小波、严惠宇等。绍宗国学藏书楼对外开放后,由于吴寄尘突然病故,遂由冷御秋、柳诒徵、尹石公共同负责藏书楼事务,出任藏书楼管理委员会的常务委员。委员则由胡笔江、唐寿民、陈光甫、吴蕴斋、吴言钦、严惠宇、包允恭等社会名流担任,共同管理藏书楼日常的经费开支。"

柳诒徵对于该书楼的创建和延续也做出了很大贡献。如前所言,柳诒徵与吴寄尘同中秀才，又有同学之谊，当吴寄尘筹办绍宗国学藏书楼时，柳诒徵正在南京操持国学图书馆，为此吴寄尘多次找柳诒徵商量建藏书楼之事。柳诒徵为此书楼的创办出了许多主意。对此，柳曾符在《衰翁尽瘁藏书楼》一文中有详细叙述，此文先谈到了吴寄尘捐款建楼以及捐书之事：

> 文宗阁藏书既毁，镇江有志之士均有重建之愿，在清代曾有溥玉岑，谋而未果。民国以后，三十年代初期镇江人吴寄尘，佐南通张謇办实业，在上海大生纱厂任经理，得商人丁子寅之助，出巨款在镇江伯先公园云台山上建筑一楼，一九三三年三月落成，取名"绍宗国学藏书楼"，以示绍承规复文宗阁之志。吴寄尘家本富藏书，书室名"味秋斋"，多数书箱盖上刻"味秋轩藏书"五字。运到楼中收藏的书，充满了六间房子。

吴寄尘去世前六日，柳诒徵前来探视，当时吴神志清醒，将绍宗国学藏书楼的发展托付给柳诒徵，《劬堂日记抄》载："一九三五年八月十六日，尹石公来，邀至翠绿茶话。至绍宗楼泠烟阁，视吴寄尘疾，神识尚清，拱手以书楼托予。"吴去世后，柳诒徵写下挽联，联语总结了吴寄尘商场上的业绩，以及他为绍宗国学藏书楼的付出：

> 嗣统南通，从商场艰苦支持，伟业未竟大生厂；
> 皈心西土，忆病榻弥留款语，本原炯著绍宗楼。

尹石公是吴寄尘女婿，他托柳诒徵代撰挽联，柳的代撰仍然是总结吴寄尘一生的两大业绩：

> 扶危持颠，有名相之才，从九原报张啬公，道商界乃今而后知秀才风义；
> 开物成务，以正学为本，斥万卷绍文宗阁，问儒林何人能具此菩萨心肠。

吴寄尘去世后,柳诒徵拟定了绍宗国学藏书楼董事会章程,与众董事商议书楼的维持和发展,同时清点了楼内的藏书,《劬堂日记抄》写道:"一九三五年十月十一日,访包叔青,偕诣绍宗楼,晤吴雪斋,观其所制《现存书目》,约万九千册,无甚特别书,即镇江先正书亦不多。"当时藏书楼内约有书 19000 册,在柳诒徵看来,这些书中没有特别重要的善本,然而,这样的评语并不一定客观,因为他曾管理过江南图书馆,而江南图书馆的主体是晚清四大藏书楼之一的八千卷楼旧藏,因此曾经沧海的柳诒徵眼界甚高。遗憾的是,绍宗的这些旧藏在 1943 年毁于日寇。

抗战胜利后,柳诒徵从四川返回南京,继续张罗江南图书馆之事,同时竭力想要恢复绍宗国学藏书楼。柳曾符在文中转录了 1946 年 12 月 15 日柳诒徵所写《致某书》:

> 选承惠寄邑《联刊》,知领袖寓公,关怀乡里,表彰文献,尤佩热忱。唐君子均述文宗阁事,在清季溥玉岑曾谋复建,在民国吴寄尘曾创绍宗楼,今公园楼屋尚存,惟书籍全失,今纵不能复金山之库书,姑就绍宗基础,募书集款,以保存乡里先贤著述稿本刊本为主,次及各方新出之书,再次则购买古籍,似亦国难后吾乡人所宜从事者。诒徵服务山馆,栗六鲜暇,读《联刊》悉然思极,敬希先生为登高之呼,度同乡贤达,必表同情,倘使文献复兴,行见江山生色矣。

1950 年 9 月,镇江市市长何冰皓聘柳诒徵及尹石公为镇江市文物名胜保管委员会委员,同年 10 月,柳诒徵到镇江会晤文教局局长姚荷生,商谈恢复绍宗国学藏书楼之事。1951 年 3 月,镇江实业家严惠宇在上海所开设的烟厂因拖欠工人工资,被工人将全部资产封存,其中包括一部分图书,姚荷生得到消息后,报告给市长何冰皓,何市长与上海方面联系,请求烟厂工会将严惠宇藏书让给镇江市,同时镇江市政府会整修绍宗国学藏书楼,将这些书庋藏于该楼。当时姚荷生与柳诒徵商议此事,同时想将镇江人原交通银行行长唐寿民的藏书一并收归此楼,《劬堂日记抄》中载:"三月二十六日,晴转暖,予诣唐寿民,示以姚荷生书,唐允以《四部丛刊》《万有文库》先行捐赠,意甚诚恳。"

最终这两批藏书全部谈妥,这年 6 月 18 日的柳诒徵在日记中写道:"阴雨,早车赴会,尹述陆小波语,谓唐、马二氏书两百箱,已由镇文管会姚君取赴镇江。""六月十九日,晴暖,昨闻姚君运沪唐马二氏书赴镇,已为欣然。顷得李崇甫函,谓李竹虚已将诸书运至绍宗藏书楼,绍宗藏书遂复兴,吾可以告吴寄尘于地下矣。自廿六年(1937)镇江遭倭乱,楼上书不知所之,吾数与董事诸老商此事,均漠然不惜意,孰知今日竟偿吾多年之愿哉! 喜而志之。"

柳诒徵认为这个结果可以告慰于地下的吴寄尘了。此后,柳诒徵继续为绍宗国学藏书楼征书,1951 年 8 月,他托赵汉生向其叔祖赵次骅征书,他在信中写道:"伯先公园为君家先烈纪念,绍宗书楼,尤有关家乡文化,中经兵燹,近甫修复,征求图书两万四千余册。私冀先生鼎力提倡,分颁邺架之藏,以惠青年学子。"赵次骅乃是世界著名画家赵无极之父,同年 10 月 27 日,柳在日记中写到了赵汉生捐赠情况:"赵(汉生)捐赠绍宗楼吴秄林字四幅,潘思牧画一幅,均新裱者。"

此后,陆续有书捐入绍宗国学藏书楼中,1952 年 8 月 24 日的柳诒徵日记载:"得李竹虚书,述绍宗藏书楼已有三万二千余册,字画三百件,法帖百余册,铜器、陶器六十件,殆已过吴寄尘时所有之数,且不亚于文宗阁矣。"而柳诒徵本人也将自己所藏拿出来一些捐给书楼,柳曾符在文中写道:"先祖又乘回镇之便,将自己镇江旧余藏书一千二百四十八册及杂志二百四十六册,捐藏绍宗楼。"

在此期间,镇江文管会拟撤销,柳诒徵担心绍宗国学藏书楼无所归,于是给镇江市文物保管委员会陆小波写了一封长信,他在该信中讲述了绍宗国学藏书楼的重要意义:

> 绍宗楼之初意,只因乾隆时,江苏、浙江两省有三阁收藏三部《四库全书》,而江苏乃有二阁二部,此为全国所无。即此可见满洲帝王时代特别注重江苏省之文化。咸同以来,江浙三阁俱毁,书亦无存。其后杭州人乃陆续抄配一部《四库全书》,而江苏之镇江、扬州,不能同时并举,此我镇江人之不努力,亦即江苏省之憾事。吴寄尘以一个穷秀才,忽然倡办绍宗楼,捐置书籍,虽未能即比文宗阁,其志愿极可佩服。不幸遭倭乱藏书尽失,楼亦残破,幸而江苏省镇江市人民政府修复该楼,各方人士捐集书籍字画,仅及三年,已得线装书七万余册,尚有各方

接洽欲捐者,此不可谓非人民政府鼎力提倡,及公等鼓吹协助之公谊,无论吴君初捐之书二万余册不迨今日,即满清帝王所颁发之《四库全书》不过三万六千册,才及今日所得书之半,此镇江市可以超过满清提倡文化之一特色也。

在柳诒徵看来,绍宗国学藏书楼几乎成了镇江市的文化地标与象征,所以他建议:"书楼与书籍字画本与文管会是两事,文管会不妨取消,书楼及书籍字画尚须妥为保管及继续扩充。"

1952年,柳诒徵中风后回到镇江养病,在此期间他赋诗一首:

春申江上六清明,花信番风岁岁新。

赢得绍宗楼在望,故书雅记唤乡人。

他在此诗的自注中说:"此六年中,恢复绍宗楼,募集线装书八万册,皆缘旅沪机会,故云。异时不可知,姑以目前论耳。"为了恢复绍宗国学藏书楼,柳诒徵竟然为该楼筹集线装书达八万之多,可见绍宗国学藏书楼的恢复,与柳诒徵的努力是分不开的。

其实,绍宗国学藏书楼在创建之初,就已经有不少的藏书家为之捐书,其中就有丁传靖父子。京江丁氏乃镇江望族,一世祖丁顗原本居住在清河,后唐清泰三年(936)因契丹陷清河,举家迁居祥符,到九世祖丁煜,"权知镇江军府事,历总辖苏湖常润国州,谢任后即润州卜宅而居焉,后遂入籍丹徒"(《京江丁氏族谱·序》)。

清末时期,丁传靖曾任礼学馆纂修,而陈宝琛对其有知遇之恩,丁家沂在《丁闇公讣告》中称:"先父荷弢庵太傅、樊山方伯知遇最深,二十年来过从无间。先父病中,弢老七次枉视于寓所。"丁传靖在此任上工作不到一年半,清朝结束,于是他回到南京,将主要精力用在了藏书和撰述方面。他对戏曲研究用力颇深,且有一定的成就,最有代表性的例子就是陆游那首著名的《钗头凤》,经过丁传靖的考证,第一次确定了故事女主角的名字叫唐琬。

丁传靖嗜好藏书,伦明《辛亥以来藏书纪事诗》中收有其人,并在小注中说:"丹徒丁闇公传靖,治乙部书,尤好宋明稗官野史,搜访甚备,多秘本。余每从借录，尝借得丰润张氏《明季清初二十八科进士履历》，又借余《崇祯十五年缙绅录》，皆手抄之。"丁传靖的去世颇为传奇，郭则沄在《洞灵小志》中写道：

> 蛰园同社多胜流，丹徒丁闇公（传靖），社中健将也，社稿即其选定耳。微聋，白须飘然，望之有道气，尝以方罗昭谏、谢皋羽。晚就养沽上，屡共宴集。经月不见，闻其抱疾入医院，治不愈，舁归家，数日逝矣。适夏蔚如同年（仁虎）归自辽，过津市，遇闇公于梨栈。不知其已死也，停筇对立，絮语家事如平生，聋亦如故，良久乃别。次日归京邸，理积函，则闇公之讣在焉，传以为异。尝与蔚如禊集净业湖，询以是事，曰："诚有之。"且自疑遇鬼非祥，然蔚如至今犹健在。

丁传靖是当年天津蛰园诗社中的健将，按照郭则沄的描述，其人微聋，白胡子飘飘，颇具道风仙骨，这与伦明诗中"闇公宦隐腹便便"的描述有很大差异，不知谁的描述更为准确。令人骇异的是，郭则沄写到丁传靖去世数日之后，夏仁虎居然在天津梨栈中遇到丁传靖，两人还相谈甚久，转天夏仁虎返回北京住所清理来信时，看到其中有丁传靖讣告，以至于觉得自己是遇到了鬼。

丁传靖去世后，柳诒徵为其撰写过一副挽联，郑逸梅《东南硕彦柳诒徵》中写到此事："传靖1870年生，长柳老九岁。两人皆美须髯，一时比之毛西河与朱竹垞，以西河、竹垞都是以美髯见称的。1930年11月，传靖在天津病故，柳老为之怆然，为联挽之：'以竹垞竹汀相期（传靖曾誉柳老，在学术上可与朱竹垞、钱竹汀相埒），晚岁恒思论旧学；继横山（陈姓）东山（张姓）而逝，江乡共叹失通儒。'"通过郑逸梅的描绘，可印证郭则沄所记丁的长相是正确的，丁与柳都是长髯飘飘，所以时人将他们比作毛奇龄和朱彝尊，因为这两人也是美髯公。

丁传靖在礼学馆任纂修兼总校时，经常到琉璃厂搜集古书，其藏量有几万册之多，去世后白雪庵藏书由其子丁瑗继藏。后来这批旧藏由丁瑗寄存到了镇江图书馆，柳和城在《镇江丁氏捐书人》中写道："他在1933年春征得伯兄莲峰先生同意，将先世镇江藏书寄存于江苏省立镇江图书馆。计古籍932种、4442册，碑帖图画8种、79张，拓片一束，共大小25书箱。"

该文又提及:"1953年1月,他向镇江文管会捐献'白雪庵藏书'102箱计11522册,现存镇江绍宗藏书楼。"

白雪庵旧藏的到来,使绍宗国学藏书楼藏书的质与量显著提高,虽然这些旧藏一度分存于镇江市图书馆和绍宗国学藏书楼两处,但后来还是汇在了一起。任罡在《镇江藏书事业概述》文中写道:"2000年,为了加强绍宗国学藏书楼藏书的保护和利用,所存有的86000余册古籍迁至镇江市图书馆古籍部保管。"

但是,我所读到的资料中,似乎很少宣传丁家捐赠"白雪庵藏书"这一重要贡献,以我的揣度,这可能与丁传靖生前曾为张勋撰写墓碑有关。张勋曾组织辫子军进行复辟,这个行为多受人诟病,而丁传靖却为他撰写碑文,似乎令人不解。但若客观来看,当年丁传靖也是不得已而为之。丁志安在《丁闇公先生年谱》中称:"1923年9月12日,张勋在天津病死。时退位之清帝溥仪尚居故宫,旧臣予'谥',仍赐碑文。陈宝琛以此特来传靖京师寓宅,托为代拟。传靖方拒绝之时,适逢厂商来寓索欠,陈宝琛见有'机'可乘,即传语张勋家司账人,急送五百金予丁氏,俾作度岁之用。传靖不得已,遂为之拟,然实非本愿也。系其五十四岁旧历岁尽时事。"

为丁传靖撰写年谱的丁志安也是一位藏书家,其高祖丁晏是道咸时期著名的经学家,抗战胜利后,1946年国民政府国防部在南京成立审理日本战犯的高级军事法庭,经邑人高镛推荐,丁志安到此任书记官。在南京工作期间,他常到国学图书馆去看书,遂与馆长柳诒徵相识。柳很欣赏丁的学识,为其提供大量善本,供其抄录,而他在此期间编纂了《颐志斋文集》,柳诒徵还为此书书跋。

丁志安的藏书后来也捐给了绍宗国学藏书楼,此后他又在书楼内负责编目及整理文献,郭寿龄在《怀念丁志安先生》一文中描绘到:"他把这些古籍文献分散藏匿各地,有的从镇江送到淮安平桥亲戚家中,尽管他煞费苦心,但这些书籍均被一一'起'了出来。面对目不识丁的'革命小将',丁先生力陈这些书籍的史料价值,表示愿意将他保存的古籍全部献给国家。丁先生这一明智之举,使大量的文献资料没有毁于动乱。这些文献、书籍现均藏于镇江博物馆绍宗国学藏书楼(伯先公园内)。动乱过去,丁先生受聘在藏书楼帮助整理古籍,曾把有关淮安地方史料专门编次目录,他为保存地方史料的功绩是值得称道的。"

对于这段经历，丁志安在《段蔗叟先生年谱》的跋语中写道："予久客江南，渺如隔世。犹幸行箧所藏淮人著述二、三百种捐献镇江绍宗藏书楼，经过十年浩劫依然无恙，近几年在该楼整理藏书，得以日夕相伴，如对故人。但予年已七旬，西山日薄。亟思将前人遗事，转告来贤，以尽后死之责……现将编定的（有关淮安地方史料）目录抄录于后，以便有志于地方文献的后来者查阅。"从 1979 年开始，丁志安吃住在绍宗国学藏书楼内，足不出户，埋头著述，陆续写出了《关天培年谱》《潘四农年谱》《丁晏著作年表》等多篇有分量的文章。

此外，鲍鼎也对绍宗国学藏书楼作出过较大贡献。鲍鼎曾在罗振常的蟫隐庐任编辑，谙熟目录版本之学，后来又在多个学校教授古文字学和音韵学，著有《中国金石学史》等 20 余部专著。殷光中在《发扬镇江藏书家"绍宗"精神，解决藏书楼的利用问题》一文中写道："1958 年因错案被判管制三年，1960 年由上海返回镇江。在藏书楼工作期间，将九万册古籍按四部经史子集编目，分别放置四库，又按国家文物局规定的编目要求，编制《绍宗藏书楼善本书目》，并捐赠自己图书六大箱。在他辞世七年之后的 1980 年，他的错案由上海静安区人民法院作了平反，恢复了名誉。鲍鼎先生在身背黑锅的情况下，仍然积极工作，其精神值得学习。"

除此之外，还有多位藏书家的旧藏也汇入了绍宗国学藏书楼，最具名气者应属康有为。康有为去世之后，家人为了偿还外债，准备把他的藏书变卖，并请到康有为的弟子徐勤联系香港大学，准备以半赠半卖的形式，作价 45000 元出手，然而这个条件遭到了康有为侧室梁夫人的反对，最终没有谈成。此后康家又联系了济南图书馆，此馆的出价是 75000 元，但也没能谈成。此后康有为的藏书被分批卖出，其中一部分卖到了广西，一部分卖在上海，而在上海这部分被旅居上海的镇江人买到泰半，又将这其中的一部分捐给了绍宗国学藏书楼。

可见，绍宗国学藏书楼乃是多位藏书家的旧藏汇集而成，如此宝贵的一座藏书楼，命运多少应该对它有所眷顾，抗日战争期间，书楼就幸运地保存了下来。童文经在《陈希为老师·绍宗藏书楼·镇江慈幼院》一文中写道："1937 年 7 月抗日战争爆发，1937 年 12 月镇江沦陷，从抗战初至解放初长达十二年之久，绍宗藏书楼未驻过日寇和国民党的一兵一卒而得以保全，陈希为老师功不可没。"文中提到，陈希为一共创办过两所慈幼院,其中之一办在了绍宗国学藏书楼内。而他为什么要在书楼内办慈幼院呢?童文经写道:"在沦陷时他誓为社会做些功德之事,想到的是保护绍宗藏书楼,空楼定会引狼入室,这时日本宪兵队已驻扎今伯先路上的商会处,如果再占据云台山顶绍宗藏书楼,伯先祠、绍宗藏书楼及周围百姓都得遭殃。"

正因为这些有识之士,使得这座著名的书楼保留了下来。2015年初,我在镇江寻访藏书楼时,特意前往探看绍宗国学藏书楼。藏书楼处在镇江的伯先公园内,其实早在二十几年前我到江南访藏书楼的时候就曾经来过这里,那个时候伯先公园四围都是破烂的民居,尤其公园门前的那条路,汽车驶过后的景象有如乌贼逃跑,车后是浓浓的一片烟尘,完全不像江南的温润水乡。而今再来,景象大为改观,从这些点点滴滴能体会到社会的确在进步,至少在环境和物质方面已经跟前些年有了很大的变化。

伯先公园创建于1926年,原本叫赵声公园,用时五年建成后,不知什么原因,公园名称改用了赵声的字。抗战时期公园被毁,抗战胜利之后复建,"文革"中赵声的铜像被砸毁,伯先祠也被拆毁了,公园变成了全国统一的名称——人民公园。

此次重来伯先公园,在入口处看到了公园的示意图,名称又改为了健康公园,我不知道"健康"二字在这里是公园的名称还是个形容词,然而沿着熟悉的山路一步一步登上去时,我觉得这里叫健康公园真是有道理。此次重来,季节已是深冬,山上的植物依然翠绿茂盛,我沿着指示牌向藏书楼的方向走去,可能是来人少的缘故,台阶上的落叶似乎很久没人清扫过。

绍宗国学藏书楼处在一个小山顶上,台阶的尽头即是藏书楼的正门,而今看到的大门跟我二十几年前来的时候几乎完全一样,对开的大铁门紧闭着,在风雨的侵蚀下这两扇大铁门显得更加斑驳,铁门上挂着一块说明牌,上面写着"暂未开放,禁止入内"。大门两边的方形水泥柱上右左两边分别写着"绍宗国学藏书楼"以及"民国二十二年三月建立",门柱两侧丛生的植物非常茂盛,几乎完全遮挡住了这些字,我放下相机,努力拨开这些植物,总算清理出能够看到字迹的透光之处。

拍完大门,我只能扒着大门向内张望,此次带的相机用的是普通镜头,无法把镜头伸进铁栏杆拍照,正在想着怎么能够进入院内时,无意间发现

门上的锁只是挂着,并未锁上,这是一个小惊喜,我轻轻地摘掉锁,推开大门进入院内,终于踏入了书楼的院中,心中微微有一种快感。我仔细观察着院内,在楼右角的灌木丛中竟然找到了镇江市颁布的文保铭牌,这个铭牌被植物遮挡得太厉害,于是我故伎重演,折断一些残枝,以便能让相机拍得清楚。可能是折断树枝的声音在寂静的山上显得过于响亮,还没等我拍完,就从楼内走出一个年轻人,他见到我的第一句话就说:"这里不对外开放。"我当然知道这回事,大门上写得明明白白,但到了这种地步,除了耍赖已经没有其他招数,我只好跟他讲自己不是游客,来此拍照是一种文化寻踪。

我的这套说辞多少起了点作用,他没有强硬地把我轰出去,只是告诉我他要出去上班了,这里面要锁门。进院的时候,我看到向阳的一面两棵树之间拉着绳子,晾晒着一些衣物,从颜色和数量上看,这里应该是住着好几个人,但听他这个口吻,又好像只有他一个人住在这里。我无法判断这句话的真伪,也许只是句托词,我当然不能置疑他的说法,只好边拖延边拍照,告诉他自己拍完马上就出去。为了分散他的注意力,我边拍照边跟他聊天,问他为什么会住在这山顶之上。他告诉我说自己是到博物馆来实习的,而这栋藏书楼现在是博物馆的宿舍。他的这句话让我感到有些意外,藏书楼怎么变成了博物馆的宿舍了,这里不应该归镇江市图书馆吗?我的这一反问不知道为什么引起了他的警惕,他很快破坏了这种友好的氛围,催促我赶快拍完出去,我想进楼内拍几张照片的要求也被他断然拒绝了,无奈只好跟他一起走出院外,眼睁睁看他锁上大门,而后他就往山下走去。

但我还是有所收获,因为我不只是拍到了文保牌,还看到了楼体上的一些细部,例如一楼的房间基本上都用铁栏杆封了起来,我想里面应该不会有藏书了,这些栏杆也许是一种保护措施。楼前的罗马柱柱头比我想象得漂亮许多,包括屋檐的建筑方式以及窗框的式样、楼梯的护栏,这一切全部是典型的欧式建筑风格。我好奇的是,这栋楼宇在初始建造时,就明确是为绍宗国学藏书楼专门而建,既然如此,为什么不建成中式风格,而建成了这个式样呢,难道是因为在当时图书馆是向西方学习而来,所以楼体也要建成西式风格吗? 这个疑问我不知去找谁来解答。楼的侧面还有一棵树龄颇高的英国梧桐,从粗壮程度看,应当也是书楼建造时所栽,这

书楼主体　　馆名写在了这里

也说明建楼的人认为只有栽这种外国树种才能跟此楼相得益彰。等我从院中出来向山下走去的时候，我又无意间发现第一级台阶实际是由两个石质的柱础来充当的，如此看来，在书楼建造的时候，主事者就有一种很明确的弃中选西的构建思想。

故宫博物院图书分馆

大高玄殿的承续

张树华编著的《北京各类型图书馆志》中说："（1926年）由故宫博物院接受杨氏观海堂、资政院、方略馆藏书，建立故宫博物院图书分馆，地址：景山西大高殿。"对于这几批书的来源，向斯在《故宫国宝流传宫外纪实》中先谈到故宫图书馆成立后创建了十三大书库：善本库、殿本库、经部库、史部库、子部库、集部库、丛书库、方志库、佛经库、复本库、满文库、普通库、观海堂藏书库。

这些书大多藏在寿安宫内，但是有几批书因为数量较多，没有移到寿安宫，其中包括军机处档案和观海堂藏书。关于军机处档的来由，向斯在专著中简述说："军机处将一切经办的文书、档案登记簿册；所有谕旨奏章，一一缮录副本，正本原件送还内阁。这样，留存在军机处的是一些关乎军国大事和外交事务的原始谕旨奏章、外藩表文和各国照会文件，是国家最重要、最机密，也是最完整、最可靠的档案。内阁大库虽然留存的是原件文档，但档案如果缺失，还要到军机处借用副本抄补。"

1914年，这批军机处档案移交给北洋政府国务院管理，国务院将这批书藏在了院内的"集灵囿"。然国务院事务繁忙，没有派人整理这批档案，后来故宫博物院成立后，在1920年1月致函国务院，希望将这批档案交还给故宫。该函中称："查清旧军机处档案，现存集灵囿。自雍正以来，二百年间军事机密胥具于是。今境迁事过，无所忌讳，是宜公表于世，以资考证。且此项文件与宫中所藏档案关系至密，往往一档分载两处，或两种记载互相发明，合之两美，离之两伤，亦宜汇聚一处，加以处理。"

此函中谈到了这批档案的重要性，同时举出了《太常集礼稿》《大元通礼》等书已失传，所以他们提出："以此类推，清代遗文，失今不图，后将何及？查德、法等国所有各机关过时档案，均移存文献馆，以为编纂国史之用。本院现为保存有清一代文献典章起见，用特函请贵院将旧存军机处档案，移存故宫博物院（图书馆）文献部，以便从事整理，一面分类陈列，并可勒成专书，一举两得，岂不胜束之高阁，徒供蠹鱼，终归漂没也！"

国务院同意了故宫博物院的所请，于是故宫派人前往集灵囿拉回这批数量巨大的文档，将其运到了大高玄殿内，于此进行整理。

大高玄殿的第二部分藏书则是杨守敬观海堂旧藏。杨氏是晚清著名藏书家，关于他的藏书数量，其弟子熊会贞在《邻苏老人年谱》中称："嗜古成癖，书籍、碑版、钱印、砖瓦之属，莫不多方搜求，贮藏之富，当世罕匹。"

陈衍则在《杨守敬传》中讲到了杨守敬藏书之来由以及藏书体量："光绪初年，随香山何如璋使日本。时日本维新伊始，唾弃旧学，所有善本，守敬贱价得之殆尽，满载海舶归黄州，有屋数十间，充栋焉。"

清光绪六年（1880），杨守敬跟随驻日公使何如璋前往日本，那时正赶上明治维新，很多中国古书被日本人处理出来，价格很便宜。杨守敬抓住这个机会，连买带换，搜集了大量珍贵典籍，同时帮助黎庶昌公使校刻《古逸丛书》。等他回国时，将买得之书一并带回，因为他在黄州的住所与东坡旧居相邻，于是自号邻苏老人。在黄州居所内，他拿出十间房子来做书库，可见其藏书量之大。杨守敬也以自己的藏书成就为傲，在给友人黄荤的信中自称："弟现在所藏书，已几十万卷，其中秘本亦几万卷，就中有宋板藏书五千六百册。大约在本朝唯钱遵王藏书可以相并，其它皆不足言也。"（容肇祖《史地学家杨守敬》）

杨守敬自称有宋版书五千多册，自认为可与清初时的钱曾藏书量相媲美。然从其藏书目看，这种说法显系夸张，但尽管有所夸张，也足以说明他的藏书质和量确实都有一定水平。

杨守敬去世后，其家人在1915年将观海堂藏书以国币三万五千元售于北洋政府。1918年11月，梁启超请政府将所购观海堂藏书转给松坡图书馆收藏，经大总统徐世昌批准，观海堂藏书中的24000余册拨给了松坡图书馆。剩余的部分还有近16000册，这一部分存在国务院院内的集灵囿。1926年1月，故宫博物院理事陈垣致函国务院，希望仿松坡图书馆前例，将这批书拨给故宫博物院："又集灵囿图书馆所藏书籍，多有关清代掌故。本院成立伊始，宫中旧藏书籍，原已甚少，兹拟照松坡图书馆前例，请将该项书籍，同时拨归本院图书馆，俾供众览，并供编纂参考之用。"

此后观海堂剩余部分的藏书拨给故宫博物院，储藏在大高玄殿内。袁同礼在《故宫所藏观海堂书目》中说："所余者储于集灵囿，丙寅一月拨归故宫博物院保存，藏于大高殿，为故宫图书馆分馆，己巳冬移于寿安宫专室庋藏，公开阅览。"

对于军机处档案拨给故宫博物院的数量，章宏伟在《民国时期故宫博物院出版事业的发展及其评价》中称："清代军机处成立后，内外奏章由内奏事处送皇帝批阅，再交军机处抄录副本，将原件发还，所抄副本存方略馆，即为军机处档案。1914年，国务院将这批档案移置国务院集灵囿。

1926 年,经陈垣等争取,国务院将这批军机处档案移交故宫博物院。所有档册折包共庋 49 架,凡档册 7969 本、折包 3535 包,约 80 余万件。故宫一直在整理这批档案,经多年坚持不懈地努力,终将各档名称件数按年编为简目,于 1930 年出版《清军机处档案目录》。"

大高玄殿藏书的另一部分则是来自方略馆。清廷纂修方略,动议于平定三藩之乱后,清康熙二十一年(1682)八月初十日,福建道御史戴王缙上书:"及比年以来,凡系用兵诏命,密旨征剿机宜,并应编辑成书,以垂不朽。"皇帝批准了他的所请:"至朕所行之事,编纂成书,古人虽有其例,尚于朕心有歉。尔等可将此意述与九卿确询再奏。"

玄烨的意思是说此事可行,但是要找出这么做的理论依据。当时任武英殿大学士的勒德洪查看史料后,找到了先例:"历代纪载功烈俱有成书。唐兴元间有《纪功述》,元和间有《平蔡录》《平淮记》,会昌间有《伐叛记》;宋建隆间有《龙飞日历》,天禧间有《圣政记》,熙宁间有《经武要略》。"(勒德洪等《平定三逆方略》)

这些史料都是记载皇帝的武功,大多称为"录"或者"记",也有的称为"要略"和"日历",可见并没有统一的称呼方式。康熙二十一年(1682)八月十三日,大学士明珠等奏:"臣等奉旨传集九卿,将前戴王缙疏奏逐一与阅。九卿等言,祖宗圣训,固应编辑。至逆贼变乱以来,皇上宵旰忧勤,运筹决胜。八年之间,歼灭贼寇,克奏肤功,复见升平,皆皇上神机独运,指授方略所致。若不纂辑成书,恐鸿功伟绩,或有遗漏。况古来帝王,武功告成,无不将所行之事,逐一记载。今宜如御史所请,勒成一书,以垂永久。"

此处提到了"方略"二字。玄烨首肯了明珠等人的所奏,"众议如此,可著编纂成书"。于是礼部于九月初拟定书名为《皇帝武功方略》,十月改称为《平定三逆神武方略》,亦称《平定三逆方略》。自此之后,就有了方略这一类史书,后来方略馆不仅仅是纂修方略,也会参与其他书的编纂,清宣统三年(1911),方略馆随同军机处一并被撤。

当年方略馆编纂之书直接在宫内印制,主要是以雕版方式出版,到同治年间,开始用大铅字排印本,因为这属于机印,所以纸张也做了相应的调整。清同治十二年(1873),李鸿章在《方略馆购纸报销片》中写道:"再,准办理军机处方略馆咨开,剿平粤匪、捻匪方略改用集字板刷印,所需粉连纸、毛太纸,奏请敕臣采买,陆续解交,价银作正开销等因。奉旨:依议。

钦此。知照前来。臣先准总理衙门函商,即经派员取呈纸样采办,因津市价昂无货,又于上海觅购,陆续运解。前由轮船运到粉连纸七千九百五十刀、毛太纸二千七百刀,已解送总理衙门照收,余俟运到续解。"

为了纂书,方略馆收藏有大量史料,《重修枢垣纪略》载:"方略馆在隆宗门外、咸安宫之左。凡本处档案皆藏库中。总裁无定员,以军机大臣领之。每次军功告藏及遇有政事之大者,皆奏奉谕旨,纪其始末,纂辑成书,或曰方略,或曰纪略,随时奏请钦定。亦有他书奉旨交辑者。"

张作霖入关后,插手故宫博物院事务。1927 年 6 月 16 日,张作霖的安国军将领在北京聚会,拥张作霖为安国军政府海陆军大元帅。两天后,张作霖在居仁堂就职,任命潘复为国务总理。两个月后,国务会议决议了两项有关故宫博物院的议案:一是将清太庙、堂子两处拨归内务部坛庙管理处;二是将存在大高玄殿的清军机处档案拟归国务院保管。

故宫博物院维持会会长江瀚听闻到消息后,立即从天津返回北京,与维持会同仁商议保留大高玄殿档案的办法,他们致函国务院,称军机处档案整理还未完结,希望能将这些档案保留于故宫,等工作完结后再做移交。

国务院派内务部总长沈瑞麟和农业部总长刘尚清各率随员四人,前往大高玄殿查看,之后将此事汇报大元帅府。沈和刘认为维持会的工作进行得井然有序,资料图书保护得很好。但是安国军政府还是要改组故宫博物院人事,他们在 9 月 20 日的国务会议上,决定成立故宫博物院管理委员会,以取代故宫博物院维持会。管理委员会以王士珍为委员长,另有张学良、傅增湘、江庸等十二人为委员。

转天,管理委员会派江庸等四人为接收委员,到故宫办理了接管手续,管委会接手后,聘江庸为古物馆馆长,马衡为副馆长,傅增湘为图书馆馆长,袁同礼为副馆长。但这个管理委员会到 1928 年 6 月,国民革命军北伐成功后,也就解散了,存在时间仅八个月。

关于这些资料档案存在大高玄殿的情况,单士元在《清代军机处档案释名前言》中说:"一九二六年北洋军阀政府国务院同意,将在辛亥革命后,从故宫移去的清朝军机处档案交回故宫博物院进行整理。当时连同杨守敬观海堂藏书一并搬到景山西街故宫博物院所属大高玄殿庋藏。曾经编印出军机处档案目录一册。"

为什么将这些档案存到了国务院的集灵囿，单士元说："案清代军机处档案原存故宫内旧军机处方略馆。属于清代机密档案，保管谨密。当日除军机处章京职官外，任何人不能窥见。旧民国成立后，袁世凯重视这批档案。因而移到北洋军阀政府国务院集灵囿地方。利用它并为其统治做参考资料，这批档案在集灵囿后楼搁置长达 15 年之久。在 1925 年故宫博物院成立后，经博物院要求作为研究清代史料，于是又收回故宫。并连同旧国务院收购杨守敬观海堂藏书迁到故宫迤西大高玄殿庋藏整理和阅览，始为世人所知。"

这批资料储藏在大高玄殿后，却难以充分利用，主要原因是这些史料以及相应的书籍未能予以编目整理，尤其是缺乏题解式目录，于是文件馆开始整理这些档案。单士元在前言中简述说："军机处档案移存大高玄殿后，文献馆由单士元、刘儒林、张德泽、程文翰等人进行整理，首先编制档册目录，计档册 155 种，并将折包档按朝代年月顺序，仿图书馆公开阅览之例，使学者可以到馆参观。当日利用军机处档案，写出学术著作，有社会调查所陶孟和、汤象龙、刘什如等教授，近代经济史蒋廷黻教授写《国际关系史辑要》，吴燕绍教授写《蒙藏史料汇编》。亦有其他学术团体来馆查阅史料者，欲求其所需时，每苦调何种档为宜，常以此事见询吾辈。整理之初亦无备咨询之识，余即发愤将所印行之只具档而无录者，在档名之下附以解题，试为数档，私称为档案词解。呈诸陈垣教授，师曰：'何不称为档案释名。' 1936 年夏，在山东青岛首次成立图书馆博物馆协会，余在该会上宣读一篇论文，曰'档案释名发凡'，以求同好，发表在民国二十五年双十节《故宫文献论丛》。"

除了整理档案外，这里还拨来了很多图书，整理图书必须要有相应的版本知识，当时给观海堂旧藏编目之人是那志良，他原本对版本不甚熟悉，然却得到了高人指点："这一批档案、图书，运到大高殿之后，档案部分由文献部接管，图书部分派我在大高殿编目。那时，我对图书编目，一无所知，有一位北平图书馆的王先生，时常来指导我。我就每天骑着自行车，到院里签到，然后再到大高殿编目。"（那志良《典守故宫国宝七十年》）

那志良所说的王先生，有人认为应当是指王重民。经过一番整理，他们编出了《大高殿书目》，该书为誊印本，此目应当就是那志良所编。何澄一则主编了《故宫所藏观海堂书目》。

大高玄殿位处紫禁城北,与景山隔一条街,是我国现存规模最大的一座皇帝御用道观,始建于明嘉靖二十一年(1542)。嘉靖皇帝朱厚熜是明代最崇信道教的君主,以藩王身份入继大统,朱厚熜喜好道教,应是受其父兴献王朱祐杬的影响。关于他下令修建大高玄殿的原因,按照《明实录》记载,是听从了道士陶仲文的建议。

其实在此之前,紫禁城内已有道观钦安殿,因为宫内几次失火,嘉靖帝认为真武大帝有镇火之能,所以要另建一所道观。大高玄殿陆续修了三十多年方完工,刘若愚在《酌中志》中载:"北上西门之西,大高玄殿也。其前门曰始青道境。左右有牌坊二:曰先天明境、太极仙林;曰孔绥皇祚、宏祐天民。又有二阁,左曰炅(音阳)真阁,右曰朎(音阴)灵轩。内曰福静门,曰康生门,曰高玄门、苍精门、黄华门。殿之东北曰无上阁,其下曰龙章凤篆,曰始阳斋,曰象一宫,所供象一帝君,范金为之,高尺许,乃世庙玄修之御容也。"

嘉靖皇帝以自己的道装形象做成金像,供奉在大高玄殿内,可见他对此殿极其看重。

满人入关后,虽然他们信仰的是萨满教和喇嘛教,但仍然在大高玄殿内举办道教活动,玄烨即位后,因避其名讳,将大高玄殿改称为大高元殿,有时又称大高殿。进入民国后,恢复了大高玄殿之称,但故宫内的工作人员仍习惯称其为大高殿。

光绪二十六年(1900),八国联军打入北京,法国军队驻扎在大高玄殿内长达十个月之久,致使宫内建筑受到损坏,里面的所藏大部分被抢走。对于大高玄殿内损坏情况,《内务府档案》有房文瑞在光绪二十七年(1901)五月的呈报,其中记载:

大高殿档案房为报堂事,于光绪二十六年七月洋兵入城,二十日洋队在本殿扎营,今于二十七年五月十三日接收看守。查得山门外三面牌楼夹杆石铁箍并三面栅栏均行拆毁无存。音乐亭两座四面槅扇拆毁不齐,石栏杆均行损坏。头道山门门扇六面拆毁不全,石栏杆拆毁损坏。二道山门门扇六面拆毁不全,石栏杆均行损坏。东西院值房十四间门窗户壁并两角门均行拆毁无存,屋内册档稿案及一切家具均失落无存。

■ 2022年基本修复完毕的厢房　■ 2022年施工场景

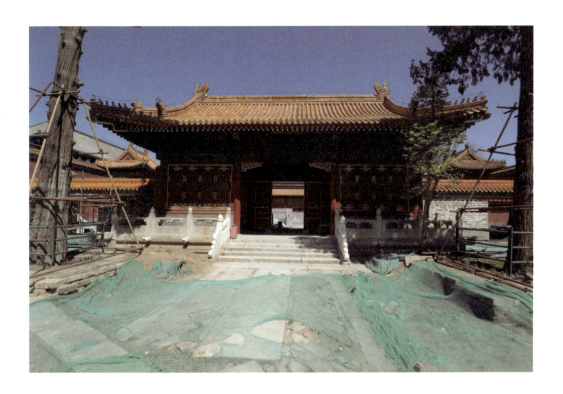

■ 正殿大门　■ 回望前殿

此后，清廷派张百熙等主持修复，1911 年辛亥革命后，按照民国政府优待逊清皇帝条件，大高玄殿仍然归皇室所有。1924 年，溥仪离开紫禁城后，大高玄殿改由善后委员会管理，转年移交给故宫博物院。1949 年后，大高玄殿借给部队使用，到 2013 年 5 月，归还给故宫。

大高玄殿要回之后，故宫花大力气将其维修复原，但尚未开放，为此，我找到了故宫博物院办公室的贾立新老师，在贾老师的安排下，我于 2022 年 4 月 15 日前往该处。这天一早，我先去了国家文物局，感觉时间尚早，于是决定步行前往大高玄殿，未曾想一路上的耽搁，到达时竟然比约定晚了半小时。贾老师涵养很好，她听到我喋喋不休的解释后，只是笑着说没关系，而后带我入院。

因为处于维修中，大高玄殿只能从消防通道进入，此通道位于景山公园西门的斜对面。进入院落后，眼前所见仍然是施工现场，地面的砖都已翻起，上面盖着防尘网，脚下坑洼不平，我小心地寻找着下脚处，慢慢向前走。

而今大高玄殿仅余一路，我们先走到最前方，在那里看到了著名的三门，而后进入主殿中，此殿高大敞阔，让我觉得大高玄殿这个名称有可能是形容词。其顶棚彩绘颇为完好，只是在左角留有时代痕迹。

参观完毕后，从院中转出，贾老师带我前往后方的清稽查内务府御史衙门，现在这里由北京故宫文物保护基金会使用。内务府是清廷为服务皇室而设的机构，下辖七司三院，机构规模十分庞大，为此，在雍正四年（1726）设立了稽查内务府御史衙门。

之所以要来这里探访，缘于民国间此处是北京图书馆的宿舍，有不少人为了到大高玄殿查史料，就会居住于此。谢兴尧的《堪隐斋杂著》中有《记大高殿和御史衙门》一文，该文称："大高殿是过去贮藏军机处档案的地方，御史衙门是北京图书馆的宿舍"，"二十年代三十年代间，故宫博物院的组织分为三部分：一为古物馆，俗称珍宝馆，是故宫精华之所在，馆长由院长易培基兼；一为图书馆，即乾隆时所称的天禄琳琅，所藏均宋元善本，乃皇家族的图书室，馆长由北京图书馆馆长袁同礼兼；一为文献馆，所藏均清朝军机处档案，是中国近世近代的原始资料库，馆长沈兼士。"

如果以直线距离计，御史衙门的大门距大高玄殿的院落仅隔着不宽的陟山门大街，两者间的距离不超过 20 米，因为太过便利，所以查书之人

■ 精美的藻井　　■ 梁柱夹角

喜欢居住于此。谢兴尧写道："三十年代这所称为御史衙门的房屋,划归北京图书馆作为宿舍。但是这座北京图书馆的宿舍,却没有一人住在这里,这里住的,全是学术界的单身汉,似乎是图书馆的招待所。"

那时的谢兴尧在此租住一年多,赵万里、王重民等人常到这里来找他。谢兴尧主要是到那里查看与太平天国有关的史料,他谈到曾在故宫内花五角钱买到了太平天国金玺的钤盖印。

御史衙门的门牌号为陟山门大街5号,其隔壁6号院是个更有故事的地方,这里曾经是林长民的居所,他当时任段祺瑞内阁司法总长,这个职务的性质与御史衙门属于同一类。后来林长民跟随郭松龄讨伐张作霖,在敌军中身亡。为此,6号院归其女林徽因管理,后来林徽因将这处院落卖给了胡适。

当年胡适跟林徽因关系密切。徐志摩生前将个人的八宝箱交给了凌叔华,里面有他的日记、书信和遗稿。徐志摩去世后,林徽因通过胡适向凌叔华索要八宝箱,据说林急于要回此箱,是为了不想让康桥日记里的情感内容外泄。林徽因拿到康桥日记后,发现其中最重要的内容不见了,她认定是被凌叔华扣下了,于是继续通过胡适进行索要。与此同时,陆小曼也在索要这个八宝箱,为此发生了三个女人争夺八宝箱的故事。可惜这个院落门前没有立保护牌,里面已经变成了大杂院。

贾老师是故宫文物保护基金会的秘书长,她对这里十分熟悉,边走边听她讲解那些历史故事,使得这个寂静的院落在我的脑海中立体了起来。一路参观下来,这里总计有三进院落,每一进院落都有正厅和厢房,谢兴尧文中称,他当时是住在东边的一间,房屋高大,里面有二十多平方米,每月租金四元。而今这里不对外开放,更不会对外出租,如果要出租的话,估计是谢兴尧租金的一万倍吧。

京师大学堂藏书楼

创设于公主寝殿

清光绪二十四年（1898）四月二十三日，皇帝下《明定国是诏》，正式颁布实施变法维新计划，为了培养变法维新所需要人才，光绪帝在此诏中用三分之一的篇幅来规定在京师成立大学堂的相关事宜："京师大学堂为各行省之倡，尤应首先举办。著军机大臣、总理各国事务王大臣会同妥速议奏。所有翰林院编检、各部院司员、大门侍卫、候补候选道府州县以下官、大员子弟、八旗世职、各省武职后裔，其愿入学堂者，均准入学肄业，以期人才辈出，共济时艰。不得敷衍因循，徇私援引，致负朝廷谆谆告诫之至意。将此通谕知之。钦此。"

同年五月，光绪帝任命吏部尚书、管理官书局大臣孙家鼐为管理大学堂事务的"管学大臣"。可见大学堂之来由与官书局有直接关系。官书局的前身是强学会，光绪二十一年（1895），康有为、梁启超、沈增植等人在京创建强学会，光绪帝的两位老师翁同龢、孙家鼐及军机大臣李鸿藻等暗中支持该会。强学会创办了强学书局，然该会在开办半年多后被查禁。

当时御史胡孚宸奏有《书局有益人才，请饬筹议以裨时局》折，提议将强学会及强学书局改为官书局："（强学书局）绘印舆图，置备仪器，意在流通秘要图书，考验格致精蕴。所需费用，皆系捐资集股，绝无迫索情事；所刻章程，尚无疵谬。"对于御史杨崇伊奏请封禁的原因，胡孚宸认为："此次封禁，不过防其流弊，并非禁其向学。"在他看来："倘能广选贤才，观摩取善，此日多一读书之士，即他日多一报国之人，收效似非浅鲜。"

皇帝下令让总理各国事务衙门来探讨此事，总理衙门给皇帝奏覆的《总理衙门遵议建立官书局折》中称："泰西教育人才之道，计有三事：曰学校，曰新闻报馆，曰书籍馆。英、法、德、俄各国学校之盛，或二三万所，或六七万所，生徒率皆二三十万人。美国学校多至十七万余所，生徒几及千万人。学校费用自三四千万至八千余万不等，率由国家及生徒各出其半，各国富强之基，实本于是。是庶政由人才而理，人才由学术而成，固有明效大验。"

这里讲到了学校的普及与国家富强之间的关系，为此，总理衙门大臣认为胡孚宸建议将强学书局改为官办书局是有道理的："该御史请将强学书局改归官办，自系为讲求实学、培养人才起见。臣等公同商酌，拟援照八旗官学之例，建立官书局。"

关于具体的运作方式,总理衙门提出如下建议:"钦派大臣一二员管理,聘订通晓中西学问之洋人为教习,常川住局,专司选译书籍、各国新报及指授各种西学,并酌派司事译官收掌书籍,印售各国新报,统由管理大臣总其成,司事专司稽察。所需经费,由总理衙门于出使经费项下每月提拨银一千两,以备购置图籍仪器、各国新闻纸及教习、司事、翻译薪水等用,核实散放,年终由臣衙门奏销,毋庸招股集赀。设不敷用,再由臣衙门设法筹措。如有募义之士,愿借巨款或捐书籍,准由司事呈明管理大臣酌定核收。"(《总理衙门遵议建立官书局折》)

光绪帝批准了这个建议,而后任命工部尚书孙家鼐为新设官书局管理大臣,孙上任后不久,给皇帝上了《官书局奏定章程疏》,该疏提出七条建议,其中前两条为:

> 一,藏书籍。拟设藏书院,尊藏列朝圣训、钦定诸书,及各衙门现行则例,各省通志,河漕、盐厘各项政书,并请准其咨取、储存、庋列。其古今经史子集,有关政学术业者,一切购置院中,用备留心时事、讲求学问者,入院借观,恢广学识。
>
> 一,刊书籍。拟设刊书处,译刻各国书籍。举凡律例、公法、商务、农务、制造、测算之学,及武备工程诸书,凡有益于国计民生与交涉事件者,皆译成中国文字,广为流布。

此处提到的藏书院乃是指西方的开放式图书馆,因为孙家鼐明确地说开办藏书院是为了让人前来借书,以此在社会上普及文化。除了现成的书之外,孙家鼐提出的第二个建议就是设立刊书处,此处专门刊刻国外出版的实务类书籍,将这些书先翻译出来,再予以刊刻,以便更多的人了解国外的先进经验。孙家鼐提出的第四条建议为:

> 广教肄。拟设学堂一所,延精通中外文理者一人为教习。凡京官年力富强者,子弟之姿性聪颖,安详端正者,如愿学语言文字及制造诸法,听其酌出学资,入馆肄习。

孙家鼐于此明确提出要开办学堂,选派精通中外知识的教习来培养人才。

遗憾的是，因为经费难以落实，孙家鼐的建议未能实施。同年七月，孙家鼐上《议覆开办京师大学堂折》，折中表示赞同李端棻所提的成立大学堂的倡议，为此讲到了由官书局来开办大学堂是分内之事："臣查本年正月总署原奏，请立官书局，本有建设学舍之说，臣奉命管理书局，所奏开办章程，亦拟设立学堂，延请教习，是学堂一议，本总署原奏所已言，亦即官书局分内应办之事。"

孙家鼐讲到了官书局开办后的情形："刻开办书局，时近半年，各处咨取书籍，译印报章，草创规模，粗有眉目。惟苦于经费不足，只能略添仪器，订购铅机，搜求有用之图书，采撷各邦之邮电，俾都人士耳目见闻，稍加开拓而已。"

在孙家鼐看来，官书局苦于经费不足，只是买书印书，对社会的影响力有限，开办大学堂推行教育方为根本："若云作育人才，储异日国家之大用，则非添筹经费，分科立学不为功。独是中国京师建立学堂，为各国通商以来仅有之创举。"

孙家鼐的建议虽然没有得到立即实施，却为后来的事情做了很好的铺垫，两年后，皇帝所下的《明定国是诏》中就明确提出了要创办京师大学堂。因为孙家鼐提过这样的建议，所以他被任命为管学大臣，故有人将孙家鼐视为京师大学堂的第一任校长。其实他的职责是监管全国学务。

由此可知，京师大学堂的前身是官书局，官书局的前身是强学书局，可见京师大学堂是由一出版部门改设扩建而来，而京师大学堂又是北京大学的前身。以此说明了北大与中国近代出版史有着密切关系。梁启超在《莅北京大学校欢迎会演说辞》中谈到了这段关系：

> 孙寿州先生本强学会会员，与同人谋，请之枢府，将所查抄强学会之书籍仪器发出，改为官书局。嗣后此官书局，即改为大学校。故言及鄙人与大学校之关系，即以大学校之前身为官书局，官书局之前身为强学会，则鄙人固可为有关系之人。然大学校之有今日，实诸先辈及历任校长与教师之力。谓鄙人为创设大学校之发动人，则不敢当。

孙寿州即孙家鼐，同时强学书局的创办人之一乃是梁启超，如果将北京大学的历史追溯到强学会或强学书局，那么梁启超成了该校的创始人之一,虽然他在讲话中做了谦虚表示,但他的创始之功不容磨灭。后来京师大学堂创办时的一些细节,也有着他的参与。

孙家鼐与康有为、梁启超都属于帝党,但在一些观念上他们并不相同。梁启超趋新,孙家鼐的观念趋于保守,然而在开办大学堂这一问题上,梁启超与孙家鼐却有着共同观点,只是在教学内容上有不同的见解。

为了大学堂的开办,孙家鼐费了很多心血。大学堂开办经费来自华俄道胜银行的 20 万两库平息银,不足之处由户部拨付,以 35 万两之数作为大学堂开办费用,长年费用每年则需要 20 万两。

光绪二十四年(1898)八月,慈禧太后发动了戊戌政变,第三次垂帘听政,并立即下令追捕维新派人物,废除变法新政,但是将大学堂留了下来。戊戌政变后的第五天,慈禧颁下懿旨:"大学堂为培植人才之地,除京师及各省会业已次第兴办外,其各府州县议设之小学堂,著该地方察酌情形,听民自便。"对于此事,十月二十三日(12 月 6 日)的《国闻报》刊出了《北京大学堂述闻》,报道说:"北京尘天粪地之中,所留一线光明,独有大学堂一举而已。"

关于慈禧为什么留下京师大学堂,懿旨中称:"泰西各国风俗政令与中国虽有不同,而兵、农、工、商诸务类能力致富强,确有明效。苟能择善举办,自可日起有功等因。钦此。"可见慈禧也认识到了办学堂可以培养人才,有人才就可以让国家富强。随后,内务府将地安门内马神庙空闲府第整修一番,作为大学堂开办之址。到光绪二十四年(1898)十一月,大学堂正式开学。

但是大学堂开办仅半年时间,就有人提出应当将其裁撤。光绪二十五年(1899)四月,江西道监察御史熙麟在《奏为岁款出入悬绝请饬筹议》中称:"迨甲午以后,每年陡增息债偿款两千余万,部臣多方罗掘,如盐斤、烟酒加价等项亦止复增五百余万,而每年出入相权,仍亏短至一千数百余万。闻乙未(光绪二十一年,即 1895 年)迄今,所藉以支持者两万万息债外,又添借一万之数耳。然以之改修江防、重购兵轮、重整局厂,当时已用去五六千万,所余之数敷衍至本年秋冬,亦已不支;明年则亏短千数百万之钜款,全无着落。"

由此可见,熙麟提出裁撤京师大学堂的建议并不是针对学堂而来,主要是当时的财政极其困难。他所说的息债是指甲午战争后的朝廷借款问题,清廷为了赔款和赎辽费,先后向法俄银团、德华银行、汇丰银行三次借款,借款总数达三亿两之多,每年需要偿还的本息计有两千万两。为此,朝廷采取了整顿财政、节约开支、新增税捐等办法,但总体效果不佳。

在熙麟看来,开设的京师大学堂未见培养出有用之才,所以提出裁撤。孙家鼐对他所提问题一一予以回答,解释说,培养人才需要一定的时间,不能因一时的经费困难就将其废弃:"臣非不知库帑空虚,宜求撙节,然熟权轻重,实不敢曲徇人言。"(《奏复大学堂未便裁撤折》)他也知道国库空虚应当节约,但无论怎样节约,也不应当将大学堂予以裁撤。

经过一番争论,大学堂终于保存了下来。此后军机大臣、御史吴鸿甲又提出了大学堂花费太大之事:"据称京师大学堂原拟招生五百人,今合仕学、中学、小学只有一百三十余人,而延定教习,添设分教,并此外办事诸人,名目繁多,岁糜巨款,徒为调剂私人之数。学生功课不分难易,统以分数核等第,至天文、地舆、兵法、算学等经世之务,开办半年,尚安苟且。体操一事,竟有强肆致伤者,其于学生几于束缚而驰骤之,章程多未妥善等语。"(《谕令整顿京师大学堂》)

为此,慈禧指责孙家鼐没有尽职尽责,下令要对大学堂进行整顿,孙家鼐逐一据理力争。但他毕竟属于帝党人物,局势对其极为不利,于是他请病假返回家乡,由吏部右侍郎许景澄暂为管理大学堂事务。但是到光绪二十六年(1900)六月,许景澄上《奏请暂行裁撤大学堂折》:"窃查大学堂自光绪二十四年七月,经前协办大学士吏部尚书孙家鼐议定课程,奏明开办。嗣值该尚书请假,旋即开缺。蒙恩派臣暂行管理,曾将该堂功课情形并酌减学生额数于本年正月、三月具奏在案。现在京城地面不靖,住堂学生均告假四散。又该大学堂常年经费系户部奏明在华俄银行息银项下拨给,现东交民巷一带,洋馆焚毁,华俄银行均经毁坏,所有本年经费尚未支领。而上年余存款项向系存放该银行生息,虽有折据,此时无从支银,以后用费亦无所出……应请将大学堂暂行裁撤。"

此折很快得到了慈禧太后的批准,于是许景澄开始进行裁撤京师大学堂的各项准备,十几天后,他向内务府移交房屋用具,移交完成后的第三天,许景澄因为反对义和团攻打外国使馆之事,被慈禧太后下令处死。当时他上书慈禧太后说:"攻杀使臣,中外皆无成案。"此言令慈禧十分生气,于是以"任意妄奏,语多离间"的罪名将其处死,终年55岁。光绪二十七年(1901),光绪帝为许景澄等五人平反,官复原职。

光绪二十六年(1900)七月九日,京师大学堂停办。事变结束后,大学堂又再次开办,此后该校延续至今。

大学堂在开办之初就建有藏书楼,光绪二十八年(1902),慈禧回銮后,任命张百熙为管学大臣,着手恢复京师大学堂。张百熙在《奏办京师大学堂情形疏》中谈到了多条建议,其中一条是:

> 书籍仪器应广购也。查大学堂去岁先被土匪,后住洋兵,房屋既残毁不堪,而堂中所储书籍仪器,亦同归无有。臣愚以为,大学堂功课不外政艺两途:政学以博考而乃精,艺学以实验而获益。书籍仪器两项,在学堂正如农夫之粟,商贾之钱,多多益善。不特前所有者固当买补,即前所无者亦宜添购,方足以考实学而得真才。

张百熙建议大学堂应当大量购买书籍和仪器,因为八国联军打入北京后,大学堂先遭到了土匪抢劫,后来又成了洋兵的驻扎地,致使房屋破损,书籍、仪器全部毁坏,但这些用具对培养学生很重要,所以应当添购。至于书籍的来源,张百熙想到了从各地的官书局征书:"查近来东南各省,如江南、苏州、杭州、湖北、扬州、广东、江西、湖南等处官书局,陆续刊刻应用书籍甚多,请准由臣咨行各省,将各种调取十余部不等。此外民间旧本时务新书,并已译未译西书,均由臣择定名目,随时购取,归入藏书楼,分别查考翻译。"

张百熙的奏折得到了慈禧太后的批准,于是他根据《钦定京师大学堂章程》,以管学大臣名义行文各省:"迅饬官书局将已列各种经史子集以及时务新书,每种提取十部或数部,刻日赍送来京,以备归入藏书楼存储。"

除此之外,张百熙还派人到南方各省购买民间刻印之书,经过八九个月的筹办,京师大学堂藏书量迅速增加,总数达七万八千余册。

关于京师大学堂藏书楼创建于何时,大多文献称创建于光绪二十八年(1902),但北京大学图书馆的姚伯岳先生在2013年初整理古籍未编书时,发现了一本大学堂书目,经过一番考订,他将京师大学堂藏书楼的创办时间上延到了光绪二十四年(1898)。对于具体的考证过程,姚伯岳在《在古籍编目中发现京师大学堂藏书楼的源头》一文中予以了详细讲述,并统计出当时该馆藏书数量近五万册，该文还提到了京师大学堂第一任西文总教习丁韪良在《汉学菁华：中国人的精神世界及其影响力》一书中的说法："义和团焚烧翰林院藏书楼，将京师最丰富的图书收藏付之一炬，将京师大学堂藏书楼的藏书投入水中浸泡毁坏。"

姚伯岳认为这种说法不客观："事实上，京师大学堂在八国联军侵入北京期间，先后被俄、德两国军队占为兵营，图书、仪器设备遭到严重损毁，丁韪良将之完全归罪于义和团，是一种想当然的偏见和对联军罪责的推卸。但大学堂藏书楼的早期藏书在庚子事变中基本被毁，也许是一个我们不得不接受的事实。"

关于京师大学堂藏书楼创建后的细节，何玲在查阅《大公报》时，意外地发现了光绪二十八年（1902）该报刊登的关于大学堂藏书楼的几篇相关文章，为此写出了《被人遗忘的关于京师大学堂藏书楼的三个章程》，通过这三个章程，可以了解到藏书楼的相关规定在逐渐变得更加严密。该文中还提到了藏书楼提调梅光羲要求工作人员"每书头必须号明，以便检查"，但因人手不够，"特向坊间延请书手数名，日在藏书楼上专号书头，言明每百宋体字，价银一钱二分，略计将书号成，非百余金不可"（1903年4月18日《大公报》刊发《轻财重事》）。

由此可知，文中提到的书头号明，应当就是藏书界俗称的写书根，可见当时该藏书楼的线装书大多或者全部已经写上了书根。

关于京师大学堂藏书楼的原址，姚伯岳在《京师大学堂第一座藏书楼原址小考》一文中予以了详细考证，该文转引了1948年出版的《北京大学五十周年纪念特刊》收录的师范馆生俞同奎所写《四十六年前我考进母校的经验》一文中的说法：

> 马神庙的公主府，现在变动很多。当年形状，不妨一述。现在化学实验室，从前是两层过厅，为职员办事处。大礼堂和后面一层大殿的东西屋，都作教室。后面大殿，旧称公主寝宫。寝宫的中厅，祀至圣先师孔子神位。因为我们这班学生，在那时代的眼光，都是外来的邪魔恶道，必须请孔老夫子出来镇压镇压，所以只好请他老人家暂时屈尊，替公主把守寝室。朔望并在这一间厅里面，宣传"圣谕广训"。寝宫的后边有两层平房，作仕学馆学生的宿舍。再后面的楼房，相传为公主梳

妆楼,大约因为是公主,必须有这样的设备,一半出于想象的。当时图书馆就设在梳妆楼里面。

但是姚伯岳认为,俞同奎所言指的是光绪二十八年(1902)京师大学堂重建时的藏书处,而此前的藏书楼设在哪里呢?于是姚先生做了一番推导。

光绪二十四年六月初二日(1898年7月20日),总理各国事务庆亲王奕劻、许应骙等上奏:"臣等奉命承修大学堂工程,业经电知出使日本大臣裕庚,将日本大学堂规制广狭、学舍间数,详细绘图贴说,咨送臣衙门参酌办理,现在尚未寄到。将来按图察勘地基,庀材鸠工,亦尚需时日,自不得不权假邸舍,先行开办。臣等查地安门内马神庙地方,有空闲府第一所,房间尚属整齐,院落亦甚宽敞,略加修葺,即可作为大学堂暂临时开办之所。如蒙俞允,应请饬下总管内务府大臣,遵照办理。所有开办大学堂,先行酌拨官房应用缘由,理合恭折复陈。伏乞皇上圣鉴训示遵行。谨奏。"

同日,他们接到上谕:"本日奕劻、许应骙奏请将地安门内马神庙地方空闲府第作为大学堂暂时开办之所一折,著总管内务府大臣量为修葺拨用。钦此。"

奕劻等人在奏折中提到的空闲府第,指的是和硕和嘉公主府,该公主是乾隆皇帝的第四个女儿,因其手指间有蹼相连,故民间称其为佛手公主,清乾隆二十五年(1760)三月嫁给福隆安,乾隆三十二年(1767)去世,年仅23岁。她出嫁前,乾隆皇帝专为她建造了和嘉公主府,她去世后,福隆安迁出此府,四公主府随后被内务府收回。清同治二年(1863),该府改赐道光皇帝第八女和硕寿禧公主。同治五年(1866),此公主去世,府第又被内务府收回。此后的几十年一直闲置,后内务府奉命将该府修缮完成后,移交给管学大臣,因此京师大学堂创办于此府内。

光绪二十六年(1900),许景澄提出将大学堂暂时裁撤,他的奏请得到了慈禧太后的批准,其中《许景澄为移交大学堂房屋、家具等呈内务府文》中写到了藏书楼的情况:"本大学堂房屋业经备文移请定期派员接收在案。兹查原册所列正所寝殿五间,系大学堂作为藏书楼安放书籍;又后楼五间安放仪器。现值地面未靖,搬移不便,自应暂为封锁安放,又有铁柜壹架、书柜两架,内存各项册籍,亦应暂存。相应咨会贵衙门,请烦查照。"

由此可知，当年大学堂的藏书楼设在公主府的寝殿，这里才是京师大学堂藏书楼的创始之地。当时后楼五间，作为实验室在使用。八国联军攻入北京后，俄军和德军先后占领京师大学堂，对学堂的设施造成很大破坏："查本府官房租库，现在暂看之大学堂房间，缘于去年五月间，经管学大臣奏明移交本府，尚未接收，旋于七月间联军入城，彼处房间被俄、德两国洋兵迭次占据，嗣经退出，所有内外檐装修及游廊门扇等项，全行拆毁，本府当饬该库派役，于上年九月十三日复行看守在案。"(《内务府为移交校舍知照大学堂》)

张百熙在《筹办大学堂大概情形折》中称："查大学堂去岁先被土匪，后住洋兵，房屋既残毁不堪，而堂中所储书籍仪器，亦同归无有。"可见当时的藏书几乎全毁了。

姚伯岳在文中讲到了和嘉公主府的格局问题，称此府属于郡王级，中路只有正殿、寝殿和后罩楼三座大型建筑，没有单独的神殿。当时大学堂用作藏书楼的公主寝殿于再次开办后当作神殿使用，这里供奉着孔子神位。重建的大学堂将公主府的后罩楼改为藏书楼，光绪三十年(1904)，改称图书馆。此楼楼上为书库，楼下为阅览室，但遗憾的是，这座后罩楼后来被拆掉了。

姚伯岳在《京师大学堂第一座藏书楼原址小考》一文中写道："1952年，北京大学迁往西郊，与原燕京大学合并。1955年，人民教育出版社迁入北大二院旧校区。1979年，在唐山地震中受损的后罩楼和前面的公主寝殿均被拆除，在其原址上建起两栋超长的出版社职工宿舍楼。原公主府中路建筑中，只有最前面的公主正殿侥幸独存，但也被翻新改造，并将门窗位置前推至外边廊柱一线，非复昔日旧貌。更匪夷所思的是，紧邻原正殿当面，不知何时修建了一座中江华宴餐厅，公主正殿之前仅余一狭长隙地。昔日居于校园中心的巍峨建筑，今天委屈地蜷缩在现代不伦建筑的阴影下，令人睹之神伤。"

2022年3月18日，我先到北大红楼探看，这里曾经是北大的主校区，但未承想门卫告诉我，这里必须提前一天预约，不接受当天预约客。我只好无奈离开，去寻找大学堂藏书楼原址。

我穿入沙滩北街，沿街的侧墙上改成了浅浮雕的模样，介绍着与北大有关的历史事件和名人，走出二百余米后，左转进入沙滩后街。看到街的

中段有一仿古建筑,走近端详,原来是景山街道居委会。如此典雅的居委会,第一次得见。

居委会前方不远处有一新式建筑,此处为华育宾馆。继续前行一百米,此处院落是沙滩后街 55 号,沿此院一直向后走,街边有一排柏树,看上去颇有历史。从该路的一条小巷内看到一座老楼,但这里的铁栅栏门上着锁。

继续前行,又看到一处仿古建筑,然此侧无门,正踌躇间,旁边走过一男士,我问他如何能进入古院落,他告诉我大门不在此处,而后带我原路返回,一直走到了华育宾馆门口,告诉我说一直往内走,就能看到这个古院落。

在此院内看到了一座西式青砖楼,门口的牌子称这里是北京大学第二院旧址,青砖楼的正门挂着大学堂匾额。我走到楼前,保安说这里需要预约,我想当然地以为又需要提前一天预约,于是只问他:公主殿在哪里。此保安颇有耐心,他走下台阶,指向后方。

走到院落的顶头位置,看到了我刚才从 55 号院无法进入的古建,这里单独辟成了一个小院落,墙上挂有一个小牌子,上写"原和嘉公主府大殿",这就是姚先生在文中提到的公主正殿,果然如其所言,这个正殿没有前廊,门窗直接推到了檐前。

此殿上着锁,窗户上的玻璃落满灰尘,我用面巾纸将其中一块擦干净,然后向内探望,里面布置成了会议室的模样,屋顶也改成了现代格局。

转到正殿的侧旁,这里有一片小竹林,后方则是一圆洞门,隔门外望,正殿的后面已经是新盖的宿舍楼,后罩楼果然没了痕迹。

没办法,我原路返回到挂有大学堂匾额的那栋楼,问保安能否打开正殿门,他说钥匙不在他这里,建议我进大学堂内参观。我说自己没有预约,他立即拿过我的手机,一番操作后,向我一挥手说"进去吧"。

这座楼原本是教学楼,因此每个教室之间不相通,每参观完一个房间都要走入回廊,然后再走入另一间,每间房都是一些展板,讲述着北大历史,其中有些值得一观的老照片,然而一一浏览过去,我没能找到当年后罩楼的照片。我不禁想:当年拍摄这些照片的人如果也喜欢藏书该多好。那样的话,他一定会拍下当年的书楼。

=公主府正殿 =正殿后方已是宿舍楼

京师通俗图书馆

开启民智，率先免费

对于近代通俗图书馆的来由，刘桂芳在《通俗图书馆与民国初期社会教育》一文中称："中国近代社会教育观念的产生以及社会教育设施的出现，主要是受日本社会教育的影响。通俗图书馆作为一种社会教育事业，最初也是受日本的影响。"

日本为什么出现了这种新式图书馆？该文写道："当时，在日本蓬勃开展的通俗教育活动中，图书馆尤其是通俗图书馆的作用很受重视。在实践层面，日本的通俗图书馆事业如火如荼，不仅数量众多，分布广泛，而且组织有效，成绩斐然，深受社会民众的欢迎；在理论层面，日本诸多有关通俗教育和社会教育的著述均有对通俗图书馆功能、设置、组织等方面的论述。可以说，通俗图书馆在日本，是作为一种社会教育事业而加以研究和实施的。"

清末民初时期，日本各种思潮传入中国，其中也包括通俗图书馆的概念和理论，关于这个概念的来由，日本学者春山作树在 1932 年所著的《社会教育学概论》中认为："我邦教育上的用语尽皆是外语的翻译，而唯'社会教育'并非如此。在欧美各国当然也具有可包含在社会教育中的多种事业，但是并没有相当于对这些事业进行综合的社会教育的用语。"

在春山作树看来，日本向欧美学习到了很多先进理念，但社会教育却是自家品出来的，一者说明日本学者对于社会教育的重视，二来也说明了他们在向西方学习的同时，也有自己的发明。因此，日本学者吉田熊次在其所著《社会教育的设施及理论》中认为："日本以社会教育的名，着手组织化的运动，实较欧美列强为先。"

所以，中国学者吴学信在 1939 年出版的《社会教育史》中称："社会教育一词为日本的新造语，欧美各国并无像社会教育这样的名称。"

王雷认为，日本这些学者认为是他们首创了"社会教育"一词并不一定准确："但社会教育在日本有其发展的独特性却是历史的事实。"（王雷著《中国近代社会教育史》）

日本学者关于这方面的著作中，传入中国最早的是教育家佐藤善治郎的《社会教育法》，该书给社会教育下的定义是："所谓社会教育者，对学校教育而言之，目的在（提）高社会之智识、道德而已。"在佐藤善治郎看来，国家实现教育的目的有两种方式：一是学校教育，二是社会教育。

1903 年 6 月，中国在日留学生创办的《游学译编》第八册中，刊发了日本人中岛半次郎的教育学讲义《论学校对家庭与社会之关系》,文前有译者序提及:"吾尝闻东西诸教育学者论教育曰:教育之事,析分三段。幼年受教于父母,曰家庭教育;稍长就业于师傅,曰学校教育;处世、接物、立身、行事,曰社会教育。"

佐藤善治郎说:"(图书馆)为社会教育的羽翼。"这种观念影响到中国,余寄编译的《社会教育》一书,亦将图书馆视为"关于智育之社会教育"。1912年,中国通俗教育研究会翻译了日本通俗教育研究会所著的《关于通俗教育之理论与实际》一书,在翻译之时,将书名改译为《通俗教育事业设施法》。文中提到:"通俗教育上应设施之事项非常繁多,如通俗图书馆……"

1916年通俗教育研究会发表了《调查日本社会教育纪要》,该文在介绍日本社会教育各种事业时,将图书馆列在首位,他们认为:"图书馆足以发皇国家文明,增长智识,为社会教育最要机关。"

民国初年,一些有识之士为了启迪民智,吸收了不少日本的相关经验,其中包括民众教育方式,沈祖荣在《中国全国图书馆调查表》中总结说:"国家的富强,其表面在政治和经济,而促成政治和经济发展的重要条件,实际上在国民具有较高的各种学问水平。图书馆是有助于国民提高各种学问水平的重要机关,是导致国家富强的社会教育机关。故各国不惜花费较多之资财,投入图书馆事业,始有今日普及之效果。"

中国何时创建了通俗图书馆?李久琦在《五四时期的通俗图书馆》一文中称:"我国通俗图书馆发端于民国初年,发展于五四时期,存在时间虽则不长,却横跨旧民主主义和新民主主义革命两个历史时期。通俗图书馆独树一帜,在我国图书馆事业史上占据了重要的地位。"

1912年,蔡元培任教育总长时,就在其内部开设了社会教育司,该司与普通教育司、专门教育司相并列,由此表达了蔡元培对通俗教育之重视。转年1月,教育部通令全国提倡社会教育,同时教育部的社会教育司又设立了博物科和通俗科,同年6月,设立北京教育调查处,8月成立了通俗教育研究会。

在此阶段中国陆续办起了一些通俗图书馆,其中影响力最大的一家是京师通俗图书馆,该馆的开业时间是1913年10月21日,开办地在北京宣武门内大街西抄手胡同,由鲁迅亲自主持了开幕式。自此之后,全国各地通俗图书馆迅速增加,到 1916 年 9 月,全国 21 个省办起了通俗图书馆 237 所,另有巡行文库 30 所。

巡行文库亦是通俗图书馆的一种简便方式,1916 年第 10 期《教育公报》刊发的《京师学务局教育报告》中载有"各省巡行文库调查表",文中提及:"巡行文库为通俗教育之一种,其办法较之通俗图书馆稍繁,须由各县设通俗文库总部一所,采集人民必需而易晓之各种图书(图如最简单之世界图、本国图及本省、本县等图;书如各种有益小说及新闻杂志、自治法令等项)。输送城镇乡各支部,再由支部转送各村落阅览所,限定日期阅毕,由处送回总部收存。"

根据 1934 年中国图书馆协会的统计,到该年为止,全国共有图书馆 2818 所,其中通俗图书馆有 1002 所。

通俗图书馆的开办,在社会上起到了不小的文化普及作用,庄俞认为:"虽然,普通图书馆范围较广,难臻完备,通俗图书馆目的在诱启社会之常识,儿童之智能。苟得千数百金,即可成立一二所,随地可以仿办。教育部既提倡于前,胡不规定简章,通令地方教育行政及各地教育会,量力建置,当裨益于社会不浅也。"(庄俞:《参观北京图书馆纪略》,《教育杂志》1914 年第 6 卷第 4 期)

该图书馆开办后,在社会上引起不小的反响,为此,1916 年的《教育公报》刊登了《京师通俗图书馆成立之经过》,详细介绍开设该馆的必要性以及开办的具体情形:

通俗教育以启发一般人民普通必需之知识为主,故通俗图书馆之设,实关紧要。其中采集之图书,以人民所必需且易晓者为宜。京师地面辽阔,虽由京师学务局设立公众阅书处十余所,然均附属于各宣讲所内,图书无多,规模甚小。且当时各省对于此项图书馆均未设立。本部因于民国二年创设京师通俗图书馆一所,为各省倡。委任社会司科员经理于宣武门大街租房一区,计二十一间,蒐集图书,撰拟规程。凡三阅月,至十月下旬成立,开馆阅览,并附设公众体育场、新闻阅览处各一所。惟因当时国家财政困难,一切组织均极简朴。自开办迄今,已二年有余。中间因经费稍裕,添设儿童阅览室一处,续租本馆后院房屋一所,计十二间,陆续增购图书至一千四百余种。其地既当要冲,阅览者尚称繁盛,计每日平均阅览人数约六百二十余人。民国四年一月,委任主事王丕谟兼充该馆主任。由该馆复修订规则十四条,详部批准在案。该馆经费、预算每年一万五千五百四十元,经财政部核减为八千元。现每月只领五百元,尚不及核减之数。所有薪资、房租、购书及杂费等项,均尽此数开支。此该馆之大略情形也。

不少的研究文章称《京师通俗图书馆成立之经过》文出鲁迅先生之手,1915 年 10 月 23 日,教育部公布了《图书馆规程和通俗图书馆规程》,各种研究认为该规程也是由鲁迅主持制定的。其中"通俗图书馆规程"计有十一条:

第一条各省治县治应设通俗图书馆,储集各种通俗图书,供公众之阅览。

各自治区得视地方情形设置之。

私人或公共团体公私立学校及工场得设立通俗图书馆。

第二条通俗图书馆之名称适用图书馆第三条之规定。

各自治区设立之通俗图书馆,称为某自治区公立通俗图书馆。

第三条通俗图书馆之设立及变更或废撤时,依图书馆第四条之规定分别具报。

第四条通俗图书馆得设主任一人,馆员若干人。通俗图书馆主任员,应照图书馆第五条之规定分别具报。

第五条公立通俗图书馆主任员之任职服务俸给等事项,准各公署委任橡属之规定。

第六条公立通俗图书馆之经费预算,适用图书馆第八条之规定。

公立学校工场附设通俗图书馆之经费,列入主管学校工场预算之内。

第七条通俗图书馆不征收览阅费。

第八条通俗图书馆主任员,应于每届年终,将办理情形依照图书馆第七条之规定,分别具报。

第九条通俗图书馆得附设公众体操场。

第十条私人以资财设立或捐助通俗图书馆者,由地方长官依照捐资兴学褒奖条例，咨陈教育部核明给奖。

第十一条本规程自公布日施行。

（《教育公报》第 2 年第 8 期）

也许是《教育公报》流传不广，使得一些人读不到这些规程，这其中也包括鲁迅的朋友。1918 年，许寿裳曾向鲁迅索要该章程，鲁迅请教育部社会教育司主事兼京师通俗图书馆主任朱孝荃将章程寄给许寿裳，当时许寿裳在江西教育厅任职，他打算开办教育博物馆，所以向鲁迅索要相关章程。8 月 20 日，鲁迅在给许寿裳的信中问及此事："京师图书分馆等章程，朱孝荃想早寄上。然此并庸妄人钱稻孙，王丕谟所为，何足依据。而通俗图书馆者尤可笑，几于不通。仆以为有权在手，便当任意作之，何必参考愚说耶？ 教育博物馆等素未究，必无以奉告。惟于通俗图书馆，则鄙意以为小说大应选择；而科学书等，实以广学会所出者为佳，大可购置，而世多以其教会所开而忽之矣。"

从这段话的语气看，起草该章程之人不是鲁迅，有可能是钱稻孙和王丕谟，因为王在教育部任职期间曾负责京师通俗图书馆和中央公园图书阅览所。从该信中还能读出鲁迅对他亲手创办的通俗图书馆有诸多不满意，但他依然建议许寿裳若要在江西开办通俗图书馆，就应当在该馆内放上大量小说，也可以放一些科学普及类书籍。前者是吸引读者，后者是潜移默化地灌输知识，这是因为鲁迅看到了人们的思想还没有进化，他在信末写到了自己的感慨："历观国内无一佳象，而仆则思想颇变迁，毫不悲观。盖国之观念，其愚亦与省界相类。若以人类为着眼点，则中国若改良，固足为人类进步之验（以如此国而尚能改良故）；若其灭亡，亦是人类向上之验，缘如此国人竟不能生存，正是人类进步之故也。大约将来人道主义终当胜利，中国虽不改进，欲为奴隶，而他人更不欲用奴隶；则虽渴想请安，亦是不得主顾，止能侘傺而死。如是数代，则请安磕头之瘾渐淡，终必难免于进步矣。此仆之所为乐也。"

鲁迅建议许寿裳在图书馆内多备通俗小说，自然有他的道理，京师通俗图书馆呈报 1916 年至 1918 年度工作概况中写道："普通阅览以小说杂志为最多，经史子集次之，历史地理法制又次之，其最少数则为哲学教育。儿童阅览以名胜写真幼稚对画为最多，童话教育画次之，小说传记又次之。"为此,通俗图书馆专门把小说作为一个门类,以此满足读者的需求:"小说一类,超过各种图书十分之三,阅览小说者,亦占多数,故专列一部,区分略为详晰。"

另外,通俗图书馆内大多设有儿童阅览室,童书与成人之书在编目上会有所区别,办馆之人考虑到了这一点,比如他们对于普通阅览室里的书不按四部分类法,而是按地支顺序来排列:"子,经史子集、国文教科;丑,哲学;寅,教育;卯,历史地理;辰,法制;巳,理科;午,实业;未,外国语文;申,小说;酉,美术;戌,杂志;亥,杂类。"想来这种排列方式更适合普通读者的日常思维,但有意思的是,儿童阅览室的编目方式却以天干来分类:"儿童阅览室书目用'天干'字改编为 10 部。甲,修身国文;乙,历史地理;丙,算理科;丁,习字手工唱歌体操;戊,童话儿童教育画;己,丛书杂志;庚,小说传记;辛,图画教科名人画册;壬,西洋画帖幼年画报;癸,名胜写真幼稚对画。"

从此章程看,办馆者对于固有的图书馆规程还是有所突破,最重要的一条,乃是通俗图书馆不收阅览费。于今而言,读者前往各地公共图书馆读书基本上都是免费,当然除了复制特殊善本。图书馆免费已然是全世界的共识,但中国早期图书馆大多是收费的,比如当年的京师图书馆要征收一到十个铜元的不等费用,这种做法对保护古籍善本能起到一定作用,但对提高民智却是个阻碍。

当政府资金不充裕时,免费的图书馆也会出现问题,曹明在《民国时期通俗图书馆述论》一文中,对于当时图书馆的经费紧张问题有如下举例:

通俗图书馆经费由教育部拨给,每年在 6000 元之间,京师通俗图书馆申报 1916 年经费"预算每年一万五千五百四十元,财政部核减为八千元,现每月只领五百元"。1917 年"本年共领经费银 6 千元",1918 年"本年共领经费银 6 千元,临时补助费 400 元"。所拨经费主要用于薪津、工资、房租三相,支出大约有 4000 余元,约占支出部分的三分之二,其他如纸张购置费,房屋修葺费等,会占去一部分,因为这些经费内包含图书购置费,所以,在基本支出之外,所剩费用较少,图书馆购置有时候会因经费不足而停滞。如 1917 年,图书购置费仅有"七百九十元",

而1918年，"撙节无术……故于添购图书一项，自十月份起，完全停止"，不仅如此，"所有员司之应行加薪，馆舍之应行修葺，阅览设备之应行扩充，体育器械之应行补购者，亦无不因是停止"。其经费收支捉襟见肘，运行较为艰难。

因为经费紧张，使得通俗图书馆内新书更换很慢，但还是有人愿意到这里歇脚甚至取暖，想来这正是通俗图书馆亲民的一面。鲁迅把通俗图书馆免费以及无书可看的情况化用在了小说《伤逝》中："天气的冷和神情的冷，逼迫我不能在家庭中安身。但是，往那里去呢？……我终于在通俗图书馆里觅得了我的天堂。"为什么要去那里呢？因为："那里无须买票；阅书室里又装着两个铁火炉。纵使不过是烧着不死不活的煤的火炉，但单是看见装着它，精神上也就总觉得有些温暖。书却无可看：旧的陈腐，新的是几乎没有的。"

鲁迅的描绘乃是实况，李久琦在文中引用了1925年全国通俗图书馆的数量比五四运动前减少了一半，仅剩128所，颇有声望的京师通俗图书馆在1924年度的总结报告中写道："经费奇绌，设备不充，新书缺乏，因之阅览人数逐渐下降。"那么当时的通俗图书馆内有些什么书刊呢？李久琦在文中称："有些通俗图书馆变成了挂着招牌的'庸俗图书馆'了，为迎合小市民的低级趣味，充斥了一些黄色、荒诞、淫秽的庸俗图书，什么《嫖赌百弊大观》《古今艳史大观》《小广东嫖院记》《大姑娘养儿子》……这样一些乌七八糟不堪入目的书刊。"除此之久，通俗图书馆还有了质的变化："1927年后，则更加改头换面，有的合并，有的改成所谓'革命图书馆'，设'党化图书馆'，增藏党义图书，选书'标准首重党义'，遂成了蒋介石文化围剿的反动工具。"

虽然如此，通俗图书馆在特定的历史阶段还是起到了重要作用，李彭元在《京师通俗图书馆百年回望》一文中总结说："1913年10月21日，国民政府教育部为了提倡社会教育且'为各省倡'，于宣武门内大街创立京师通俗图书馆并正式开放，2013年是京师通俗图书馆开馆接待读者100周年。开馆之初，京师通俗图书馆有工作人员12人，藏书8150种、42684册，杂志290种、1793册，报纸27种。"该文甚至认为："京师通俗图书馆是我国历史上第一个通俗图书馆。"

李彭元在文中最为关注该图书馆在免费服务方面起到的示范作用："京师通俗图书馆是中国近代图书馆史上最早实施免费服务的公共图书馆。"并且用对比法谈到了《湖南图书馆暂定章程》中第二十三条的规定："凡入馆必于购券处缴清券费,然后领券入馆。"

很多图书馆纷纷效仿湖南图书馆,比如湖北图书馆、山东图书馆、河南图书馆、陕西省立第一图书馆等,都沿用了湖南图书馆的做法,对读者入馆阅览收一定的券资。这种做法得到了当时教育部的批准,比如1912年7月23日,教育部核准京师图书馆《暂定阅览章程》,其中第三条为："凡观览本馆图书者,除持有优待券外,应于入馆以前购入览券。券分两种:甲,普通入览券;乙,特别入览券。甲,每券得取阅各书五十册,铜币四枚。乙,每券得取阅各书十册,铜币二枚。"

正因为有着这样的规定,致使"京师图书馆阅览人数,本馆不如分馆,而分馆又不如通俗图书馆"。

任何评价都不能超越时代,故不能以今天的免费去衡量当时的收费。在图书馆创办初期,通俗图书馆起到了应有的文化普及作用,后来京师通俗图书馆并入了首都图书馆,成了公共图书馆的组成部分。对于相关沿革,刘洋主编的《北京西城历史文化概要》中写道:"1913年10月,民国教育部设立京师通俗图书馆,这是我国最早成立的大众化图书馆。京师通俗图书馆位于宣武门内大街头发胡同原清翰林院讲习馆,它的建立,倾注了当时在教育部任职的鲁迅先生的心血。鲁迅先生还亲自参加了京师通俗图书馆的开馆典礼。1926年,改称京师第二普通图书馆。1927年与京师图书馆分馆合并。二十世纪三十年代,京师图书馆分馆、京师通俗图书馆成为北平市立第一普通图书馆的组成部分。1953年,原北平市立第一普通图书馆更名为北京市图书馆,迁址至西华门大街35号,馆舍面积有所扩大,并将头发胡同原馆址作为儿童图书部。1956年10月,北京市图书馆又迁入元、明、清三代最高学府国子监,并正式定名首都图书馆。"

对于京师通俗图书馆的开办地点,李致忠先生在《鲁迅与京师图书馆》一文中写道:"民国二年(1913)六月,京师图书馆分馆虽已在北京宣武门外前青厂开办,但鲁迅先生并未以此为满足。他认为通俗教育能开启民智,故通俗图书馆之设实关紧要,其中采集的图书要以人民所必须且易晓者为宜……与鲁迅一道积极筹办京师通俗图书馆者,还有教育部社会教育司二科佥事徐协贞及同司二科主事王丕谟，经过他们的通力合作，同年十月二十一日，京师通俗图书馆在北京宣武门内大街路西抄手胡同口外开馆。这一天《鲁迅日记》谓'午后，通俗图书馆开馆，赴之。'王丕谟后来还做了京师通俗图书馆主任。可见京师通俗图书馆是教育部社会教育司第一科和第二科共同操办起来的。"

此后，分馆和通俗图书馆又合并在了一起，李致忠先生在《昌平集》中写道："1924 年 7 月，京师图书馆分馆经费无着，无力继付房租，只好迁至通俗图书馆院内，分别办馆。1925 年春，与通俗图书馆一道又迁至头发胡同 22 号，仍分别办馆。1926 年 10 月 1 日奉部令，改京师图书馆分馆为京师第一普通图书馆，改通俗图书馆为京师第二普通图书馆。1927 年 7 月两馆合并，奉部令仍称京师第一普通图书馆。"

2022 年 4 月 4 日，我先到抄手胡同探看分馆遗迹，这一带是北京市特意保留下来的老街区，临街一面已做了全新整修。

抄手胡同不宽，但里面还是停了一些车辆，想来车主都是胡同内的居民，但是如果车停不到位的话，后面的车位将无法进出，致使这里的居民练出了极高的停车技巧。我看到其中一辆车，车身贴墙的距离不足一厘米，这种精准令我叹服。好奇他开出时，如何能不蹭墙，我还特意趴在墙上仔细查看，该车的右侧的确没有擦痕。

抄手胡同呈 T 字形，我先到右侧探看，这一带已然不能过车，因为路当中有一棵大树。这是该条胡同内唯一的绿色，走到近前方发现树身下方被人割掉了一圈树皮，这明显是想让这棵树死掉，但它的生命力太旺盛了，竟然在那一圈下方又长出来一些嫩叶，顽强地活着。

走出一百余米，与头发胡同相交，我先找到了胡同一号院，然后一路数下去，这条胡同右为单号，左为双号，但是数到 20 号后，直接变成了 24 号。该处有一座二层拐角楼，现为铁通服务中心，我入内打听 22 号在哪里，工作人员让我向前走，去找老住户寻问。于是我走出 50 余米，在街边遇到三位聊天的老人，他们听闻到我的问题后，纷纷说当年的图书馆开办在抄手胡同与头发胡同交口处。我向他们说 22 号不存在了，其中一位老人告诉我，前些年还在，而今这里拆改成了一座新的房屋，并且一直锁着门。

走到此段时，我想先去探看第一图书分馆，于是沿着头发胡同一路向下走。这条小巷又长又窄，沿街还能看到一些修复的老门洞，只是家家都

■ 头发胡同　■ 通俗图书馆原来的位置

■ 参政胡同　　■ 头发胡同入口

上着锁，有一种虚幻的寂静。尽头是佟麟阁路，我沿此兜了一大圈，又转到了参政胡同，这里是教育街的另一头，其 3 号院现为民生银行总部，站在院门外看到里面有复建的一座楼，但保安不让进内拍照。

我继续向前走，又转到了头发胡同入口，沿着该胡同一路走下去，穿到抄手胡同，胡同的另一侧有座仿古建筑。而今这里是繁星戏剧村，我问门口的保安，里面有没有老建筑，他说没有了。保安是这里的老住户，他很热心地向我讲解这一带的变迁。我感觉抄手胡同呈 U 字形，老先生说原来的抄手胡同格局并非如此，后来扩建新华社时拆掉了一些，而后才变成了现在的模样。站在这里回望，果然看到了新华社的主楼。如今，京师通俗图书馆是彻底没有了，而我幸运地遇到了还能说出旧址的几位老人。再过若干年，也许它就只能在文献中读到了。

中央公园图书馆阅览所

首个在公园内开办之馆

1914 年，北洋政府内务总长朱启钤将社稷坛改为中央公园，还为此写了一篇《中央公园记》，此记的开头几句交代了开办公园的原因："民国肇兴，与天下更始。中央政府既于西苑辟新华门为敷政布令之地，两阙三殿，观光圜溢。而皇城宅中，宫墙障塞，乃开通南北长街、南北池子为两长衢。禁御既除，熙攘弥便，遂不得不亟营公园，为都人士女游息之所。"

那时中国人还没有习惯建公园之事，为此，市政公所在其主办的《市政通告》第 22 期专门有"公园论"专辑，介绍了英、德、法、美等国的公园体制，同时告诉民众"公园"为何意："'公园'二字，普通解作公家花园，其实并非花园，因为中国旧日的花园，是一种奢侈的建筑品，可以看做是不急之物……公园通例，并不要画栋雕梁，亭台楼阁，怎么样的踵事增华；也不要春鸟秋虫，千红万紫，怎么样的赏心悦目。只要找一块清净宽敞的所在，开辟出来，再能有天然的丘壑，多年的林木，加以人工设备，专在有益人群的事讲求。只要有了公园以后，市民的精神日渐活泼，市民的身体日渐健康，便算达到目的了……所以公园之对于都市，决非花园之对于私人可比。简直说罢，是市民衣食住之外，一件不可缺的要素。"

为此，王亚男所著的《1900—1949 年北京的城市规划与建设研究》中认为："1868 年近现代意义的'公园'首先于出现在上海的租界，中国人译名为'公家花园'。几十年后，才从日本引进、并最后确定使用'公园'一词。"由此可见，朱启钤开创中央公园有着重要意义。

世界最大的公园诞生于德国，1830 年德国的马格德堡市建成了腓特烈·威廉公园，该公园比英国利物浦的伯肯海德公园还要早 17 年。就名气论，似乎西方的公园以 1876 年建成的纽约中央公园最具名气，该公园是由美国的奥姆斯特德和英国的沃克斯主持设计的。此公园被视为一种全新理念，按照美国城市规划理论家刘易斯·芒福德的说法，奥姆斯特德不仅设计了一座公园，更重要的是，他创造性地利用了风景，使城市变得宜居。

中国园林历史悠久，有人将历史追溯到周朝初期，比如陈植在《都市与公园论》的自序中称："至文王之囿，方七十里，与民同之，实为我国设置公园之嚆矢，距今盖四千余年矣！"周文王建了一个囿，百姓们都可以来参观游玩，从与民同乐的角度来说，已经有了公园的性质，所以梁思成在《中国建筑史》中称该囿是"中国史传中最古之公园"。

但是"公园"一词的定名很晚。1866 年,英租界工部局在黄浦江与苏州河交汇处的河滩上开辟了一个公园,两年后建成外滩公园,此乃近代中国第一个真正意义上的公园。但这个公园是西方人建的,最初只对洋人开放。中国人自己建的第一个公园,应该是北京的万牲园,也就是北京动物园的前身,但它跟严格意义上的公园还是略有区别。中国人所建真正意义上的公园,乃是朱启钤主持的中央公园。王炜、闫虹在《老北京公园开放记》中说该公园是:"北京第一座经过精心规划、由皇家坛庙改建成的大众公园。"

朱启钤创建中央公园的起因,《中山公园志》中的说法是:"辛亥革命宣布共和之后,南北军代表在北京会同订立了对清室的优待条件,规定清皇帝逊位后,迁居颐和园,但直到 1913 年初并未履行。因此,皇城以内仍为禁区。同年 3 月 29 日清隆裕皇太后病死,定在太和殿举行公祭。公祭期间担任天安门内外地区指挥事宜的北洋政府交通总长朱启钤巡视社稷坛时,见坛内场地宽阔,殿宇恢宏,古柏参天,且地处天安之右,面当东、西长安街之中,后滨御河、紫禁城,途经四达、交通便利,但因废置经年,坛内遍地榛莽,蛇鼠为患,便溺凌杂,荒秽不堪。深感如此名地,废置可惜,即生将该坛辟为公园之念。"

朱启钤因为其他的公干来巡视社稷坛,看到这个著名的神坛被荒废掉了,已然成了放牧场。1939 年 12 月出版的《中央公园廿五周年纪念刊》上写道:"稷坛古柏参天,废置既逾期年,遍地榛莽,间种苜蓿,以饲羊豕。其西南部分则为坛户饲养牛羊及他种畜类,渤溲凌杂,尤为荒秽不堪。朱公以如此名地废弃可惜。"

1914 年,朱启钤改任内务总长兼京都市政公所督办,仍然惦记着社稷坛及其他一些皇家园林之事,为此给袁世凯呈文《请开放京畿名胜酌订章程》:"所有京畿名胜,如:天坛、文庙、国子监、黄寺、雍和宫、北海、景山、颐和园、玉泉山、汤山、历代山陵等处,或极工程之雄丽,或矜器艺之流传,或以致其钦崇,或以明其信仰。凡外人之觇国来游与夫都人士之向风怀慕者,罔不及其闲暇,冀得观览……若竟拘牵自囿,殊非政体之宜。及今启闭以时,倘亦群情所附,亟应详定规条,申明约束,以昭整肃而遂观瞻。"

袁世凯的批复是:"除北海、景山、颐和园、玉泉山外,应由该部(内务部)酌择一二处先行开放。"

那时皇室待遇仍然存在,这些园林仍属皇室,朱启钤与袁商议将一些皇家园林开办为公园之事,对此,《中山公园志》中写道:"1913年10月朱调任内务总长。次年春,热河行宫的古物陆续运来北京,在商议安置办法时,朱建议由他出面与清室交涉,在清室暂不能迁居颐和园的情况下,将三大殿以南除太庙以外的各处,划归民国政府管辖,以便在各殿阁安置古物,清室改由神武门出入。交涉成功,该片地区即由北洋政府接管。同年秋,朱正式建议将社稷坛开辟为公园,得到政府的赞同。"

开办公园首先要解决经费问题,那时国库空虚,不可能拿出大笔钱来改建公园,于是朱启钤在1914年7月向各界人士发起募捐。第一次募捐的名人有段祺瑞、朱启钤、梁士诒、曹汝霖、顾维钧等61人,到1915年3月,半年多的时间内募捐到了4万多元。因为公园改造工程量大,这笔款不够用,于是朱启钤组织了第二次募捐,到1916年夏,共募集款项5万多元,朱启钤本人捐款大洋1000元,另外市政公所补助建园经费1.32万元。

为了能加快工期,朱启钤在社稷坛办公,《中山公园志》中写道:"1914年9月起,公园之最初整治兴建,均系朱启钤以内务总长兼市政督办名义指挥部、所工役工作,临时以南坛门外东侧的3间小屋为办公地,由朱题名为'一息斋',如此延续6个月。1915年3月21日,在市政公所的委托下,召开了公园的第一届董事会议,由旅京绅商组成董事会,选定常任董事43人,推举朱启钤为首任会长,治格为副会长,拟订了《中央公园开放章程》,计12条,4月5日经内务部批准公布后,公园的一切事务即由董事会管理。"

经过一番改造,中央公园终于开园了,关于那天的盛况,《中央公园廿五周年纪念刊》中载:"于时五色旗交叉于门,黑衣警卫满布于内,各要路竖立消防队布棚。男女游园者数以万计,蹴瓦砾、披荆榛,妇子嘻嘻,笑言哑哑,往来蝶躞柏林丛莽中。与今日之道路修整,亭榭间出,茶寮酒肆分列路旁,俾游人憩息,得以自由,朴野纷华,景象各别。然彼时游人初睹宫阙之胜,祀事之隆,吊古感时,自另具一种肃穆心理。"

可见中央公园乃是由朱启钤一手操办而成。朱启钤是宋代大儒朱熹之后,从小寄养在外家,外祖父傅寿彤在光绪七年(1881)做过代理河南巡抚,两位姨父也声名显赫,黄国瑾是名儒黄彭年之子,瞿鸿禨做过左督御史、军机大臣、工部尚书,官至协办大学士。朱启钤的岳父陈远济是曾国藩的女婿。相比较而言,朱启钤受瞿鸿機的影响最大。

朱启钤成年后任职多地,曾经在北洋政府担任交通总长和内务总长等职,他在此任期间开拓了天安门广场,打通了长安街南北走向交通,创立了北京环城铁路,被誉为近代京城规划第一人。

当时为了使京奉和京汉铁路延伸到前门,朱启钤将正阳门两边各开一口,同时打通府右街、南长街和北长街、南池子和北池子。这个大规划得到了袁世凯的批准,袁特地赠给他一柄红木银镐,镐上刻着:"内务朱总长启钤奉大总统命令修改正阳门,朱总长爰于一千九百一十五年六月十六日用此器拆去旧城第一砖,俾交通永便。"

朱启钤就是用这把银镐刨下了正阳门城墙上的第一块砖。他拆除掉了正阳门的瓮城,但保留下了箭楼,同时又请德国工程师将箭楼做全面整修,这就是我们今天看到的大前门。

1915年,朱启钤被任命为袁世凯登基大典筹备处长,袁世凯复辟失败后,朱启钤受到牵连,被政府通缉。1918年,代理总统冯国璋下令取消通缉,朱启钤又回到北京当选国会参议员副议长。此后他逐步离开政坛,将主要精力用在搜集整理中国建筑文献方面。

中央公园建成后,被多个单位所使用,按照《中山公园志》所载,当年的驻园单位有卫生陈列所、监狱产品陈列所、中国画学研究会、中国书学研究会,同时还有朱启钤主持的中国营造学社。此后这里还办起了一座图书阅览所,该所又改名为通俗图书馆。

对于该馆的情况,崔麟台在《公园通俗图书馆纪略》一文中称:"北京特别市公署通俗图书馆,自中华民国五年五月由教育部肇始经营。初名图书阅览所,就中央公园社稷坛之戟殿,辟为阅览室及藏书库;于殿之东北隙地,建筑北房七间为办公室;并就北坛门东、西两门洞,加窗设门为储藏室。工竣,由教育部图书室暨京师图书馆等处分拨书籍,于中华民国六年八月正式成立,直隶于教育部。至中华民国十四年十二月,奉部令更名为京师第三普通图书馆。旋于十六年七月,复奉令更名为京师第二普通图书馆。十七年十一月乃划归北平特别市政府,更名革命图书馆。十八年七月,复改名中山图书馆。二十六年八月,改为今名。馆内设馆长一员,由市长委任,以次职员,均由馆长委任。"

对于该馆的藏书情况,此文又写道:"馆内藏书,中文者九千六百余种,计四万余册；外国文者六百余种，计一千余册。如《图书集成》《四部丛刊》《万有文库》以及善本，经、史、子、集，种种珍贵书籍，应有尽有。"

关于该馆的名称变迁以及相应的管理人员，《中山公园志》在介绍通俗图书馆时称："1916年5月教育部利用中央公园社稷坛戟殿创办图书阅览所，由教育部图书室及京师图书馆等处分拨书籍。1925年12月奉部令更名京师第三普通图书馆。1927年7月复奉令更名京师第二普通图书馆。1928年11月20日经教育部将图书馆交北平特别市政府管辖，更名为北平特别市革命图书馆，并派市政府秘书王樾兼任馆长。1929年7月13日又奉府令更名北平市立中山图书馆，馆长郭耀宗兼中山公园委员会委员。1930年11月3日改任李彝为馆长。1937年8月改名北京特别市公署通俗图书馆。设馆长1人，由市长委任。馆藏有中文图书9600余种，计4万余册；外文图书600余种，计1000余册。抗战胜利后并入北平市立图书馆，为其分馆。1950年7月19日迁出公园。"

为什么要办通俗图书馆呢？郭平在《北京与近代"新图书馆运动"》一文中称："在新文化运动的带动和影响下，在图书馆事业上也出现了由我国第一批图书馆学留学生所掀起的以改革我国传统藏书楼、发展西式图书馆为内容和普遍与均等为精神的'新图书馆运动'。这一运动以1917年留美学生沈祖荣归国大力抨击传统藏书楼陋习和宣扬现代西式图书馆理念为起点。随后，又有一些留学生也加入此列。在这里面就包括有洪有丰、杜定友、刘国钧、戴志骞、袁同礼等在北京图书馆领域从事工作与研究的学界名人。正是他们这些学界翘楚再加上梁启超、蔡元培、李大钊和鲁迅等久居北京的著名社会活动家的大力推动，使得拥有较好基础的北京，在戴志骞先生对西式图书馆思想的极力宣传与推广下，与奔赴全国宣传的沈祖荣先生遥相呼应，北京很快发展成为一个与武汉、南京相并列的'新图书馆运动'重心，并具有较强的全国辐射力。"

这里所谈的是当时的背景问题，对于具体的新图书馆运动，此文转载了张树华、张久珍所撰《20世纪以来中国的图书馆事业》一文中的所言："第一种力量是以李大钊为首的无产阶级革命先驱和一批进步的知识分子。他们把图书馆作为传播马克思主义、团结民众、教育民众的阵地。李大钊旗帜鲜明地提出：图书馆的服务对象应是社会上的民众，应面向劳工……在这种思潮影响下，各地创办了一些以传播进步思想为目标，以为无产者及广大民众服务为己任的进步图书馆……另一种力量是以沈祖荣、杜定友、刘国钧为代表的欧美图书馆学派。他们于五四运动前后留学欧美等国,学习西方图书馆学的理论和方法。回国后,借鉴欧美图书馆的办馆观念和办馆方法,结合我国的实际情况,展开了一场'新图书馆运动'。"

在新图书馆运动的酝酿期,起到重要作用的是蔡元培和鲁迅,蔡元培在任中华民国临时政府第一任教育总长时,就重视民众教育,为此增设了社会教育司,该司负责图书馆、博物馆、通俗教育等方面的工作,他在任时还任命鲁迅为社会教育司第一科科长。

某次,鲁迅到中山公园游览时,感觉这里适合开办新式图书馆。1916年9月21日,鲁迅代表教育部跟内务部和中央公园进行商洽,想要在中央公园内开办通俗图书馆。《教育部咨内务部拟就中央公园附设通俗图书馆及教育博物馆文》中称:

> 查公园之设,一以为公共娱乐之地,一以为陶冶国民之所。故各国通例,恒于公园中附设图书馆、教育博物馆等。使一般国民于藏休息游之际,无形自然之中,得增进其常识,涵养其性情。所谓不召而来,无言而化之国民教育公园有焉。京师中央公园自开办以来,其间设置点缀,颇臻完美。唯关于上述各项,尚付阙如。本部有鉴于此,拟就园中社稷坛大殿二重附设通俗图书馆及教育博物馆,购置通俗图书并陈设教育上简易物品,专备游人观览,庶公园添有益之娱乐,而社会蒙无形之福利。

经过几次磋商,中央公园同意在坛内后殿开设图书馆阅览所,同时在附近建造琉璃瓦顶办公室七间。对于该馆的特殊属性,石桂芳在《民国北京政府时期的公园教育化——以北京公园为例》一文中称:"不同于以往的私人藏书楼只向特定的人群开放,'阅览所'免费向普通民众开放,市民们可以在这里借阅图书、杂志和报纸。因中央公园'位置极佳',故'阅览所'开办后,'读者不召自来',而且随着'阅览所'规模的不断扩大,读者人数也不断增多,特别是每逢节假日,读者'尤属异常加多,取阅图书,争先恐后,大有应接不暇之势'。此后,在鲁迅等人的积极努力并经过多次协商,1924年12月,奉教育部令,中央公园图书阅览所更名为'京师第三普

通图书馆'。不仅如此,普通图书馆的数量与规模也有了一定的发展。"

对于该馆的开办日期,1917 年 8 月 21 日,鲁迅在日记中写道:"中央公园图书阅览所开始阅览。"可见开办日期就在这一天。至于到改为通俗图书馆的时间,鲁迅在 1919 年 9 月 22 日的日记中写道:"同陈仲骞、徐森玉、徐吉轩往市政公所,议公园中图书馆事。"

该图书馆改名应该是在此日期之后,那时的中央公园还举办劳改产品长期展销会,《中央公园纪念册》载:"民国八年由司法部主办,就坛内图书馆右后方建造琉璃顶西式廊房七间,陈列京师第一第二监狱手工出品,并随时售卖。"

可见此展销会就办在图书馆旁边,鲁迅时常到中央公园来,也买过相应的产品:"往中央公园观监狱出品展览会,买蓝格毛巾一打,券三元。""八月四日记着午后托紫佩买家具十九件,见泉四十。这也是右安门自新路京师第一监狱的出品。"

当年的中央公园也就是今天的中山公园,2022 年 4 月 3 日,我进入公园后,先走到了南门附近,在这里看到了"保卫和平"大牌坊,此牌坊跟一些重要事件有关联。光绪二十六年(1900),义和团打入北京,此后八国联军入侵中国,6 月,清政府向这些国家宣战,同时通知各国使节,让他们 24 小时内离京。德国驻北京公使克林德拒绝撤离,前往总理各国事务衙门交涉此事,当他乘轿走到东单牌楼附近时,与巡街的清军发生冲突,军官恩海开枪将克林德击毙。

此后清廷与西方签订的《辛丑条约》,第一条就是让清政府为"克大臣"在其遇难处建立一座牌坊,并要求醇亲王载沣亲赴德国为此事"代表大清国大皇帝暨国家怆惜之意"。清廷同意了该条约,为此派载沣赴德国赔礼道歉,同时在东单北大街建起了这座与街同宽的牌坊,牌坊上刻着以皇帝名义撰写的碑文:"德国使臣男爵克林德,驻华以来,办理交涉,朕甚倚任。乃光绪二十六年五月拳匪作乱,该使臣于是月二十四日遇害,朕甚悼焉。特于死事地方敕建石坊,以彰令名,并表朕旌善恶恶之意。凡我臣民,其各惩前毖后,无忘朕命。"

1914 年,爆发了第一次世界大战,三年后,中国成为协约国成员,1918 年,中国成为战胜国,于是人们将克林德牌坊拆掉了,同时将从牌坊上拆下来的材料移到中央公园内,重新建起,以此纪念一战胜利。当时协约国的宣传口号是"公理战胜，强权失败"，于是该牌坊改名为"公理战胜坊"，上面用中英文刻着此五字。

1952年10月2日，亚太区域和平会议在北京召开，为了表彰中国人民志愿军的功绩，该会决定将公理战胜坊改为保卫和平坊，于是将牌坊上的原字迹去掉，刻上了郭沫若题写的"保卫和平"。

牌坊之后为孙中山青铜站像，此像的北方就是社稷坛的大门。穿过一片银杏林，之后就是著名的社稷坛了。坛四周有琉璃围墙，四面各一个小门。坛的正中为三层石台阶，四围有栏杆，隔栏可以看到里面的五色土。

《尚书·禹贡》中就有五色土的记载，到东汉班固编写《白虎通义》时首次记载了五色土的布局："天子有太社焉，东方青色，南方赤色，西方白色，北方黑色，上冒以黄土。"

社稷坛建于明代，此后历代文献都对其有记载。按照《大明会典》所载，该坛为二层，但眼前所见却是三层，专家没有说清转变的原因。坛上的五色土分别来自房山、东安二县，原本每年在上面加厚二寸四分，到明弘治五年（1492）改为一寸。

我扶着栏杆伸长脖子细看这些土，无法看清是薄薄的一层，还是每年往上叠加，不知这些土是否还有来源。1964年，公园管理处将五色土一一取出，过筛之后又恢复了原样，说明这种土比较珍贵，但是在1967年时，这些土中却种植了棉花。据说后来整修时，红色土从房山运来了一些，其他颜色的土只是过筛后重填。

社稷坛后面有一座高大的古建，此乃是拜殿，按照《北京古建筑》上的说法："（拜殿）史料中未发现被毁或重建的记录，可能是北京现存明代建筑中最古老的一座。"按照建筑学家的研究，这座始建于明永乐十九年（1421）的大殿，只是多次做过修缮，原结构未曾变动过。

建造拜殿的目的，是预备皇帝来此举行祭典仪式时如果遇上风雨，就可以在室内举行仪式。这里曾经举行过盛大的孙中山祭礼。1925年3月12日，孙中山病逝于北京铁狮子胡同5号，那时的北京政府是"中华民国临时执政府"，由段祺瑞掌握。国民政府处在广州，国民党马上成立了孙中山先生治丧处，他们为了不承认临时执政府，提出："办理丧事，以家族之意旨为主，而不参以'公'的意味。其原因系广东有一中华民国陆海军大元帅府，而北京则有一中华民国临时执政府，兼收并蓄，既属不便，显分轩轾，亦

■ 社稷坛的四边各有一门　　■ 中山堂

殊无谓也。"（《记孙中山先生之逝世》，《申报》1925 年 3 月 16 日第 6 版）

但是经过一番争论，北京执政府还是决定在京举行国葬。对于孙中山的停灵地点，国民党与执政府之间有分歧，执政府主张在社稷坛，国民党有人主张在太和殿，也有人主张在铁狮子胡同，后国民党汪精卫等实地探看后，决定在中央公园社稷坛举办，于是孙中山的灵柩由协和医院的礼堂移至中山公园拜殿，之后举行了极其隆重的祭奠仪式。

原本段祺瑞要来亲自参加，但到了当天，却由内务总长龚心湛代替，官方宣布的理由是："段氏本拟亲往，在十一时许，有一不知姓氏者，忽以电话报告，谓民党某派分子，今日已有预备，如段氏亲往，恐遭危险。"（《孙中山正式开吊》，《申报》1925 年 3 月 28 日第 6 版）

为了这场祭典，社稷坛拜殿改名为中山堂，同时中央公园也改名为中山公园。而今拜殿仍然挂着中山堂的匾额，但这里却大门紧闭，无法入内探看。门口挂的牌子说，这里"布展施工，暂停开放"。

转到拜殿的后方，此处即是戟殿，戟殿也称戟门，此处即开办图书馆的地方。《中山公园志》中载："1916 年 5 月，教育部在公园办图书馆，将戟门改成殿堂。撤去中间 6 扇大门，前后砌槛墙，安装玻璃门窗，用做图书馆的阅览室和藏书库。另在殿之东北空地，北坛门内以东沿坛墙建北房 7 间，黄琉璃瓦屋面，作为办公室，并就北坛门之东、西门洞加窗设门做储藏室。图书馆初名'图书阅览所'，1917 年 8 月 21 日正式开馆。后几经更名改隶，至 1950 年 7 月 19 日迁出公园，将戟殿连同东侧 7 间琉璃瓦顶平房，一并移交给北京市政协，作为文化俱乐部和宿舍。"

如今这里挂着"中国人民政治协商会议北京市委员会常务委员会会议厅"的匾额，大门同样上着锁，门口的介绍牌中没有提到这里曾经开办过图书馆。我围着该楼兜了一圈，看到侧旁有一小门，入内观之，这里是愉园，墙上嵌着一些玻璃鱼缸，里面养着各式各样的金鱼，据说金鱼也是国粹，早在唐代，中国人就把鲫鱼驯化成金鱼，并逐渐演化出二百多个品种。我也养过金鱼，因为不得要领，屡战屡败，因此特别羡慕别人养鱼之佳，看到眼前这些妙曼多姿的金鱼，突然想到不知有没有人专门搜集养鱼方面的典籍，说不定从中能考证出更多有趣的故事来。

图书在版编目（CIP）数据

馆窥 ：我的图书馆之旅. 肇始编 / 韦力著.
北京 ： 国家图书馆出版社，2024. 6. -- ISBN 978-7
-5013-8137-1

Ⅰ. G259.25

中国国家版本馆CIP数据核字第20247V0Q10号

书　　　名　馆窥——我的图书馆之旅（肇始编）

著　　　者　韦　力　著

责任编辑　王燕来　景　晶

责任校对　宋丹丹　霍　玮

助理编辑　雷云雯

封面设计　周　晨

出版发行　国家图书馆出版社（北京市西城区文津街 7 号　　100034）

　　　　　（原书目文献出版社　北京图书馆出版社）

　　　　　010-66114536 63802249 nlcpress@nlc.cn（邮购）

网　　　址　http://www.nlcpress.com

印　　　装　北京雅图新世纪印刷科技有限公司

版次印次　2024 年 6 月第 1 版　2024 年 6 月第 1 次印刷

开　　　本　787 × 1092　1/16

印　　　张　24.5

字　　　数　380 千字

书　　　号　ISBN 978-7-5013-8137-1

定　　　价　100.00 元